GUIZHOU XIANGCUN ZHENXING
LUJING YANJIU

贵州乡村振兴路径研究

曾梦宇　陈烦◎著

中国纺织出版社有限公司

图书在版编目（CIP）数据

贵州乡村振兴路径研究 / 曾梦宇，陈烦著 . -- 北京：中国纺织出版社有限公司，2023.7
ISBN 978-7-5229-0580-8

Ⅰ.①贵… Ⅱ.①曾…②陈… Ⅲ.①农村经济建设—研究—贵州 Ⅳ.① F327.73

中国国家版本馆 CIP 数据核字（2023）第 081634 号

责任编辑：顾文卓　向连英
责任校对：江思飞　　　　　　　　责任印制：储志伟

中国纺织出版社有限公司出版发行
地址：北京市朝阳区百子湾东里 A407 号楼　邮政编码：100124
销售电话：010—67004422　传真：010—87155801
http://www.c-textilep.com
中国纺织出版社天猫旗舰店
官方微博 http://weibo.com/2119887771
天津千鹤文化传播有限公司印刷　各地新华书店经销
2023年7月第1版第1次印刷
开本：710×1000　1/16　印张：13
字数：190千字　定价：88.00元

凡购本书，如有缺页、倒页、脱页，由本社图书营销中心调换

序 言

食为政首，农为邦本。"产业兴旺、生态宜居、乡风文明、治理有效、生活富裕"是乡村振兴战略二十字方针，贵州作为脱贫攻坚的省级样板，在推进乡村振兴的道路上将"贵州特色"发挥到了极致。

随着国发〔2022〕2号文件《关于支持贵州在新时代西部大开发上闯新路的意见》的出台，国家为贵州乡村振兴擘画了蓝图，指明了方向。这是国家对贵州特殊的关爱，也是对贵州的强力支持。"巩固拓展脱贫攻坚成果样板区。推动巩固拓展脱贫攻坚成果同乡村振兴有效衔接，全面推进乡村产业、人才、文化、生态、组织振兴，加快农业农村现代化，走具有贵州特色的乡村振兴之路。"国发〔2022〕2号文件对贵州提出了战略定位，在肯定了贵州以往工作的基础上，也提出了更高的要求与期待。

贵州是全国唯一一个没有平原支撑的省份。茫茫群山，曾是贵州发展的最大阻碍，而"九山半水半分田"，则是贵州农业无法大规模发展的重要原因。2015年6月，习近平同志在考察贵州时曾明确提出，"贵州农业的优势在特色""要着力发展现代山地特色高效农业，念好'山字经'，种好'摇钱树'，打好特色牌"。在这一精神的指引下，贵州重新认识了山地资源，积极注入现代要素，在乡村振兴道路上迈出了坚实的步伐。

乡村振兴是国家的既定国策，是我国经济社会发展的重要组成部分。在全面建设社会主义现代化国家的战略布局下，乡村振兴是实现城乡一体化、推动农业农村现代化、促进区域协调发展的重要抓手。贵州地区作为全国落后地区之一，乡村振兴更是其脱贫攻坚成果的巩固和延伸，加快推进乡村振兴是贵州发展的迫切需要。

乡村振兴离不开和谐稳定的社会环境，更离不开和谐有序乡村机制。本书共分上下两篇，从脱贫攻坚谋发展与乡村振兴解难题入手，对贵州乡村振兴路径进行了重点研究。上篇脱贫攻坚谋发展共有六章，分别讲述了脱贫攻坚路上的"贵州样板"、脱贫攻坚与乡村振兴的有效衔接问题、黔东南传统村落人才振兴问题、乡村振兴战略下的大学生到农村就业问题、旅游与山地特色新型城镇化的耦合协调发展问题和民族村寨旅游高质量发展问题。下篇乡村振兴解难题共分四章，分别研究了易地扶贫搬迁居民社会适应相关问题、乡村振兴战略下黔东南地区的农村养老问题、乡村振兴战略下民族乡村现代治理和乡村振兴战略下"三治结合"的乡村治理体系，并为其提供了新思路。

  本书的编写，旨在全面、深入地研究贵州乡村振兴的现状、问题和前景，并提出相关政策建议，为加快推进贵州乡村振兴提供有力支持。在编写过程中，本书借鉴了国内外乡村振兴的最新理论成果和实践经验，同时也借鉴了贵州地区乡村振兴的实践经验和成功案例，力求使本书具有实践性、指导性和前瞻性。

  本书不仅为贵州乡村振兴工作提供了重要的参考和依据，也为推动全国乡村振兴工作提供了可借鉴的经验。相信在全社会的共同努力下，贵州的乡村振兴一定会实现新的发展，推动中国乡村振兴事业再上新的高度！

目 录

上 篇 脱贫攻坚谋发展

第一章 脱贫攻坚路上的"贵州样板" ………………………… 2
- 第一节 我国乡村发展研究 ……………………………………… 2
- 第二节 贵州"十四五"期间实施乡村振兴战略的必要性 ……… 4
- 第三节 贵州"十四五"期间乡村振兴面临的机遇 ……………… 6
- 第四节 贵州"十四五"期间乡村振兴面临的挑战 ……………… 9
- 第五节 贵州推进乡村振兴战略的重点任务与基本路径 ……… 14

第二章 脱贫攻坚与乡村振兴的有效衔接问题 ………………… 21
- 第一节 贵州脱贫攻坚与乡村振兴衔接的政策逻辑 …………… 21
- 第二节 贵州脱贫攻坚与乡村振兴衔接的内容 ………………… 24
- 第三节 贵州脱贫攻坚与乡村振兴衔接存在的难题 …………… 27
- 第四节 优化贵州脱贫攻坚与乡村振兴有效衔接的路径 ……… 32

第三章 黔东南传统村落人才振兴路径研究 …………………… 39
- 第一节 时代背景与研究动态 …………………………………… 39
- 第二节 黔东南传统村落人才振兴的时代价值 ………………… 40
- 第三节 黔东南传统村落人才类型与人才开发成效 …………… 43
- 第四节 黔东南传统村落人才振兴面临的困境 ………………… 51
- 第五节 黔东南传统村落人才振兴的路径 ……………………… 57

第四章　乡村振兴战略下的大学生农村就业问题 …… 64
第一节　大学生农村就业与乡村振兴战略 …… 64
第二节　贵州省大学生农村就业意愿的调查 …… 65
第三节　对策建议 …… 69

第五章　旅游与山地特色新型城镇化的耦合协调发展 …… 73
第一节　贵州旅游发展现状分析 …… 73
第二节　贵州山地特色新型城镇化发展现状分析 …… 81
第三节　贵州旅游与山地特色新型城镇化耦合协调发展的机理与测度 …… 84
第四节　贵州旅游与山地特色新型城镇化耦合协调发展存在的问题 …… 85
第五节　贵州旅游与山地特色新型城镇化耦合协调发展的优化路径 …… 88

第六章　民族村寨旅游高质量发展研究 …… 97
第一节　脱贫攻坚、乡村振兴和民族村寨旅游之间的内在机理 …… 97
第二节　贵州省民族村寨旅游基本情况介绍 …… 101
第三节　贵州省民族村寨旅游个案研究 …… 105
第四节　贵州省民族村寨旅游高质量发展路径选择 …… 113

下　篇　乡村振兴解难题

第七章　易地扶贫搬迁居民社会适应相关问题研究 …… 118
第一节　贵州省易地扶贫搬迁居民的社会适应状况 …… 118
第二节　贵州省易地扶贫搬迁居民适应的影响因素 …… 124
第三节　贵州省易地扶贫搬迁居民的需求评估 …… 129
第四节　社会生态系统理论视角下社会工作介入易地扶贫搬迁居民社会适应问题的策略分析 …… 132

第八章　乡村振兴战略下黔东南地区的农村养老问题 …………… 142
第一节　农村养老问题的概述 ………………………………………… 142
第二节　乡村振兴背景下贵州农村养老现状及存在的问题 ………… 144
第三节　乡村振兴背景下贵州农村养老问题原因剖析 ……………… 149
第四节　乡村振兴背景下贵州农村养老问题化解建议 ……………… 152

第九章　乡村振兴战略下的民族乡村现代治理 …………………… 159
第一节　民族地区乡村治理的时代背景和战略意义 ………………… 159
第二节　乡村治理体系建设的政策图景与实施现状
　　　　　——以黔东南州为例 ………………………………………… 160
第三节　创新黔东南州现代乡村治理体系的政策框架与行动方略 … 172

第十章　乡村振兴战略下"三治结合"的乡村治理体系 ………… 180
第一节　贵州省 A、B 两村在"三治结合"的
　　　　　乡村治理体系建设中存在的问题 …………………………… 180
第二节　贵州省 A、B 两村"三治结合"的乡村治理体系建设 …… 187

参考文献 …………………………………………………………………… 196

上 篇
脱贫攻坚谋发展

第一章　脱贫攻坚路上的"贵州样板"

在"十四五"期间，乡村振兴战略如何在贵州地区有效的实施，值得我们深刻地思考与研究。目前，国内关于乡村振兴政策解读的资料比较丰富，国外也有不少关于乡村振兴成功的案例，结合贵州地区的实际发展情况，对"十四五"时期乡村振兴面临的机遇、挑战和路径分析是一项具有理论价值和现实意义的研究。在本章中，我们将选择以贵州乡村作为实地调查研究对象，详细分析贵州"十四五"期间乡村振兴面临的机遇选择。

第一节　我国乡村发展研究

一、我国乡村产业及城乡关系的演化

第一阶段：1949～1984年，这期间主要强调农业生产的恢复，出现了工业和农业的划分，农业占比大。

第二阶段：1984～2002年，划分了三大产业的范围，工业、农业发展平衡，农业呈现市场化、规模化、体系化的发展，城乡联系加强，但要素流动不健康，城乡发展逐步呈"对立"状态，只有部分依托发展工业的乡镇发展起来，大部分乡村发展落后。

第三阶段：2002～2016年，农业的发展承担了乡村建设、资源调整和产业体系延伸等功能，国家开始重视"三农"问题，实施以工业补助农业、以城市发展带乡村发展的战略，但相较于城市，农村的发展依旧滞后。

第四阶段：2017年至今，乡村振兴和乡村建设都被进一步拓展，追求城乡"一体化"发展，强调农业发展，全面深化农村改革，走城乡融合发展道路；未来农村的发展将聚集在农业产业的增收提效、绿色生产、产业结构和空间结构

的把控。

二、我国乡村现状

根据2020年国家统计年鉴,从我国城镇人口数量与乡村人口数量的变化来看,城市人口呈上升趋势,城市不断的繁荣和人口扩张导致了乡村的"空心化";无论是从人口数还是人均可支配收入进行对比,城乡二元结构明显,城乡差异显著。

三、贵州乡村现状

贵州位于我国西南部,地处云贵高原,全省国土总面积176 167平方千米,占全国总面积的1.8%。根据国家统计局2021年5月11日发布的第七次人口普查公报显示,贵州在第七次人口普查中的总人口数为3 856.21万人,其中城镇人口数为1 806.63万人,占全省总人口数的46.85%,乡村人口数为2 409.58万人,占全省总人口数的53.15%。统计数据显示:2021年贵州城镇居民人均可支配收入为39 211元,城镇居民人均消费支出为25 333元;2021年贵州农村居民人均可支配收入为12 856元,农村居民人均消费支出为12 557元。贵州省共有6个地级市、3个自治州,共9个地级行政区;50个县、11个自治县、10个县级市、16个市辖区、1个特区,共88个县级行政特区;122个乡、192个民族乡、831个镇、364个街道,共1509个乡级行政区。

根据习近平同志在2015年6月走访贵州时的指示,贵州农业的发展定位是实现和建立现代山地特色的高效农业。根据习近平同志的指示,贵州制定了一条突出特色资源、发展自身优势的致富之路。截至2019年年底,贵州省级以上的重点企业有903家,国家级现代农业产业园5个,国家级农业产业强镇26个。2019年,贵州的第一产业增加值为2 280.56元,位列全国第十四。茶叶加工生产、刺梨种植、辣椒种植等多个特色农产品的种植面积达到了全国第一。一批又一批黔货走出贵州迈向全国,贵州的农产品在全国、全世界崭露头角,"茅台""老干妈"等品牌更是享誉国际。

在一、二、三产业融合发展先导创建方面,2019年贵州有两个县被评为全国农村一、二、三产业融合发展先导创建单位,2020年贵州省余庆县获得了全国绿色食品一、二、三产业融合发展园区的称号。

贵州一、二、三产业的发展融合模式主要有三种：种、养、销全面结合融合发展模式，农旅融合模式及大数据与农业融合模式。其中，贵州盘江的关岭牛养殖产业，通过县长牵头建立国资背景的关岭牛投资发展公司，通过"企业+合作社+农户"的模式带动农户养牛，目前，关岭牛已进驻北京华联超市、永辉超市、星力集团、盒马生鲜等零售巨头，并在安顺和青岛等地开设了专卖店。农旅融合主要是通过发展乡村旅游产业，比如遵义市花茂村、安顺市塘约村、从江芭莎苗寨等已入选《2019世界旅游联盟旅游减贫案例》，雷山县的西江千户苗寨等4个景区被评为了全国优秀乡村旅游发展的典型案例。随着现代物联网的普及与区块链技术的结合、农村电子商务产业的迅速发展，贵州通过将大数据技术融合进当地的畜牧业和农产品种植业，建立了农产品种植物联网监控平台、追本溯源平台、大型电子商务管理平台、大数据分析平台，依据订单安排生产，实现了以销量决定产量，有产出就必定有销量。其中最出名的案例为贵州正安县的林下鸡养殖产业，上海的消费者可通过App全程了解林下鸡的喂养、屠宰、贮藏、运输全过程。

第二节 贵州"十四五"期间实施乡村振兴战略的必要性

如果把国家比喻为一个有组织的系统，那么乡村就是国家这个组织中的基本细胞，国家的强大离不开乡村的繁荣。贵州由1 509个乡级行政区构成，乡村人口数占全省人口总数的半数居多，乡村的发展如果跟不上，会严重制约整体农村现代化的进程，进而影响整个国家的现代化水平。因此，实施"十四五"期间的乡村振兴战略，不仅是服从国家大局，还是实现城市、农村同步发展，消除贵州地区城乡差异，实现共同富裕的战略目标的应有之义。所以，本课题从满足农民对美好的生活的需要、满足农村现代化的需要、满足城乡均衡发展的需要角度来阐述实施乡村振兴战略的必要性。

一、满足农民对美好生活的需要

根据马克思主义价值观，乡村振兴战略应当首先以满足人的需求为根本目的。每个村民都有追求美好生活的权利，贵州社会经济增长快速，广大农村地区发展也很迅速，农民的收入也不断提高，人们的生活质量也不断提高。贵州省农村地区居民人均可支配收入为 12 856 元，农村居民人均消费支出为 12 557 元。2021 年，全国居民人均可支配收入 35 128 元，比上年增长 9.1%，扣除价格因素，实际增长 8.1%。分城乡看，城镇居民人均可支配收入 47 412 元，增长 8.2%，扣除价格因素，实际增长 7.1%；农村居民人均可支配收入 18 931 元，增长 10.5%，扣除价格因素，实际增长 9.7%。从数据上看，贵州农村居民的可支配收入没有达到全国农村居民可支配收入的人均水平。经济基础决定上层建筑，农业是国民经济的基础，国家的发展离不开农村的发展，只有发展农村产业，促进乡村经济发展，激发乡村产业发展的动力，有效解决农民的收入问题，才能让广大农民过上幸福美好的生活。贵州乡村振兴应当结合实地情况，以发展农村产业为基础，发展特色优质的山地农业，促进贵州农村现代化。生态文明下的贵州山地农业和旅游业发展为基点，不断延伸农业产业链，提升农产品的附加值，同时还要完善农业经营方式，因地制宜的发展各地的特色产业，推动三农产业健康发展，满足农民的物质要求。

二、满足农业农村现代化的需要

根据贵州省市场监督管理局发布的贵州省市场主体统计报告，截至 2020 年 12 月 25 日，全省市场主体总量达到 346.76 万户、注册资本 8.23 万亿元，其中第一产业市场主体共计 27.29 万户、注册资本 5 666.6 亿元，第二产业市场主体共计 28.7 万户、注册资本 2.06 万亿元，第三产业市场主体共计 290.72 万户、注册资本 5.61 万亿元。由此可见，构成全省市场主体的主要为第一产业和第三产业，农业和服务业构成了整个市场的主体，所以贵州省的农业发展关乎整个地区的经济基础。因此乡村振兴的第二个必要性就是满足农业农村现代化发展的需要。没有农业现代化作为支撑，城乡均衡发展是无法实现的。

三、满足城乡均衡发展的需要

根据国家统计局数据显示：2021 年贵州省城镇居民人均可支配收入为 39 211 元，城镇居民人均消费支出为 25 333 元；2021 年贵州农村居民人均可支配收入为12 856元，农村居民人均消费支出为12 557元。贵州省的城乡差距大，透过城镇、农村居民人均可支配收入和人均消费支出可以看出来。关注乡镇居民的福祉，缩小城乡差距，实现共同富裕，是社会主义的本质要求。现阶段我国经济社会发展中最突出的结构性矛盾是城乡发展不均衡。农村发展落后不仅影响农村本身的发展，也会影响城市的经济发展和产业升级。实现共同富裕最艰巨的任务在于农村的发展，充分发展农村，让生产力在农村与城市之间合理分布，让农村居民享受到与城镇居民一样的公共服务与社区基础设施，全面发展和提升乡村，满足城乡均衡发展的需求，是乡村振兴的第三个必要性。

第三节　贵州"十四五"期间乡村振兴面临的机遇

贵州省"十四五"期间乡村振兴战略的实施要以"三农"问题为总抓手，围绕贵州广大农村的基本问题为主要出发点，特别是贵州偏远山区的村落的发展问题，完善公共服务体系，实现贵州农村快速发展。这是贵州农村发展前所未有的机遇，从政府到农民自身都要抓住这一历史机遇，积极参与到贵州乡村振兴实施中来。

一、政策机遇

从政策上看，党和国家都极为重视贵州社会经济发展。从国发二号文件到乡村振兴，这些都是贵州社会发展的指引。有了党和国家的大力支持，贵州脱贫攻坚如期取得胜利，2021年是乡村振兴的开局之年，贵州广大地区都要抓住这前所未有的机遇，实现贵州乡村全面振兴。2017年10月，国家发布了《关于实施乡村振兴战略的意见》以及颁布实施《国家乡村振兴战略规划（2018—2022年）》，从国家层面上，对如何实现乡村全面振兴提供了思路和指导意见，同时对我国乡村发展的各个领域以及实施步骤作出了详细部署。脱贫攻坚取得全面胜利之后，接下来在实施乡村振兴战略伊始中，如何去巩固脱贫攻坚的成果，认真总结脱贫攻坚的经验，能够使两者实现有效衔接。在新时代，党和国家极为关注农村的发展问题，每一年的中央一号文件，到现在的乡村振兴，如何优先发展农业农村，促进农村社会不断发展。重视农业发展，重视乡村振兴，实现乡村脱贫、乡村振兴、乡村现代化发展的真正的政策机遇。

二、绿色发展机遇

党的十八届五中全会提出了绿色发展的新理念，生态文明建设和人类社会全面可持续发展是绿色发展新理念的核心内容。贵州是唯一一个没有平原的省份，大部分都是山地，其气候湿润，雨水充足，整个贵州地区自然环境优越，植被茂盛，森林覆盖率高。山地的地理环境复杂多样，生态环境优美，在发展山地农业和山地旅游业上有先天优势，从广大地区的生态环境上看，贵州就像是一个公园省。在生物多样性、造林面积、森林蓄积量、林业总产值以及自然保护地面积方面贵州都处在全国前列。贵州的地理资源适宜发展绿色生态，第一产业和第三产业也占据了全省经济主体的91.7%，发展绿色乡村，以绿色发展理念引导生态振兴也完全符合党中央的绿色生态发展理念。

三、资金机遇

根据《国务院扶贫开发领导小组关于下达2020年度中央财政专项扶贫资金计划的通知》（国开发〔2020〕5号），为了支持和巩固脱贫攻坚成果同乡村振兴的有效衔接和顺利开展，贵州获得中央专项扶贫资金123亿；根据《中央财政衔接推进乡村振兴补助资金管理办法》（财农〔2021〕19号），原财政专项扶贫资金正式更名为财政衔接推进乡村振兴补助资金。

为了确保贵州在乡村振兴战略实施上的资金需求，确保财政资金充分到位和对农村的投入只增不减，实现乡村振兴目标，贵州省财政厅建立健全了实施乡村振兴战略财政资金投入保障机制，多方面多层次地整合涉农资金，所有的公共财政支出优先流向"三农"领域。通过运用财政金融联动、创新投融资机制来创新财政资金的投入方式，用足、用好、用活脱贫攻坚投资基金和政策性融资担保政策。通过发行政府债券大力支持乡村振兴项目，各地政府、金融办为农业项目做担保，联合农业信贷担保公司，通过提供财政担保率达到多少可以获得担保补助和以奖励的方法代替提供补助等措施，从而加强、加大对新型农业经营主体的信贷支持力度。

四、人才机遇

贵州农村的发展离不开科学知识技术支撑和人才储备。目前，贵州省已有16个现代农业产业技术体系，各种农业的技术和方法都取得一较大的成果。在贵州广大的农村中，农业产业基地已经取得较大的成就。在乡村振兴不断深入实施中，贵州农村农业产业发展的关键在于农业技术的推广和应用，所以要大力引进优秀人才参与到贵州乡村振兴中来。为了促进现代农业产业技术的发展，各种技术研发、基地建设、人才队伍建设、专业从业人员培训工作已展开。在大力引进外部人才的同时，还要加大培育贵州农村本土人才，让内部人才和外部人才都积极参与到贵州农村的建设中来，促进贵州农村全面发展。

为了激励和留住人才，贵州省委组织部、省财政厅联合印发了《关于建立正常增长机制进一步加强村级组织运转经费保障工作的通知》，科学地规划和设定了薪资标准，提升基层干部、乡村振兴人员的基本经济保障水平。通过设置"345"的工资标准保障底线，即村党组织书记基本报酬按不低于所在县区上年度农民人均可支配收入的3倍、年平均收入不低于4万元，支书主任一肩挑的年收入不低于5万元这一保障标准，提升村干部岗位的吸引力，吸引人才留在岗位，让这部分中坚力量积极地投入乡村振兴工作中来。

在2021年贵州"两会"期间，贵州省政府选派了2 000名科技特派员远赴贵州各地的乡村基层开展农业科学技术辅导服务，公开选聘了100名各行各业的"产业导师"来助推乡村振兴工作。贵州在持续增大农业科技人员对于解决"三农"问题、脱贫攻坚和有效保障乡村振兴工作顺利开展的力度。早在2015年，贵州省就开始实施了"万名农业专家服务'三农'行动"，通过按照需求选派、科学技术团队服务、科技领域的引领指导、精准点对点帮扶，做大做强贵州区域的现代山地特色高效农业，推动农民增收致富，农业产业得到提效和提质，农村的发展和改革工作加快推进。通过出台各种优惠政策以及鼓励措施让大量拥有一技之长和专业技能的农业技术人员通过承包等方式参与农业产业发展，让他们将个人技能和农业产业有机结合，助力当地农业经济的发展。此外，贵州在很多地方都开展了农村人才队伍建设的行动，比如说贵州省正安县，当地的青年农民以学校为根据地，推广并鼓励职业农民实现"导师制"，一帮一、一带多，推动农业农村发展的质量提升与效率提高，同时也为乡村发展提供人才支撑。最终，贵州正安县创办了180多所新时代青年农民学校，打造了570个不同的产业实践示范基地，先后培训农民18万余人次，培育村级储备人才640名，真正实现了让有经验带动没有经验的"传帮带"作用，大力培养农村建设中急需的后备人才储备，为乡村振兴提供坚强的人才保障基础。

第四节 贵州"十四五"期间乡村振兴面临的挑战

在脱贫攻坚的基础上，乡村振兴面临着一系列的发展机遇，但同时也面临着一系列的问题。实施乡村振兴战略需要落实高质量发展要求，围绕产业振兴、人才振兴、文化振兴、生态振兴、组织振兴、城乡融合等方面，创新体制机制，走出一条特色发展之路。农村的发展和城市的发展大相径庭，在公共服务领域农村和城市之间的差距较大，这也包括人们的生活水平、产业发展、社会治理及生活环境等，所以要全面振兴乡村，即实现农村产业、生态、乡风文明、社会治理及生活水平的全面发展。

一、农业产业现代化水平较低

贵州通过利用自身资源优势，大力发展现代山地特色农业，不断深入推进农村产业发展，截至2020年年底，实现了农、林、牧、渔业增值2 408.03亿元。与此同时，贵州还注重持续增加优质绿色农产品所占比的比例，大力推广茶叶、辣椒、薏仁米、火龙果、蓝莓等特色优质农产品的种植，截至2020年年底，贵州农业发展迅速，农产品的品质以及品牌建设都有了很大提高。通过农业产业集中发展、大面积种植、生产技术的不断提高，农业种植大省的品牌形象得到建立和巩固，贵州成了全国重要的农产品种植输出地。

随着大数据产业在贵州的迅速发展，农村电商产业和其他新生产业的蓬勃发展，贵州迅速抓住机会，整合一二三产业的资源，乡村旅游产业和现代休闲观光农业得到了很大程度的发展，并实现了2018年度6.9%、2019年度5.7%的增速，居于全国前列。同时，通过分析全省农业产业的总产值数据可以发现：2020年贵州省农业发展增长迅速，农业社会化服务水平不断提升，农业产业化也不断提升。但是，农业产业结构发展不均衡，全省低级和初级的农产品多，缺乏高端和有附加值的产品；出现供给不足和阶段性供大于求的现状；缺乏农产品的品牌建设意识，总体知名度较低，在全国市场上竞争力不强，大多数农民还是以传统的方式进行生产，技术水平低，即大部分还处在传统的小农经济，这不利于现代农业的发展。总体来说，贵州的农业发展现代化程度还有很大的提升空间。

二、农业基础配套设施和公共服务与全国平均水平比仍有差距

贵州由于独特的村落地理环境，山地村庄居民居住比较分散，农村宅基地布局也很大，地理环境和居住情况的分散导致了基础设施建设的成本高，部分居住在偏僻深山的少数民族居民能享受到的公共设施服务，比如说在集体供水、排水和公共道路交通方面，更是少之又少，这也给政府的公务服务管理增加了很大的压力。

在农业机械化方面，由于山区地形的特殊性，很多现代化农业机械化设备无法普及，机械作业水平低，在农作物耕种综合机械化使用率上仅达到全国平均的一半，这与其他地区的差距较大，不利于农业机械化的发展。在农业灌溉方面，处在山地间的农田大面积耕地较少，高低不平，抗灾能力较弱，高标准的农田较少，农村水资源利用率低。

在农村收入方面，随着农民收入渠道的拓展，农民职业技能培训的普及、就业培训等服务的推广应用，2021年贵州省农村人均可支配收入为12 856元，相较2020年提高了10.4%，但城乡差距依旧很大，与全国平均水平相比也仍有差距，农村居民的生活质量仍然有很大的提升空间。

三、农村集体产权改革、农村"三变"改革持续深化，生态环境保护与乡村治理仍待完善

随着贵州农村土地所有权确认工作的推进，全省各乡镇已完成所有权确定工作，所有权属确定工作也已基本完成。通过"资源变资产，资金变股金，农民变股东"的"三变"政策使农村土地改革的精准扶贫效果显著。"三变"政策的展开一定程度上缓解了农村地区"空心化"现象，有效盘活农村的土地，拓

宽了农民的收入渠道，为乡村振兴工作打下了坚实的基础，新型农业经营主体逐渐发展。

但以乡村旅游、公司、村集体、村支书、贫困户等模式展开的新型农村产业的发展也带来了一定的生态环境和乡村治理问题。随着贵州土地资源的不断开发，农业生产能力的提效，在提升农业产能过程中化肥、农药的使用，垃圾、污水的处理问题也值得我们重视。农药、化肥渗入水体、土壤之中，耕地受到污染，畜禽粪污综合利用率低，农村居民居住环境治理问题突出。根据走访调研了解到，贵州一些贫困县为了增加地方财政收入，引入了很多沿海发达地区已经明确淘汰的重污染企业，这些企业虽然短期内带来了地方财政收入，但对于绿水青山的破坏却是不可逆的。由此可见，贵州地区的乡村产业振兴与生态环境治理、乡村治理问题两头都需要引起重视。

四、农村一二三产业融合层次较低，产品同质化严重

贵州拥有全国最大的茶叶、辣椒、火龙果、薏仁米等农产品种植规模，但是该产业与二、三产业的融合程度太低，农产品的深加工、农业旅游业的结合发展、农业品牌的建设还处在初级阶段，对于产品产业链的融合发展和对产业链的延伸理解也只是停留在农产品加工层面，缺乏高层次的市场产品定位，具有当地特色的、产品形式多样化的发展不足，乡村旅游与农旅结合的发展也只是停留在照搬照抄成功案例的基础上，具有当地特色的乡村旅游开发和特色农产品的开发度还不够，以西江千户苗寨景区为例，该景区90%以上的产品均来自义乌商品批发城，贵州特色、乡村旅游特色的乡村旅游产品的开发与包装尚处于初级阶段。

在畜牧业方面，贵州牛羊养殖比重占了全省肉类总产量的20.5%，地方特色禽类养殖占比60%以上，但大部分还是传统的散户养殖，农民手上有好产品，但由于规模有限，经济效益不明显。如何有效地将产业链融合，借助大数据产业，以市场需求为导向，将传统的农民散户养殖变为现代化的规模化养殖，按照企业现代化的养殖标准，实现畜牧业的自动化、智能化、标准化，构建养殖产业从生产到屠宰、运输、加工至市场的全程质量安全机制，达到一二三产业联动的效果，成为当下乡村振兴工作面临的挑战之一。

贵州农业产品目前存在很严重的产品同质化现象，以茶产业为例，截至2021年10月，贵州省依法登记的茶叶加工企业和合作社已有5 726家，除了比较出名的"都匀毛尖""遵义红""贵州绿茶"等品牌，大部分的茶加工企业质量升级缓慢，大多停留在初加工阶段，各地出现了都生产绿茶的同质化现象。正安县虽然走差异化路线发展白茶，但种植生产出来的白茶被卖给了浙江的茶商进行深加工，大部分的经济效益都被浙江茶商获取。在乡村旅游领域，除了以遵义茶海之心、六盘水妥乐银杏、万峰林民宿为代表的景点有特色外，大多数乡村旅游景点同质化严重，主要体现在产品和旅游类型上。

总体来说，贵州省农村一二三产业的融合度还处在初级阶段，农业与其他产业的融合度尚未全面展开，产业与产业之间互联互通性不强，未能将产品的价值、产品特色体现充分，并且市场上的同质产品之间的低端竞争较为普遍。虽然已建立"龙头企业+合作社+农户"的"三变"改革模式，但大多数农户的参与度不高，并未完全发挥出他们的优势，利益联合度的涉及面不到位。

五、新型农业经营主体带动效应不够

目前，贵州的新型农业经营主体主要有龙头企业、农民专业合作社和家庭农场式为单位三种。经营主体的带动效应不够主要体现在以下几方面。

第一，贵州农业龙头企业的数量有限。截至2021年10月12日，根据国家第七批重点农业龙头企业名单，国家公布了413家企业为国家重点龙头企业，但贵州省仅有15家，占比不到4%。贵州省龙头企业除了像茅台、"老干妈"之类比较出名以外，其他的实力都相对较弱。很大一部分农产品加工企业仍处在规模小、分布范围分散、产量低的初级阶段，生产技术水平也不够成熟，产品研发和创新驱动能力不够强，产品市场定位不高，市场竞争力较弱，整体产业链的整合度也不完整。

第二，空壳的农民合作社占比过重。很多农民合作社是为了响应政策而建，脱贫攻坚政策一过，出现了很多"僵尸合作社"，如何管理、盘活这些名存实亡的农村合作社，成为"十四五"期间乡村振兴工作的一大挑战。贵州目前依法登记的农村合作社有6.69万家，但因为缺乏既懂技术又懂管理的人才、产业产能不突出、制度体系建设不完善、内部财务管理不规范等原因，正常运转的合

作社仅有一半,而"空壳社"的比重达到了45.4%,这在一定程度上影响了乡村振兴产业的发展,实际问题未得到解决。

第三,以传统家庭为单位的农场和当地专业养殖大户的规模不足以带动整体区域的产业发展,2020年,贵州的省级示范农场数为291家,同期江苏省的数据为2290家,这个数据说明贵州与东部沿海发达地区之间的差距还很大,这对于乡村产业振兴、"双创"人才的回归、培养高素质的农民来说都是一大挑战。

六、产业融合资源保障程度低

乡村振兴需要产业发展,产业的发展离不开一二三产业融合,造成贵州地区乡村振兴发展较为落后还是由于先天条件的不足,受区位和地理位置的影响,土地的实际使用率、地理交通发达程度、地方财政收入、人才等要素都制约了乡村振兴工作的保障系数。

第一,贵州境内约92%的面积为山地和丘陵,喀斯特地貌占了全省62%的面积,这种先天的地理条件导致了省内土地供给不足和土地的有效使用面积受限。土地耕种在高山上,不仅面积有限,引水灌溉也成了难题,需要大量的人力、物力来补充这种先天的不足,大型的现代化农业机械很难做到大面积的有效使用,当地的农作物种植和收割主要依赖人工,这样不仅耗费大量的人力,效率也低。

第二,当地企业的发展融资困难。企业融资困难的原因是企业很难符合银行规定的信贷条件,归根结底,还是企业自身实力不够,提供的抵押物、现金流很难满足金融机构对于风险的评估。

第三,人才资源供应不足。农村缺乏能带动当地经济效益的企业与产业,导致大量农村人口外出务工,农村"空心化"问题严重,当地留下来的大多为年长的劳动力,缺乏有素质的新型职业农民,后备储备力量的青年大多外流,整体文化水平不高,技术型、经营管理型、社会服务型人才供应不足。

第五节　贵州推进乡村振兴战略的重点任务与基本路径

一、继续推动乡村农业产业结构调整

乡村振兴最主要的着力点是通过产业振兴。贵州农业属于典型的现代山地特色农业，要充分利用先天的资源，避开地理环境的劣势，构建具有贵州特色的现代农业生产经营体系，使一二三产业融合发展。对于已确定并且已见经济效益的产业坚持不懈地发展壮大，实现农业产业增产到成为地方导向性产业，加快全省农业生产力布局结构的调整。

第一，根据现有资源禀赋和产业基础，持续优化农业生产力产能，以500亩以上坝区为重点区域，在保障区域自给自足的粮食生产能力的同时，做大做强高效作物，倡导生态养殖业，鼓励发展统筹兼顾、种养结合，能兼备农牧渔的现代大型农业产业的发展。在农业产业升级方面，进一步做强做大优势特色产业，加快创建一批特色农产品优势区。比如，在生态畜牧业领域，以省级示范型企业为龙头，全面实施种草养牛项目，建立品牌化效益的企业，做大做强本土农业品牌；在生态茶产业方面，从茶种植生产大省转型为生产强省，通过做强产业链带动茶农致富；加大对烤烟生产基地的资金投入，提高烤烟生产能力和生产水平；在无公害蔬菜和经济果林产业领域，充分利用政府专项资金推动县域标准蔬菜、果园示范基地的发展。利用好贵州的生态环境，大力发展高效优质的山地农业，在推动发展传统农业优势的基础上，以市场为导向，不断壮大贵州12个农业特色产业，实现规模化发展，并覆盖贵州大部分农村地区，促进贵州农村产业振兴。

第二，贵州农产品品质高，但是知名度较低，品牌建设是短板。因此，在保证品质的基础上，政府部门应加大品牌建设，加大对农产品质量安全的把控力度确保，在产品检测、监管方面都做足功夫。保障农产品的质量，以优质的农产品流向市场，能够让广大消费者认可贵州农产品的品牌，确保优势产业的产品质量安全。在品牌建设与品牌保护方面，注重对知识产权的管理，对于中华驰名商标、中华老字号、农产品地理标识、有机产品、绿色产品等示范性企业创建认证体系和保障品牌化的发展条件。鼓励农村发展以家庭为单位、集体

制、与企业合作制的多元化经营主体，同时还要加大对各个经营主体的培育力度，鼓励和支持，实现农村经济发展的多元化，逐步发展壮大农合制度经济，促进小农户成长为现代农业经济体，促进贵州优质农产品走向市场，实现贵州农业产业规模化发展，促进贵州农村经济不断提高，农民的生活水平稳步上升。

第三，农业领域创新科学技术的推广及应用。贵州省农业专家在农业技术创新开发上取得的研究成果的具体应用体现在动植物优良育种、高效增产、农业现代化机械装备在贵州地区的改良、农产品加工、运输和储藏等方面，新型技术的研发离不开来自各个领域专家团队的辛勤付出，确保这些专业技术能应用在生物、信息、新材料、资源环境改善、质量产权保障等领域，科研成果应用于实际，要把科技用于实际的生产之中，用科技的力量促进农业产业化发展。

第四，发展智慧农业。贵州有很好的大数据产业基础，实现大数据和农业的有效融合，不仅在农业信息上，同时在农业生产、销售、加工等环节大有可为。贵州大部分偏远山区农业生产还很滞后，现代化科技水平较低，提升这些地区的农业科技水平，需要不断加大资金投入，还需要大量的人才投入。

第五，提升山地农业机械化的水平。主要是确保农产品在耕种、收割、处理等过程中的机械化使用率提高，减少人工输出，增加工作效率。对于山地、丘陵地区这种特殊的地理环境，在果实和茶叶的采摘和生产过程中，研发出适应贵州省地形的现代化农业机械。不仅是农业机械化要适合贵州山地，在农产品储藏与加工上，也要提升相关的技术和设备。

第六，进一步提升山区的耕地质量。农业产业结构调整中首先需要改善的是农业基础设施的建设，要保证乡村基本的耕路的修建，农业产业区域灌溉系统的修建，把乡村灌溉用水量提升，解决农业用水、蓄水问题。在耕地保护方面，严守底线，推进农村的确建设标准化农田，合理利用闲置土地，在保护耕地的基础上，加大对农田的保护力度。

二、加快推动乡村生态振兴

乡村振兴不仅要抓产业振兴，更重要的是抓生态振兴，要做到产业振兴与生态振兴两手抓。贵州作为国家关注的生态文明建设区域，在考虑乡村发展的时候必须注重发展绿色生态发展，生态宜居、生态宜游的美丽乡村。具体做法是：

第一，推进对农村居住环境的整治。重点抓农村垃圾处理、污水处理和村容村貌的整治，全面改善村民居住环境。建立合理的农村生活垃圾处理体系，对垃圾进行分类处理，推进农村传统的茅厕——旱厕的改革，确保所有乡村住房都配备全套的卫生厕所。统筹规划并改建农村的污水处理体系，确保农村污水的环保处理。

第二，注重对乡村生态保护与修复。通过高标准高质量提升乡村交通沿线、村寨附近的绿化与美化工作，恢复乡村河流的水质，对于矿产资源开发区整体地理地质环境的修复。严格规范乡村地区用水权、排污权和碳排放量制度。

第三，主推发展绿色农业。严格把控水资源的消耗量和合理运用，建立节水型乡村，严格规范农药、化肥、饲料等的使用和后期处理，对于农业剩余废弃物合理处置，推行农林牧渔能循环发展的生态养殖模式。

三、注重乡村文化振兴

古汉语里对"传统"的解释就是对历史的继承和当今的延续，比如特定的思想、道德、风俗、艺术和制度等，既是延续历史，又是变化发展的过程。挖掘贵州地区山地民族村落文化内涵，有利于展现民族村落的文化内涵和历史价值，贵州山地民族地区为少数民族聚居地，少数民族居民世代居住在山间，有着悠久的民族文化，孕育了多彩贵州的少数民族文化。如何有效推动少数民族文化旅游文化产业与旅游产业融合已经成为多个区域经济建设的重点。要想文化产业与旅游产业更好地融合，必须深挖民族文化底蕴来满足消费者在旅游中日益增加的文化旅游消费需求。只有将民族文化特质在旅游中展现出来，才能更好地推动民族文化和旅游产业的发展。

一个民族的文化特质影响着该地区的经济发展，该民族文化与经济联动，一定程度上能很好地促进和推动该地区经济高速发展。因此，在探究地方旅游经济发展时，必须以山地民族村落文化内涵为出发点。

开发山地民族村落农耕文化。农耕文化体现的是人们对于地域、亲缘及血缘关系的维系和依赖，中华民族是一个寻根的民族，城市封闭的居住环境与空间使得地域间的联系和邻里的交流隔绝，乡村生活的舒适、安静与城市中的喧嚣环境、快节奏生活恰恰形成强烈的对比，生态旅游得以发展的关键正是源于此。

贵州地区山地民族村落农耕文化形式丰富，主要有饮食文化、服饰文化、耕作的方式、手工制造的技艺，农业耕种活动是山地民族村落居民生存和发展的重要基础，也是村落民族文化制度的结构核心。贵州山地民族村落传统文化习俗，同时也是全村人的集体活动。乡村生态旅游是基于对农耕文化的体验和感知，让人们提升民族自豪感，重新走进乡村的认识传统文化，发现传统文化的价值，寻求一种返璞归真的实在体验。发展乡村生态旅游推动了农民的开化，认识到发展不一定要一味地索取，保护也能更好地发展。乡村生态旅游的发展调和了传统文化和先进文明的矛盾，实现了现代文化与传统文化交相呼应，形成了另一种和而不同的生态文化。

贵州地区山地民族村落各方面有较为明显差异，即便是同一个民族，每个村落都有自己独特的文化。这样差异化的民族文化就是山地民族村落旅游定位的基础，体现旅游开发和发展的多样化。山地民族村落地域特色鲜明，所以相关部门做好挖掘其文化价值工作，丰富传统村落文化内涵，做好村落文化传承和发展，例如做好民族文化与历史认知培训、村寨文化及综合发展培训、传统歌舞培训、民居保护与建造培训、传承技能培训、回乡人员的文化认知培训，为旅游增添充实的文化气息。

四、推动乡村组织振兴

乡村治理需要提升建设主体自身的积极主动性、创新创造性，贵州地区山地乡村的治理应当以提升建设主体的能动性为出发点。

乡村治理的主力军是村干部、基层党组织，治理成效关键在于村干部和基层党员能力问题。作为乡村治理的关键环节，村两委班子和基层党组织创新工作方法，基层党员、村委干部意识思想形态上的认知和战斗力要符合新时代基层工作的要求。加大对基层党员和村干部能力提升培训，特别是创业能力培训，同时还要完善创业扶持机制，鼓励规模经营，不断提高村干部示范能力和带动群众致富能力，实现村干部和群众共同致富，充分发挥村干部和党员的积极带头作用，特别是在村落治理的引领作用。因此，要完善党员干部考核机制、奖惩制度，激发积极性和能动性，提高他们的工作能力，让村干部和基层党员全身心投入村落治理中来，增强村落的治理效果。

增强乡村治理能力，实现治理主体多元化，完善协同治理机制。在众多乡村治理主体中，群众是不可或缺的主要力量，当地群众是村落虚空化治理的对象，更是作为村落虚空化治理的主体。作为治理主体，他们了解村落发展情况和村民村意，所以在乡村治理过程中，要让"双重身份"的群众加入村落治理当中来，这要让群众从思想上认识到村落治理的重要性，所以加大宣传来提高群众对村落治理的认可度和参与度。群众作为乡村振兴和村落治理的主要主体，所以要听取群众的意见、心声和建议，并将好的建议容纳到乡村振兴和村落治理当中。治理过程要广泛参与，治理方式要多元化，不同的山地民族村落各方的情况都有一定的差别，所以要因地制宜，以村落群众为主体，在村落治理中要做到多元民主化，真正让村落群众感受到治理主体的作用，这就需要增强群众治理主体意识、积极性和主动性，在行动上和思想上要有干劲和决心，让更多的人民群众自觉参与到乡村治理的行列中来，壮大山地民族村落建设主力军。

鼓励先富起来的那部分带动后面想要富起来的，充分发挥农村致富领头人、经济能人先锋引领作用。贵州山地民族村落地形复杂，农业生产粗放，经济基础薄弱，村落发展出现"三无人才"，即无经营知识、无农业技术和无农业信息服务，严重缺乏相关的专业人才以及有创业干劲的青年，例如：返乡下乡创业青年、中高等院校毕业生、退役士兵、产业发展领头人、大学生村官等，加大这部分群体进行创新创业、合作社培育和村落治理培训，创新培养方式，通过专家授课和参观考察学习，提高示范带动能力。实现山地民族村落的有效治理，不仅要大力宣传和引导，更是要在多方面进行鼓励和支持，比如在资金和利息的支持，增强返乡下乡创业青年、中高等院校毕业生、退役士兵、产业发展带头人、大学生村官创办村级产业项目实力和能力，同时也要提升他们的农业生产经营、农业现代技术与生产服务能力，特别是带动贫困村民脱贫致富的能力，充分发挥带头人的作用，为村落的事业做出一番贡献，为村落有效治理发挥应有的作用。

五、保障和改善农村民生

乡村振兴最终的目的还是实现农民的生活富裕，农民是乡村振兴的主体，乡村的主人，是迫切希望乡村发展的群体，也是乡村发展的重要力量，农民才是乡村振兴的自生动力，为了激发自生动力的主观能动性，还是要保障和改善民生。

在农村基础设施建设方面，首先是完善出入便捷的农村公路系统，只有城市与乡村之间的交通便利了，它们之间的互动互通才能顺利展开。科学的引进和建设水库，确保农村的水利基础建设向乡村延伸，彻底解决农村地区的用水问题。在能源改革方面，充分利用贵州农村的独有自然资源优势，特别是在水电以及新能源的应用上。在能源领域，贵州的优势是显而易见的，这就需要不断地加大投入力度。同时还要根据贵州不同地区的自然条件发展能源建设，确保天然气管道网的建设。最后，通过光纤和互联网的连接，在农村普及电商、远程教育、远程医疗和金融服务，培养适应现代化社会的高素质农民。在提升农民就业质量上，让农民创业带动就业。从政策上不断引导和鼓励返乡农民工创业，为乡村振兴营造良好的创业氛围。全面支持农村大力发展集体经济，深入发展农村第三产业，例如农业服务业或其他创新行业的创业，使农村产业向二三产业靠拢，增加与对外城市之间的联动。

在公共服务方面，调动教育资源、医疗资源往农村倾斜，优先发展农村地区的教育事业，开办公立幼儿园，解决学前教育困难的问题，搭建与城镇水平一致的农村中小学，确保九年义务在农村地区的实施。在高中教育方面，支援师资的同时，鼓励职业教育学校的开办。在医疗方面，要确保优质的医疗资源可以向下延伸到乡镇，完善城乡居民一致的医疗保险制度，加强慢性病的防控，农村妇幼保健和乡村急救卫生院的建设，支持异地医保结算，培养和发展乡村养老产业。

在提高农民收入方面，增加农民土地、闲置房产的收益，通过乡村振兴产业提供就业岗位，鼓励农民参与多元化的经营，以提高农民收入为着力点，鼓励家庭为单位的种植业、养殖业、生态旅游业的发展。

六、重视农村二三产业发展，提升产业融合发展程度

在一、二、三产业的融合发展过程中，第一产业是基础，第二产业和第三产业是切入点和突破。所以在这个过程中首先要发展好农产品加工行业，提高农产品的产品定位和质量，尽可能的在农产品产地开办工厂，促进农民就业，

让经济效益更直接的流回农村。

在农业产业与旅游业的融合过程中，既要因地制宜的发展好第一产业，又要发展好乡村旅游产业，充分发挥出绿水青山的优势，引导农业休闲观光、运动休闲、养生康养、农业体验等具体表现形式的发展，还要让乡村旅游产业带动当地交通、餐饮服务文化产业等上下游产业链的发展。

在大数据产业的具体应用上，实现全程追溯体系，利用电商渠道开拓营销，促进农产品销售的规模化、网络化发展。在挖掘贵州文化的过程中，将其具体应用到乡村旅游的体验中，让传统文化活灵活现的传承，也让消费者从中获得观光体验。

此外，在品牌化建设中最关键的是突出产品的差异化，首先是产品本身的生产质量安全把控，确保农产品的食品安全；其次是对于高品质农产品的认证，确保天然无公害、绿色和有机的认证体系，确保产品在行业内的质量定位。提高产品的竞争力和品牌知名度，通过各种品牌推广活动，让贵州特色品牌走出去。

第二章 脱贫攻坚与乡村振兴的有效衔接问题

当前,我国脱贫攻坚工作已取得全面胜利,农村贫困人口已全部脱贫,贫困地区已全部摘帽。中国结束了贫困的历史,绝对贫困的消除也意味着一个全新的开始,在巩固脱贫攻坚的基础上不断深化,有关的乡村振兴实施政策也相继出台,如何做到两者的无缝衔接,这是必须要正视的问题。

基于此,为了使乡村振兴与脱贫攻坚能够顺利对接,党和国家作出了安排和部署。在政策安排的基础上,如何落实两者在内容上的有机统一,使乡村振兴稳步推进,还存在着一定的难度。

第一节 贵州脱贫攻坚与乡村振兴衔接的政策逻辑

一、战略目标具有统一性

脱贫攻坚的目的是能够消除绝对贫困,即农村的贫困户再也不为住房发愁,住房得到了很好的保障;同时也不会为吃穿发愁,以后的生活吃好穿好;也不用担心孩子的上学问题,不会再有辍学的孩子;同样最基本的医疗问题也得到了有效的解决;这些民生领域的问题,再也不是困扰贫困人口的问题,这些都得到了有效的保障。脱贫攻坚有了成效,贫困人口的家庭经济收入有明显的提升,贫困地区的公共服务水平大幅提升。在取得脱贫攻坚全面胜利的基础上,乡村振兴也悄然而至。"乡村振兴就是要振兴农村的经济,第一个目标就是要农村的产业实现振兴,首先就是要农业现代化和农村现代化,所以到 2050 年,全面实现乡村振兴的总目标。"

脱贫攻坚和乡村振兴都是我国"两个一百年"奋斗目标,只是处在不同的阶段,同时也是"两个一百年"的长远规划。第一个百年奋斗目标已经实现,也就是全面建成小康社会，那么这一阶段也是决战脱贫攻坚的时期，已经取得全面胜利。而乡村振兴是处在我国新时代的环境下，也是党和国家站在新的历史方位，这是第二个百年奋斗目标作出关于"三农"问题的战略部署，也就是建成社会主义现代化强国。消除贫困和改善民生是脱贫攻坚和乡村振兴的本质要求，两者都是为了改变农村落后的面貌，使农民的生活水平不断提高，共同的出发点和落脚点是为人民群众根本利益和共同富裕，提高人民的生活指数和幸福指数，提高人民的幸福感。

二、乡村振兴与脱贫攻坚的共同推进需要互动与融合

脱贫攻坚与乡村振兴一个是前提，一个是延续，互相作用，但是两者不可能独立进行。目前，进入到乡村振兴这一阶段，广大的农村各项事业都在有序进行，同时也要最大限度地发挥脱贫攻坚的成果，特别是整合农村资金、人才和技术等资源，避免农村事业重复建设，导致资源浪费，需要把乡村振兴和脱贫攻坚各项工作进行有效融合发展。

从工作机制和政策体系上看，在脱贫攻坚时期国家都已经完善，这也是打赢攻坚战的组织保障，同时也为乡村振兴提供了强有力的保障。两者都是为了解决农村问题，从制度上对农村的基础设施、民生领域、农村经济及乡村治理进行了有效的安排，同时也完善相关的工作机制，例如进行产业扶贫就是要发展农村特色产业，大力发展农村产业，振兴乡村经济，这也是乡村振兴的首要目标。然而两者也有不同的内容，从产业扶贫到产业兴旺，这是内容上的较大升级，从生态扶贫到更大范围的生态宜居，这是广度上的提升，同样，在实施内容上的其他方面都得到优化提升，即从点到面上的铺开，范围更大，而且乡村振兴的要求比脱贫攻坚更高。虽然两者的内容爱在性质上一致，但是内容的深度和广度是不一样的，也就是说，两者存在共融关系。

两者如何融合，融合的内容是什么，在融合的问题上，需要两者无缝衔接，两者相互促进、相互发展。从国家的重大战略上来看，两者都是国家重大战略上的一个阶段，同样也是非常重要的节点，也就是谁都是我国两个一百年奋斗目标的不同阶段。按照国家重大战略部署的时间上看，2020年已经取得脱贫攻坚的全面胜利，全面建成小康社会是我国的第一个百年奋斗目标，这一阶段的

伟大奋斗目标已经实现，那么我国第二个百年奋斗目标就是要把我国建设成为富强民主文明和谐美丽的社会主义现代化强国，在这个阶段中就是要全面实现乡村振兴。这对我国农村社会事业发展起到决定性的作用，同样也是积极有效化解我国当前社会主要矛盾的重要措施，两者都是为了农村的社会发展，两者的衔接在时间上要一致，在内容和方法上都是依照党和国家的政策来执行。

三、乡村振兴是脱贫攻坚成果可持续的有力保障

习近平同志曾经强调过，等待我国全面建成小康社会之后，在我国的范围内已经消除了绝对贫困，但是相对贫困还会继续存在，而且还会长期存在。脱贫攻坚时期的扶贫成果到乡村振兴时期如何进行巩固，在政策上如何进行有效统筹安排，党和国家的重大会议和重大政策都有明确的指示，实施乡村振兴就要巩固脱贫攻坚成果，相对贫困还会长期存在，所以要完善长效机制来防止返贫现象发生。脱贫攻坚实施精准扶贫，精准识别贫困人口，同样也精准退出贫困，绝对贫困得到了消除，从根本上解决了农村贫困人口的生活保障问题。那么，乡村振兴就是要在这样的前提下进一步提升，在巩固脱贫攻坚的成果的基础上，进一步全面发展农村社会事业，让农村的生活更加美好。

脱贫攻坚取得全面胜利，但农村贫困问题不是就这样结束了，农村脱贫工作还将持续进行。那么现在没有贫困县、贫困村和贫困人口，这样的成果要长久的保持下去，因为全面建成小康社会之后，好的成果必须保持。农村贫困人口不再为最基本的生活发愁，所以更要确保脱贫人口不再贫困，防止返贫现象的工作要坚持下去。那么从产业发展上来看，脱贫攻坚的产业扶贫有了一定的发展，广大贫困村庄的产业项目在发展中有序进行，当然在进入乡村振兴的实施阶段决不能让这些产业项目停止下来，例如在贵州省某县出现扶贫产业项目空壳现象，必须要严查。而且乡村振兴要在农村产业发展和脱贫攻坚的基础上进一步升级，覆盖的面更广阔，特别是在产业的社会效益、生产规模和经济效益上，相比脱贫攻坚有前所未有的提升，目标就是振兴乡村经济，让农民的收入得到持续增加。

第二节　贵州脱贫攻坚与乡村振兴衔接的内容

乡村振兴不只是农村某一方面的事业得到发展，而是全方位的发展，所以要有完善的实施政策。在体制机制方面也要完善，例如城市如何支持农村，能够很好地实现城乡之间的互助发展，这样才能够有效的解决农村发展问题。"两不愁三保障"这是脱贫攻坚的主要目标，消除绝对贫困，不再有贫困县和贫困地区，这样重要的目标在2020年已经全部完成。所以，从脱贫攻坚执行的目标群体、时间、内容和范围角度上看，以及从乡村振兴战略规划的内容、执行的时间、范围和目标群体上看，乡村振兴比脱贫攻坚的受众面更广，执行的时间更长，在执行的内容的比脱贫攻坚进一步深化和完善。

一、从"两不愁三保障"到生活富裕

脱贫攻坚的目标群体是贫困人口，让这部分人群不再为生活、住房、教育和医疗发愁，能够保障他们的最基本的生活需求，也是满足贫困人口追求美好生活的最低需求。贫困的时代已经结束，并不代表就过上了富裕的生活，消除了绝对贫困只是实现富裕生活的前提和基础，只有摆脱了贫困，下一阶段就是要过上富裕的生活。但是，乡村振兴的目标比脱贫攻坚的要求更高、层次更深，农民对生活的追求和向往的层次更高的富裕生活，比脱贫攻坚的基本生活保障有质的提升。从最基本的生活保障到生活富裕，这是党和国家最为关心的问题，是农村工作的重中之重，也就是满足了最基本的生活条件，例如：从最基本的有吃有穿，到吃得好、穿得好，从最基本的能够享受教育、医疗和住房，到享受到优质的公共服务条件，从最低的生活和社会保障条件到高品位的生活状态，这是有了质的变化。

二、从激发内生动力到乡风文明

脱贫攻坚的实施对象是贫困人口，因为贫困人口自我发展能力弱，那么如何提升这一部分群体的内生发展动力，主要是从智慧和文化这两个方面进行扶持，通过扶智和扶志有效结合。首先，通过以教育扶贫为前提，贫困家庭的学生在义务教育阶段能够得到有效保障，排除一些特殊情况，例如身体原因不能

继续读下去，按就近原则都可以接受基础教育，不能再让贫困家庭的孩子辍学，从源头是消除贫困因素，如果贫困家庭的教育没有得到改变，那么他们自身的脱贫能力也没能得到改变。其次就是农村的贫困人口进行扶志，习近平总书记说过："扶贫先要扶志，要从思想上淡化贫困意识"。如果一个人的思想文化没有能得到改变，那么想要改变一个人的观念和行为，那真是一件困难的事。所以扶志就是要从思想文化和就业技能提升的方式进行引导，对贫困群体通过科学的方式进行引导，转变贫困农村的思想，从"等靠要"转变成"自己想要"，从整体上改变农村不良的风气。从引导个体改变到全村整体内涵的改变不是一蹴而就，这需要循序渐进，而改变农村和农民的整体面貌，就要引导一种勤奋自强和积极向上的舆论环境。乡风文明建设需要加强农民的思想道德建设，发挥农村优秀的传统风貌，让广大农村居民认真贯彻执行社会主义核心价值观，通过多方位、多角度、多举措加强农村的精神文明建设，例如互帮互助、勤劳淳朴和睦邻友好等优秀的传统文化深入人心，处在新时代的农村也要创造出符合新时代的新气象。

三、从生态扶贫到生态宜居

在脱贫攻坚阶段，生态扶贫是其中的方式之一，它将修复生态环境和贫困户的收入相结合，在生态修护区内所在的村庄设立护林员，为了改善村庄环境也设立了保洁员和巡河员，设立这些公益岗位不但增加了贫困户的收入，同时也加大了对生态环境保护的投入，除了这些措施外还采取其他措施来对生态进行保护。原来生态环境较差的地方，在人力方面得到了有效的保障，环境得到改善，贫困的生活也得到改变，这是一个双赢的好政策。进入乡村振兴这一阶段，从生态环境修复到广大农村地区生态宜居这一目标，就是要构建一个美丽宜居的乡村生活生态环境。不仅是单一的生态环境的改变，农业生产环境也要彻底地改变，还要对农村生态环境进行综合治理，这与农民的生活有密切的联系。可以看出乡村振兴对生态环境有了更高的要求，同时对生态环境保护的范围进一步拓展，还很好地将生态环境保护与农村农民农业有效结合起来。

按照生态文明的发展理念，经济与生态要同步发展，既要有经济快速发展，又要实现良好的生态,两者缺一不可。对农村生活生态环境的要求,都要按照这一发展理念来进行。不管是生态扶贫,还是生态宜居,都奠定了生态经济发展的基础。乡村生态环境不仅得到了改善,同时在经济上也得到了有效的发展。在脱贫攻坚阶段,贵州的广大贫困地区村民都广泛的参与了生态环境保护工作,那么乡村振兴实施中,也可以设置这样的岗位,在保护生态环境的前提下,提高农民的收入,乡村振兴对这一模式要有效衔接。这样,农村环境得到了有效治理,农民收入也增加了,实现了农民能够在家门口就业,在乡村振兴实施之后,这也是一个防止贫困人口返贫的有效措施。

四、从产业扶贫到产业兴旺

产业扶贫是脱贫攻坚精准扶贫的有效方式,也就是在贫困村发展特色产业项目,面向的群体是贫困农民,让贫困农民参与到产业扶贫项目中来,这样就能够增加贫困农民家庭经济收入,最终的目的就是摆脱贫困。在实施扶贫产业项目中,因地制宜,根据贫困村不同的自然条件发展符合当地情况的特色产业项目,同时也考虑了贫困村的劳动力状况。由于不同的村庄各方的自然条件各不相同,主要发展的是农业产业以及农村的第三产业,如何实现贫困村的三产融合,主要发展种植业、养殖业、农产品加工等,符合当地发展的特色产业。一个村庄发展一个特色产业,加强提升扶贫产业的品牌建设,建设"一村一品",打造乡村知名产业品牌。振兴乡村经济就是要振兴农村产业,不仅是发展一个产业,更是要激活乡村发展的活力,提升乡村整体经济发展效益;发展农村经济,要全面实施农村产业转型发展,实现农业和农村的现代化,在农产品附加值上有更大的提升,为振兴乡村经济发展奠定基础。

从脱贫攻坚到乡村振兴对产业发展的不同要求上看,农村产业发展得到进一步提升。纵观乡村发展历程,贫困的发生主要是农村缺乏产业发展,农民经济收入没有提高,也很难在家门口实现就业导致的。再加上一些贫困村远离城镇,处在偏远的山区之中,基础设施不完善,产业发展基础薄弱和潜力较差。总结贫困发生的各种原因,直接原因就是没有稳定的经济收入。从产业扶贫到产业兴旺,从无到有,从激发产业发展潜力到实现产业振兴,最终实现乡村经济振兴,这是一步一步的有效衔接。

五、从党建扶贫到治理有效

脱贫攻坚的内容和方式多样,其中党建扶贫也是主要的扶贫方式,即加强农村基层党组织建设,根据不同的情况,因地制宜,实现摆脱贫困。在党建扶贫的过程中,发挥党员的先锋带头作用,即党员带领贫困群众脱贫致富。同时,在吸收新党员上,发挥示范带头作用,要看中和吸收优秀的人才加入基层党组织当中来,充分发挥他们带动贫困群众脱贫致富的能力。从党建扶贫到乡村治理有效,基层党组织依然乡村是发展最坚强的后盾,也是最有效的力量。因此,需要加强农村基层党组织建设,党员干部带动贫困群众实现脱贫致富,在实施乡村振兴也要带领广大村民参与到乡村治理,建设美好的社会环境,形成良好的社会风气,最终实现乡村有效治理新格局。

第三节 贵州脱贫攻坚与乡村振兴衔接存在的难题

一、衔接机制不完善

(一)衔接过程中的相关规章制度不健全

贵州很多地区贫困程度深,脱贫难度大,在取得脱贫攻坚全面胜利的基础上,积累了一定的经验和成果。目前,贵州的乡村振兴正在实施,有效的衔接脱贫攻坚的成果和内容,需要完善的政策和制度的指导。从实际的执行情况上看,主要是基层的层面上,乡村振兴的具体执行的组织架构没有完善,相关的规章制度也没有完善。在基层,甚至有的把脱贫攻坚和乡村振兴看成是各自独立实施的,没有实现两者协同实行。在乡村振兴层面,基层政府对乡村振兴和脱贫攻坚的有效衔接也没有结合本地区的实际情况提出意见,缺乏一定的实施方案,也就是基层政府没有及时总结和巩固脱贫攻坚成果。直到乡村振兴开始实施,大多都不知道如何有效衔接两者的关系。目前消除了贫困,脱贫攻坚胜利结束,相关的政策没有结束,可以继续用于乡村振兴。这些政策如何实施,就需要进一步思考如何有效衔接的问题。

（二）运行机制、保障机制和考核机制不完善

运行机制方面。国家对脱贫攻坚相关政策的总体部署上看，在运行机制方面比较完善，从县到村，每一级都参与到脱贫攻坚中来，每一个县市都设立了扶贫办、国家工作人员对口帮扶、驻村工作队，还有网格员等，这是一个完善的基准扶贫运行责任机制，从组织上为打赢脱贫攻坚打下了坚实的基础，但是从实际的执行还存在一些问题。特别是运行机制中对个体的影响效果不明显，路径和方法不科学的问题，所以在某些环节上运行不流畅，也就是流程设置不规范。

保障机制方面。在组织的机构上看，脱贫攻坚时期的组织保障很好的执行，机制完善，运行流畅，很好的保障了脱贫攻坚的顺利进行。到了乡村振兴的实施阶段，进入全面小康，乡村振兴已开始，再加上国家乡村振兴局的成立，同时也明确了乡村振兴的工作原则，继续成立乡村振兴工作队和驻村第一书记，在实际执行和研究中的机制没有健全，尤其是保障机制没有构建完善，要实现两者的有效衔接，就要进一步完善衔接的保障机制，真正实现无缝隙的有效衔接。贵州省各个县成功实现脱贫，结束了贫困落后的局面，整体上实现了真正的脱贫。但是由于受到各方面条件的影响，省内各地区社会经济发展还会存在一定的差距，需要很好的巩固脱贫攻坚的成果，发展本地区的产业，实现有效衔接，即在继续执行保障弱势群体的政策基础上，不断升级脱贫攻坚的内容和成果，促进乡村振兴的有效实施，实现农村全面发展。

考核机制方面。2021年是乡村振兴的开局之年，贵州衔接方面的工作还没有深入进行，在乡村振兴实际工作效果的考核机制没有完善，特别是衔接的考核机制，这是能够保证乡村振兴实施的前提条件，如果没有完善的考核评价体系，脱贫攻坚与乡村振兴有效衔接就不会顺畅。在基层，大多都没有实施考核机制，许多的评价体系单是从数字和指标上进行，所以很多的基层单位纯粹就是为了完成数字指标，忽略了实际的工作效果，同时对产生的结果有不全面的看法。因此，要避免政策只流于形式，更是要进一步完善脱贫攻坚与乡村振兴衔接的考核机制。

二、农民主体意识薄弱

不管是脱贫攻坚，还是乡村振兴，如果没有农民的参与就很难推进，所以

农民是乡村振兴的主体，这就需要提高他们的思想自觉性，提高参与度。

（一）政策理解程度偏低

农民主体意识薄弱表现之一是对政策理解程度偏低。进入了乡村振兴阶段，农民需要继续保持脱贫攻坚阶段的参与度以及政策的理解度，大部分的贫困人口在脱贫攻坚实施过程中深入体会党和国家政策的意义，所以贫困农民对脱贫攻坚政策的理解深刻。本课题组成员进行的实地走访中了解到，绝大多数的贫困对脱贫攻坚的政策有较为全面的了解。可以说贫困户的政策知晓度较高，主要是源于扎实有效的脱贫攻坚工作。目前，乡村振兴刚刚开始，大部分村民对乡村振兴的政策还不太理解，只是知道乡村振兴，但是缺乏详细的了解，理解还停留在脱贫攻坚这一阶段的政策上。

（二）缺乏参与乡村振兴的主观意愿

我们在贵州多个乡村实地走访了300名农民，问到是否积极参与到乡村振兴当中来，选择"看具体的实际情况来定"的选项有150人，占比50%，那么有脱贫攻坚阶段的贫困农民有90人，普通农民有60人。

从这些问题中可以看出，绝大多数农民在主观意愿上缺乏参与乡村振兴的愿望。在制定相关的政策时，这也是值得去思考的因素。

（三）不愿主动表达发展意愿

农村是一个熟人社会，农民最熟悉村里的情况，因为这是他们长期生活在这个地方。所以在制定相关政策以及政策的选择上要符合乡村的实际情况，更要在乡村发展上采纳农民的建议，这是非常有必要的。

三、产业发展"底子薄"

贵州许多的贫困村都是处在偏远山区，甚至是处在集中连片特困地区，贫困程度深。处在集中连片特困地区，主要是缺乏产业的支撑，大部分的地区农民致富的路径狭窄，在家门口很难实现就业，或者靠自己发展产业实现致富。面对这样的困难，大部分农民往往选择外出务工，这也是别无选择。脱贫攻坚的产业扶贫促进贫困农民的经济收入的提高，扶贫效果短期内较好，但是在实际的产业发展中没有贫困户的参与，或者是参与度较低，他们收入的增长需要产业的促进。在贵州的许多农村地区，还有偏远山区的农村，基本上没有自己的产业，产业基础为零，农民自给自足，农业产业发展也很滞后。发展农业产业也存在许多不确定的因素，由于受到自然条件的影响，发展机械化和规模化相对比较困难，而且投入也很大，所以导致扶贫产业发展缺乏可持续性。扶贫产业前期也投入了大笔的资金，这是在脱贫攻坚的要求下；在打赢攻坚战之后，后续没有得到有效保障，导致扶贫产业项目出现空壳现象。通过实际调查了解到，贵州农村农业产业结构需要优化和进一步调整，以市场为导向，发展特色优质的山地农业，提高农产品的知名度，建立农产品品牌。主要原因是贵州广大农村地区产业基础非常薄弱，大部分还是传统的小农经济，虽然是优质的农产品，但是知名度和竞争力都不高，这些都是影响了农业产业的发展。此外，贵州的地理环境对农业产业也产生一定的影响，贵州的大部分农村都处在山地之中，农业基础设施不完善，农业规模较小，很难实现机械化，自然灾害的影响较大，这样因素影响了贵州农村产业的发展。

四、人才队伍建设存在短板

农村发展落后人才缺乏也是主要的因素之一，脱贫攻坚和乡村振兴一样需要大量的人才参与到其中，但是贵州乡村发展建设中人才依然是很大的短板。

（一）现有人才队伍结构不合理，在人才的数量上存在不足

一是缺乏乡村本土人才。作为乡村内部的人才，最为熟悉农村的生活和环境。同时这部分群体有强烈的意愿参与到乡村振兴中来，在政策上鼓励和引导乡村本土人才发挥自身的优势，让本土人才带领广大村民共同致富。贵州的广大农村里普遍存在本土人才不足的现象，实地走访贵州一个村庄了解到，整个村庄发展农业产业的人很少，只有3人发展养殖产业，数量远远没有达到，也还没有实现普及。

二是外来人才偏少。乡村振兴就是要实现乡村全方位的振兴，与脱贫攻坚进行比较，乡村振兴需要多样化、多元化的人才，如农业技术、乡村治理、法律和销售等人才。从贵州某县的乡村振兴工作队的人才类型上看，农业技术类的人才偏多，其他类型的人才偏少，这与乡村振兴对人才的要求还存在一定的差距。

（二）人才保障机制不完善

从 2020 年到 2050 年，乡村振兴战略的时间跨度是 30 年，参与乡村振兴事业的外来人才是在不同的时段参与进来。同时乡村振兴不会就此停止，农村也不能就此停止发展。因此，就会出现外来人才的轮换，目前外来人才参与乡村振兴的期限还没有确定，而且人才保障机制也不完善，所以要及时构建人才保障机制。

五、农村基层组织薄弱

（一）基层组织对村民的影响力弱

解决"三农"问题的出发点、落脚点和着力点都是农村社会发展，按照党和国家的三农政策，使政策落到实处，能产生实际效果，这需要村干部的积极参与，还要有强有力的执行能力。能力不足、政策执行力弱严重影响了脱贫攻坚和乡村振兴的有效衔接的具体落实，这就需要每一位村干部有强烈的事业心，全身心投入到本村的建设当中来，认真履行党和国家以及上级的政策，认真领会，不断加强学习，积极带领村民走上致富之路。农村发展和社会治理需要强有力的带头人，党支部书记是基层党组织的重要人物，是重要的带头人之一，其中的重要性不言而喻。全面振兴乡村，需要有带头人，村支书要发挥自己的能力优势带领村民发展生产，在发展产业、返乡创业和乡村治理中发挥带头人的作用。在实际调查中了解到，大多数村党支部书记的综合素质和能力有待提高，而且他们文化水平偏低，同时年龄也偏高，这就需要注入新鲜"血液"，让更多的年轻人加入这个队伍中来，不断壮大乡村振兴的队伍建设。

（二）基层农村党组织机构不健全

不管是脱贫攻坚阶段，还是在推进乡村振兴上，基层党组织是保障，发挥着不可替代的作用，这也是其他的执行主体无法替代，因为它的作用不仅是保障，更能够起到催化政策的作用，进一步推进政策的实施效果和效率。那么就非常有必要健全基层党组织，提升基层党组织的影响力。随着农村的剩余劳动力大量外出，村里的年轻人逐年减少，特别是青年党员。由于青年党员常年不在村里，这对基层党组织来说会有一些影响，如果不引起重视，那么农村基层党组织的作用将受到影响。除此之外，在有的村子很难发展新党员，特别是年轻党员，加上老党员的年龄偏大，文化程度难以符合当前致富带头的要求，这就需要更多的年轻人加入这个组织中来，加强队伍建设，加强和完善基层党组织建设。

作为党员，除要积极参与农村基层党组织建设之外，还要发挥先锋带头作用，积极带领村民参与到村庄治理和社会事业发展上来，这就需要党员不断地加强学习，加强自身能力建设。但是农村还会存在一部分党员自主学习的主动性不强，工作积极性不高，所以投入到基层组织的工作时间和精力较少。

第四节　优化贵州脱贫攻坚与乡村振兴有效衔接的路径

一、落实衔接政策的相关规章制度

扶贫政策是为脱贫攻坚打下坚实基础，政策是两者衔接的依据和基础，没有党和国家政策的正确引导，那么许多的工作就没有一个方向性。在党和国家政策的指引下，乡村振兴已经开始实施，实施的头一年如何做到两者的有效衔接是关键。做好衔接工作，在内容和衔接点上要做到统一规划和同步推进。

贵州脱贫攻坚积累了大量成果和经验，那么就需要借鉴和运用，让现有的经验和成果继续发挥应有的作用。乡村振兴的实施只是开局，在现有政策的指导下，还有根据贵州不同地区农村的实际情况来进行，如何借鉴，如何巩固脱贫攻坚的成果，实现两者的有效衔接，需要完善的制度和机制运行，即明确责任主体，健全考核机制，同时还要完善相关的激励机制。

在中央政府的统一领导下，地方各级政府要明确自己的定位，认清本部门在乡村振兴中该履行的职责。从基层政府的实际工作情况上看，在脱贫攻坚与乡村振兴衔接的实际工作中，必须加强对基层政府人员的培训，提高相关责任单位对脱贫攻坚与乡村振兴的认识度，必须要加大培训力度，结合本部门的实际情况，加强对政策的学习、理解以及政策的执行。

衔接好脱贫攻坚与乡村振兴的考核机制。在考核体系方面也要做到完善和强化，同时也要细化各大指标体系，将其纳入年度的绩效考核中，做到认真执行，实实在在地按照这一标准去考核，杜绝形式主义。乡村振兴都各责任单位要加强监督和全方位考核，一般的监督也要做到常态化，避免形式主义，在年终的考核中也要确定考查的范围，成立联合监督部门，建立时时工作追踪制度，时时了解到各责任部门或者个人的工作执行效果。

在巩固脱贫攻坚成果的基础上，在乡村振兴战略实施的过程中，能够做到共同激励。为了脱贫攻坚能取得全面胜利，各级政府和各部门的工作考核机制比较完善，这对脱贫攻坚取得全面胜利起到了重要作用。那么乡村振兴正式实施后，就要借鉴成功模式和巩固脱贫攻坚的成果，从政策和制度上给予指引。在实际的实施中，还要做到有效监督与激励，完善乡村振兴的激励机制。

二、提升农民主体意识

不管是脱贫攻坚，还是乡村振兴，参与和受益主体最终还是广大农民。农民既是乡村振兴的主体，又是乡村振兴的实施对象。实现乡村振兴的目标离不开农民的参与，那就需要激发农民的内生发展动力，提高农民的参与积极性，提升农民的主体意识。

（一）加强宣传教育引导

让农民积极主动参与，关键在于如何引导。解决"三农"问题都是为了能够让广大农民享受到政策的惠顾，农民作为最终的受益者，让他们形成一种主体意识的理念，因为乡村振兴是为了振兴乡村各项事业，让农村在每一个领域中都能够实现全面发展和改变，最终实现乡村全面发展，这些都是为了农民。让农民了解政策、支持政策，让他们从更深层次的思想上意识到这一伟大壮举的最终受益者是农民本身，所以要从舆论上进行引导，让农民形成积极参与到乡村振兴各项工作的主动参与理念。此外，还要做好教育宣传，让广大农民了解党和国家关于"三农"的政策，增强农民的信心。加强对"三农"政策的宣传力度，可以定期聘请有关专家、学者、政府工作人员到农村进行政策宣讲，让农民完全了解党和国家关于"三农"政策，进而增强参与到乡村振兴的信心。

（二）培育新型职业农民

在我国广大的农村，特别是贵州偏远山区的乡村，要培育新型职业农民，除了农民本身的积极响应，还需要有关部门积极参与，促进农民的身份转型，让农民积极参与到乡村振兴战略实施当中来。

首先，加强对农民农业技能的培训，扩大培训人员。如果农民不掌握一定的农业技术，那么农业生产效率就会受到很大的影响。在对农业技术进行培训的基础上，要扩大培训人员范围，积极把有培训需求的农民拉进来，有针对性地进行培训。同时也要设置具有针对性的课程，因为农民本身的情况各异，所以有不同的需求。那么就需要正确引导广大农民群众参与进来，让其意识到培育新型职业农民的意义，积极主动的提升自己的知识水平。在培训过程中，要激发农民的学习热情和动力，营造一个良好的学习氛围，提升培训的效果。

其次，创新培训方式。按照传统的技能培训方式，大多数是集中讲解理论，进入田间实践的很少。如果理论授课过多，那么文化水平较低的农民理解得不会那么透彻，很容易没有兴趣继续学习下去，最后培训的效果也不理想。那么很有必要改变培训的方式，让农民可以接受，又能很好地理解，以实践的培训方式为主，适当地进行理论上的教学，确保培训方式的多样化和效果的有效性，从而使农民真正的掌握相关的农业技术。

最后，创新培训激励政策。在农民学到的农业专业技能之后，通过自己所掌握的农业技术参与到乡村振兴当中来，对那些积极参与到乡村振兴，并且取得一定效果的农民要进行政策上的奖励。在政策上进一步引导农民，同时也进一步激发农民的技能培训，从被动变主动，激发自身发展的热情和动力。正是在政策上进行引导和激励，让农民更加有信心地参与到乡村振兴中来。

（三）建立健全农民意愿表达机制

提高农民的主体意识那就是要建立健全农民意愿表达机制。农民世世代代都生活在农村，只有农民最了解农村。在农村如何建设发展，那就要充分听取广大农民的意见和建议，鼓励农民充分地表达自己对家乡建设的建议，增强农民参与乡村建设的信心。将线上的方式作为基础的意愿表达渠道，同时采取线下的方式，通过两者的有效结合，使更多的农民能够积极主动地参与到乡村振兴当中来。除了表达自己的意愿外，相对应的就是意愿表达的回应，完善意愿采纳的流程和标准，使之制度化、规范化，通过集体智慧方式，征集农民对乡村发展的建议。将面对面采纳的建议，及时反馈政府部门或者责任单位，同时及时开展调研、进行可行性分析，并制定详细的实施方案。

三、优化农业产业发展模式

（一）充分发挥产业优化的作用

在扶贫产业的基础上，进一步优化升级。实现乡村全面振兴，产业是基础，是关键，也是核心，同时产业也是脱贫攻坚和乡村振兴衔接的基础和关键。那么在扶贫产业的基础上，深挖贵州特色优质资源，根据当地的产业发展情况，促进农村一二三产业融合发展，不断提升贵州农村发展的内生动力和活力。首先是靠当地产业基础，利用先进的现代农业技术，特别是现代化的农业企业，进一步激活农村发展潜力。大力发展现代农业，利用先进的农业技术，改善农业企业管理模式，拓宽农产品销售渠道。特别是在贵州偏远山区，要发展符合当地的特色产业。其次就是农民的利益和企业的利益如何有效结合，即如何建立利益联结机制。在农业生产要素上要进行合理配置，发展合作经济，壮大集体经济，培养新型农业经营主体，改善营商环境，创建工业园区，解决当地农民的就业问题。无论是何种经济类型，都要鼓励农民参与进来，增加农民的经济收入。除此之外，还要大力改善农村的基础设施，在原有的基础上进行升级改造，改变农村基础设施滞后的局面。

不断的巩固和升级扶贫产业。贵州许多贫困村都有一定的扶贫产业基础，在此基础上要充分利用当地的自然资源发展自己的特色产业，注重市场的需求，针对贵州不同的农村地区发展特色、优质、高效的山地农业，发展"一村一品"，打造具有影响力的农业品牌。在利用好现有扶贫产业的基础上，利用好产业发展专项资金，整合农业资源，进行招商引资，建立乡村振兴产业园。农村产业的发展更要实现多元化的主体参与和经验模式，在培养好新型经营主体的基础上，继续加大对产业的投入力度，实行股份制，让更多的农民参与进来，享受发展的成果。

（二）加快种植业产业结构调整进程

在国家供给侧改革的指引下，以市场的导向，不断调整农业产业结构，使之与农村的经济结构相融合。农村产业结构调整是一个长期的过程，需要在大量调查的基础上，深入贵州广大农村地区去了解，因地制宜，在充分考虑当地的优势和自然条件下，依据农村的实际情况来调整农业结构，以市场为主导，培养新型职业化农民,让更多的新型农民懂得市场、营销和管理。目前,贵州大部分的农村地区,尤其是偏远山区村落的产业发展落后,一直还是传统的小农经济,农业发展很难实现规模化和机械化,导致农业产业发展受到了很大的影响。在实地调查中我们也了解到,很多农业企业规模发展同样受限,基地建设和融资问题难以解决,这严重影响了农业企业发展速度。这就需要从整体上有一个完整的规划。贵州农村种植业结构调整要着眼整个市场,制定出符合贵州农村实际的农业结构调整方案。在贵州广大农村,从地理环境上看,要很好地利用山地的良好生态环境,发展贵州优质高效的特色山地农业,转变农业的生产方式,实现贵州农村一二三产业的高效融合,必将促进贵州农村产业发展壮大,实现乡村振兴的产业兴旺。

四、强化人才振兴政策

实现乡村振兴,人才是关键。全面振兴乡村离不开人才的支持,尤其是后脱贫攻坚战时代,乡村振兴全面开始,要继续派驻农村工作队,下派到农村的第一书记和驻村工作队要适应乡村振兴对人才的需要,为乡村振兴提供人才保障。

(一)优化人才队伍结构

首先是挖掘农村本土人才。外部人才是乡村振兴的重要力量,但是也不能忽视本土人才的力量,加大人才的培养力度,才能够为乡村振兴提供大量的人才储备。打赢脱贫攻坚战之后,要认真总结经验,特别是利用和引进人才工作,在现有人才积累的基础上,也要重视本土人才,这也是打赢脱贫攻坚战的关键要素。培养乡村本土人才,主要是这部分群体有强烈的意愿参与到乡村建设当中来,愿意为家乡建设贡献自己的力量。在巩固脱贫攻坚现有的本土人才的基础上,进一步加强对乡土人才技能水平的提升,从而培养出新型的乡村本土人才。所以在贵州各个地区的农村,要培育乡土人才,第一是要创新乡土人才的培养模式,可以采取高校和政府联合培养的模式,对现有和新型的乡土人才进一步培养,培养期满,应发放相应的学历证书或者职业资格证书。

其次是引进外部人才。单是靠乡村本土人才,还不足以满足农村发展的需求,农村的发展需要大量的人才支撑,在培育好农村本土人才之外,还需要大量的外部人才,壮大农村人才的输入,在数量和质量上达到人才的需求力度,为乡村振兴服务。那么就要做好对城市人才的引进工作，发挥外部人才应有的优势。乡村振兴是乡村全面的振兴，在人才方面也要求有全面多元化的人才，例如法律、经济、农业技术和营销等方面的专业人才。

（二）完善人才保障机制

重视人才，珍重人才，鼓励人才参与乡村振兴。

首先是要完善物质层面的奖励机制。在引进外部人才上，原来居住在城市，同时工作也在城市的人才，要给予相应的补贴，如食宿和交通补贴，从物质层面上对外部人才给予重视和关注，尽力分担外部人才的经济压力，减轻他们的生活压力，让他们有力量、有信心、有积极性的为农村的事业服务。不管是外部人才还是乡村本土人才，只要发挥带头作用并取得一定经济效益，而且成果显著的，根据产生效益的大小进行一定的奖励。

其次是要完善精神层面奖励机制。对那些做出突出贡献的人才，要颁发相应的荣誉称号，对作出突出贡献的个人、集体以及在某一领域做出成效的团队，要进行公开的表彰，让公众知晓，同时也提高影响力，使其能够影响更多的人才参与乡村振兴，为乡村的事业发展作出应有的贡献。利用媒体进行广泛宣传，加大对农村人才重视的氛围，鼓励更多能人志士参与到乡村建设当中来，实现自己的人生价值和目标。

（三）建立人才队伍动态调整机制

乡村振兴实施的时间跨度比脱贫攻坚还要长很多，一直持续到2050年，外部人才的服务期限也不确定。那么还要考虑到外部人才的服务意愿以及服务期限问题，如果服务期限过短，也不利于乡村某一项事业的深入推进。基于这样的考虑，在对乡村振兴人才需求上要有一个长远的规划，完善人才队伍动态调整机制。同时还要做好人才数据收集、平台管理和跟踪服务。坚持以人为本的原则，在尊重人才本身的意愿的基础上，对外部人才的进来和出去进行科学预判，为工作交接提前做好准备，保持工作顺利进行下去，让相关工作不受此影响，所以在动态调整中要做到工作的稳定性。

五、加强农村基层组织建设

首先，要提高基层党组织的影响力。基层党组织的作用毋庸置疑，村干部是其重要成员，提升村干部的能力，特别是带动和动员能力，发挥基层组织的强有力作用。因此，要建立村干部工作保障制度，要有考核标准，推出标准化的职业化管理体系，推行村干部的职业化待遇，吸引了优秀干部充实队伍，按照乡村振兴的目标要求来不断对干部进行能力的提升，通过专题培训的方式，或者让村干部到发达地区农村进行实地考察学习。只有通过不断学习，以及提高自我学习的积极性，让村干部懂得农村如何发展产业、如何提高基层组织的工作积极性、如何提高村庄的文明程度，才能发挥村干部在乡村发展中的重要作用。

其次，在脱贫攻坚中，包村干部、驻村工作队、基层村干部、第一书记、基层扶贫工作人员等发挥了"领头羊"的作用，并培养了一批"走不了"的人才队伍，同时一些城市人才因扶贫下乡并长期留在农村创业发展，给乡村振兴积累了宝贵的人才资源。脱贫攻坚与乡村振兴的衔接推进，应做好这些人才资源的统筹利用，在脱贫攻坚收官期，加强驻村干部和村干部工作力量整合，健全联合学习、联合会议、联合办公制度，发挥好驻村干部的"传帮带"作用。

再次，完善人才入乡激励机制，实行创业人才社会保险补贴、创业带动就业岗位补贴、创业场租等扶持政策，建立融资、融智和商业一体化创业服务中心，搭建乡村创业平台，鼓励人才进入乡村创业，为乡村振兴战略实施提供人才支撑。

最后，还要充分发挥农村基层党组织在衔接过程中的作用，继续发挥党员的先锋模范作用，积极带领村民参与到村庄治理和社会事业发展上来，这就需要党员不断地加强学习，加强自身能力建设。加强农村基层党组织建设，党员干部带动贫困群众实现脱贫致富，那么在实施乡村振兴时也要带领广大村民参与到乡村治理，建设美好的社会环境，形成良好的社会风气，最终实现乡村有效治理新格局。

第三章　黔东南传统村落人才振兴路径研究

人才是乡村振兴的关键，为此探寻民族地区传统村落人才振兴问题尤为重要。本章从人力资本作用、人力资本开发措施、人力资本实证分析三方面进行探讨，阐释了黔东南传统村落人才振兴的时代价值，介绍了黔东南传统村落适用人才基本类型与开发成效，在这一基础上全面剖析黔东南传统村落人才振兴的经济发展水平滞后、教育质量有待提升、人才激励政策较弱、缺乏有效社会支持、人力资本存量较少的困境问题，提出了营造良好的人才成长环境、构建新型人才培养体系、招才引智提升内源动力和健全人才激励机制等操作性强、具有重要现实意义的人才振兴路径，以人才振兴举措为着力点加快黔东南传统村落振兴步伐。

第一节　时代背景与研究动态

人才兴则乡村兴。乡村振兴需要复合型人才，既包括农业经营主体和农业科技人才，也包括绿色生态农业带头人；既包括乡贤人才和平民英雄，也包括自治、德治、法治的领路人，还包括各类专业实用型人才。党的十九大报告首次提出"乡村振兴"战略，并在2021年出台了《中华人民共和国乡村振兴促进法》。这一宏伟蓝图的实现，关键在于人的作用发挥。众所周知，黔东南是少数民族传统村落的聚集地，最突出的特征就是大部分传统村落经济发展较为滞后。为此，将黔东南传统村落蕴藏的人才资源转化为经济发展的人力资本显得尤为重要。那么，黔东南传统村落人才振兴的价值是什么？有哪些具体的人才类型？取得哪些成效，又面临哪些困境？新时期人才振兴的路径是什么？对这些问题的深入研究，一方面有利于加快黔东南传统村落人才振兴步伐，另一方面可以为其他区域乡村人才振兴提供有益启示。

人才是 21 世纪的第一资源，要全面推进民族地区传统村落振兴战略，就必须破解民族地区传统村落人才不足的瓶颈。为此学界围绕"人才振兴"这一时代主题进行了深入研究，且取得了较为丰硕的研究成果。研究主要集中在农村人力资本作用、农村人才开发措施和农村人力资本效应等方面，前人的研究对全国乡村人才振兴具有普遍的指导意义。

其中，黔东南州传统村落是民族地区乡村形态的典型代表，其振兴进程关系到全国乡村振兴战略的整体推进，而人才振兴又是传统村落振兴中的关键一环，在文化振兴、生态振兴、产业振兴等方面发挥着至关重要的作用，这无疑为本章的研究提供了新的学术拓展空间。

第二节 黔东南传统村落人才振兴的时代价值

一、有利于促进特色产业发展

近年来，黔东南传统村落通过培养农村实用型人才，人才管理优势在特色产业发展方面的作用体现如下。

一是政府重视并制定政策进行引导。州委、州政府把发展山地特色生态农业作为促进农民增效增收的主要手段，结合各县市农业资源特点，出台了一系列政策措施，大力推进农业产业化建设，如榕江县，初步形成了以脐橙、竹笋为代表的一批特色产业化生产基地。

二是特色优势产业规模扩大创收明显。2019 年，全州完成蔬菜种植面积、药材种植面积、年末茶园种植面积、年末果园种植面积分别为 14.07 万公顷、4.41 万公顷、2.93 万公顷、5.42 万公顷，药材、园林水果、蔬菜、茶叶等作为主要经济作物同比增产比例分别为 28.6%、13.9%、13.4%、10.1%。由此看来，茶农、药农、果农也在不断创收。养殖业也是成效明显，同年全州猪牛羊禽肉产量近 16 万吨。其中，牛出栏占到 15 万头以上、活家禽出栏近 1500 万只、禽蛋产量不到 1 万吨，同比增产比例分别为 6.9%、24.1%、14.3%，猪羊产量稍有回落。

三是重视乡村特色品牌打造。州委、州政府瞄准公用品牌优势，全力整合当地资源，打造全产业农产品区域的优质公用品牌，区域知名度和形象有效提升。麻江蓝莓、雷山银球茶等具有代表性的特色农产品经过合理规划与整合，诞生了"苗侗山珍"农产品区域公用品牌。其系列产品远销贵阳、上海等省内外，预计到2021年年底总产值能突破26亿元。

二、有利于培育新型职业农民

农村现代化建设有效推进的主体为新型职业农民，新型职业农民的培育有助于提高经济收入，缩小黔东南城乡差距，平衡地区间发展，巩固农村精准扶贫目标，助推人才振兴战略的早日实现，人才振兴的作用体现在以下四个方面。

第一，有利于打破传统固有观念。黔东南民族村寨中的村民封建迷信思想根深蒂固，家里稍有不顺就会归咎于鬼神弄人，如在庄稼歉收等方面。通过现代化农业生产的相关课程，让农民了解及增强对现代农业的认知，认可新型职业农民身份价值，从而帮助农民转变传统固有观念。

第二，有利于建立系统性的人才培养方案。黔东南发展山地特色农业的核心在于农村技能型人才的振兴，人才缺失，科技含量高的农产品生产不出来，市场及品牌竞争力也会大受影响，政府需要重视并加大对专业技能型职业农民的培育和稳固，此类型农民需考虑黔东南地理条件、农村劳动力现状、人才结构等因素，尤其在考查本地区特色农作物种植种类的基础上，应综合考虑该地农村劳动力数量、年龄、受教育水平等特征，由此建立新型职业农民系统化培训体系。

第三，有利于完善线上涉农资源互动平台。当地涉农部门，企业与高校、教育部门等需加强黏性，抱着合作共赢的目的让培训对象都能及时获得实用技术、市场需求情况、就业形势等多方面的信息。通过此平台达到学习互动、经验交流、技术创新的效果。

第四，有利于提升农民专业技能。全州能获得专业技术资格认定的农民还很不足，证书是申请农业优惠的敲门砖，加大金融扶持力度，加强农民医疗保障、增加农民福利、提升农民幸福感、消除乡村经济建设阻力，需要引起国家及地方政府的持续重视。

三、有利于提升社会治理水平

乡村治理是国家治理进程中的关键一环,是推进国家治理体系和治理能力现代化的基础性工程,基层党组织的干预是实现这一目标的关键。传统村落精英在现阶段脱贫攻坚中发挥着引领、带头、示范、协调、帮助等作用,具体可以将传统村落精英分为经济精英、政治精英、文化精英。

经济精英主要是指在传统村落内部较一般群众而言拥有较多物质财富的人;政治精英是指以服务民众为自身价值追求目标,拥有一定的体制性政治资源的人;而文化精英是在传统习俗、文化信仰、生活方式、性情道德、为人处事等方面拥有相对优势的人。

无论是传统村落精准脱贫还是乡村振兴,作为村寨的整体是集经济、文化、政治、生态等多维度发展——既要推进经济建设,又要推进文化建设;同时生态和政治建设及精神文明建设也需加强,为实现这一目标需要全体村民共同努力,尤其是要发挥村寨内部精英群体的带动作用。经济精英是村寨内生动力提升的火车头;政治精英作为基层党委政府与民众联系的纽带,可以为村庄争取更多的发展资源来完善村级基础设施,提升传统村落治理成效;文化精英为村寨发展营造团结和谐、互惠互助的文化氛围,增强整个村寨的凝聚力。

最后必须指出的是,除了发挥精英群体的驱动作用外,更要发挥普通民众的动能作用,普通大众虽不具备各种资本优势(如经济资本、社会资本等),更不具备太多的创造性思维,但勤劳朴实,跟随能力与模仿能力较强,在村寨精英的示范带动和外来力量的帮扶下,凭借自身的劳动力或其他技能(如工艺编织)参与各种扶贫项目,尤其是扶贫产业项目改变自身贫困落后的面貌,同时增强传统村落自我发展能力,促进传统村落自身快速发展。

综上,充分发挥本土人力资源优势是黔东南传统村落提升内生发展能力的关键所在。为此,在乡村振兴阶段既要充分发挥传统村落精英群体的示范带动与协商治理作用,更要充分激发一般民众改变自身发展命运的信心、决心与激情,在不同层次人力资源要素的综合作用下,才能提升乡村社会的治理水平。

第三节　黔东南传统村落人才类型与人才开发成效

一、人才类型划分

"十二五"期间,全州农业技术推广体系人才队伍建设取得长足发展,其中全日制本科336人,全日制大专350人,全日制研究生159人;在职研究生4人,在职本科187人,在职大专905人,中专280人;人才的专业技术职称结构为:初级职称905人,中高级职称1 034人;人才的年龄结构为:35岁以下480人,35～45岁810人,45～50岁406人,50岁以上581人。

这初步形成了覆盖农村基层的农业技术推广网络,组成了以州、市(县)、乡(镇)三级的农业生产技术指导组。农村实用人才是活跃在生产第一线的人才队伍,充分发挥农村实用人才优势是农民实现富裕的根本。目前,全州共有农村实用人才12万余人。生产型5.6万余人,占46.7%;经营型1.6万余人,占13.3%;技能服务型1.6万余人,占13.3%;技能带动型1.5万人,占12.5%;社会服务型1.7万余人,占14.2%。

随着人们对乡村经济价值空间了解的深入,乡村振兴的重要性凸显,在这个背景下,人才振兴是乡村振兴进行到一定程度时需要突破的瓶颈。作为乡村振兴的主体,农产业经营企业需要的符合条件的特色农业经营者及特色文化产业经营人才却非常缺乏。目前,农村复合型人才的需求日益增加,这就意味着传统农业生产者在一定时间内要完成从普通农民到复合型人才的身份转换。

基于乡村这个新的经济社会空间而展开的乡村振兴工作实际上需要以下几类人才,见表3-1。

一是生产型人才。此类人才主要为长期从事农业耕种,有较为丰富的种植、养殖经验,且对种植业、养殖业有着较为深厚的感情,为种植业、养殖业、加工业能手,其中包括经营的农产业有一定规模,创收明显高于其他农户等特征。此类人才须加强技能培训,才能从传统意义上的农民转变为高素质、高水平的新型职业农民。

二是经营型人才。这类人才首先要有一定的管理知识储备,并且有一定的经济实力,有一定的经营经验,能够洞察出农村的增值空间、发展潜力在哪里,一方面能盘活固有传统资产、闲置资产、基地等；另一方面能从创新的角度将其改造规划。

三是技能型人才。此类人才掌握一定专门化知识与工艺技术，并且技术能力与服务能力属于中上水平，如铁匠、石匠、绣娘、手工编织者等。

四是服务型人才。包括乡村服务工作者和乡村文体艺术者。前者须具有领导才能和乡村治理能力，并有一定的声望。后者主要是指能从事民间艺术创作和表演的人员，能作出具有高水准的代表地方文化的歌曲及戏曲的表演人才。

五是电子商务型人才。在农村现代化的趋势下，农产品的高效分销很大程度上依赖优质电销渠道，在一个商品的价值链中，如何将农户提升到价值链的中上游，如何将其变得更为主动，如何精简销售渠道，已成为迫切需要突破的瓶颈，唯有带动和培养电子商务型人才、让农民有更多发言权与自主权、销售渠道变得更为精简与优质，提高农民的收益份额才能解决。

表3-1 传统村落农村适用人才类型与特征

类型	适用领域	特征
生产型	种植、养殖、加工、捕捞等	高素质、复合型农业技术人才
经营型	非农经营、合作社组织、新型农业组织等	懂市场经营知识，有新业态创新意识，传统产业结构调整
技术型	传统艺人，如工匠、木匠、绣娘、银匠等	掌握专门化知识与技术，具备一定操作技能
服务型	寨老、文化艺术人才、村干部、专业化服务人员等	具有领导能力、一定的文化素养与乡村治理才能
电子商务型	大学生、电子技术人员、网络营销骨干	精通电商知识，文化素养高，有创新意识

二、人才开发成效

近年来，黔东南在人才开发方面成效明显：落实人才培养行动计划，建立"本土人才""农村致富带头人"等人才信息库，将农村人才后备军进行重点培养，建立后续平台为他们定点交流提供了有力保障，农村职业农民的规模数量增长和专业化水平有了很大的提高。具体体现在以下方面。

（一）增加了人才公共产品

1. 改善医疗卫生条件

2020年以来，黔东南州大力加强县乡村医疗服务体系建设，基础条件得到进一步改善，为推动健康扶贫工作发挥了重要作用。一是保证以县（市）为单位，建成一所县级公立综合医院。全州共建成县级公立医院26所，其中：二级甲等的县级人民医院达到16所，县中医医院达到10所；全州各级医疗卫生机构拥有认证执业医师和职业助理共8489人，公立综合医院的每个业务科室均配备1名以上执业医师。二是保证以乡镇为单位，建成一所政府办的乡镇卫生院。全州共建成政府办乡镇卫生院196所，全部达到乡镇卫生院建设条件与标准；全州乡镇卫生院拥有职业资格认证的医生和助理超过2000人。三是乡村卫生室建设实现全覆盖。全州共有行政村2125个，目前共设置村卫生室3052个。同时，对于乡村医疗器械、基础医疗物资、药品等进行有效补充。有效改善了村卫生室就医环境，基本满足广大农村居民就近就医需求。四是实现村医配备全覆盖。村医通过公开招考、政府调剂、乡镇卫生院派驻等方式，加强村医管理。现全州共有村医近4000人，实现每个村卫生室至少配备1名合格村医的目标。为规范乡村医生诊疗行为，政府下发了相对有针对性的政策作引导，并组织召开了全州村卫生室服务技能提升培训会，乡村医生得到系统的培训，服务水平得以提高。同时杭州市188所医院与全州县级以下相关单位都建立了精准帮扶关系。

2. 增加教育资源供给

主要体现在以下几方面。

完善教育基础设施。按照与城镇化布局和生态移民相结合的原则，近年来政府累计投入大量资金推进了中小学布局整顿工作，对于城镇义务教育资源进行相应补充，扶贫搬迁安置工作也是得以顺利进行。2020年，仅是易地扶贫搬迁安置中的学校项目黔东南就投入资金3.19亿元，建筑面积9.49万平方米。

抓好教育资助政策。落实农村建档立卡贫困学生的全面资助，确保不让任何一个符合条件的学生落下，所有符合条件的学生都应重点关注。2020年，黔东南州共落实各类学生资助资金11.24亿元。其中，中央资金70 906.71万元、省级资金29 284.81万元、州级资金8 730.69万元、县级资金3 456.78万元，惠及建档立卡贫困学生96万人次。

整合东部和西部的教育资源。黔东南州与杭州建立了教育资源互享、结对帮扶的关系，大力推广教育"组团式"帮扶模式，深入开展两地专业技术人才交流和智力合作。自2018年以来，黔东南州413所中小学校与杭州学校结成对子，引进杭州知名校长和优秀教师任职、支教686人，选派1960名中小学校长、中层干部和骨干教师赴杭州挂职跟岗、培训学习。

3. 增加科技资源支持

贵州黔东南州科技局重点围绕"一达标、两不愁、三保障"目标，突出脱贫"头等大事"，聚集定点帮扶村，对于农特产业的发展给予高度重视与支持，并聚焦新农村建设，全力推进农村扶贫工作的开展，努力实现帮扶村精彩出列。自入驻剑河县岑松镇报谷、塘脚村以来，黔东南州科技局积极争取和安排项目48个，涉及资金644.97万元，落实其他帮扶资金87.46万元。具体体现在以下几方面。

发挥科技优势助力产业发展。申报省级科技成果推广转化项目4个；实施"稻田养鱼工程"312亩，投放鱼苗25 000余尾；组织实施"玛瑙红"樱桃基地160亩，培育"玛瑙红"樱桃优质苗2 000株、妩阳红桃基地57亩、西瓜种植基地100余亩、"三叶木通"（八月瓜）基地20亩；建成生猪养殖场2个300余头，养鸡场2个2 000只；通过"十户一体"模式带动贫困户40余户200余人参与。

夯实基础设施推进新农村建设。积极争取资金组织实施报谷道路硬化工程2.2千米，投资160余万元；实施报谷公路护栏1500米，投资36.75万元；实施村内步道硬化3 000米，投资20余万元；修建塘脚村老寨公路，投资20万元；建设木结构房屋2栋，面积近200平方米；安装路灯52盏，投资18.2万元；修建停车场1个、休闲亭2个、公厕1个、消防池1个、风雨桥1座、饮水池1个，让村民的生活越发便捷，为建设美丽富裕的新农村奠定了基本的物质基础。

基层党组织助力村民摆脱贫困。农村党组织与脱贫攻坚紧密结合，组织机制得以完善，领导班子成员做好表率，培养年轻村干部，发展入党积极分子，提升基层党组织的凝聚力和组织力，积极培养农村致富"领头羊"，影响带动一批新型职业农民。通过开展机关与农村党支部共建活动共召开座谈会6次、举办理论宣讲5次，为党员、村干部发放党的各类书籍百余本。积极组织40余人次村干部、致富带头人到凯里市、三穗县等地学习新农村建设和产业发展；累计举办实用技术培训班10期，培训400余人次。四是联集群力献爱心确保精准发力。组织100余人次深入帮扶村开展干部遍访贫困户活动，确保遍访全覆盖，建立结对帮扶对象57户，投入帮扶工作经费32万元，累计发放各类慰问金4万元，为受火灾1户贫困户捐款6 650元，支持帮扶村办公用品设施设备价值3 000万余元，为孤寡老人、贫困大学生和留守儿童发放累计16万元资金以及慰问物资等，使这一特殊群体感受到政府以及全社会对他们的关怀和温暖。

（二）完善了人才培育体系

1. 夯实基础教育体系

加强基础教育，促进区域的均衡协调发展。黔东南州出台《州人民政府办公室关于印发黔东南州城乡基础教育共同体试点工作方案的通知》等文件，以政策引导县域内城的义务教育一体化改革，着力加快发展我州教育事业。实施"城镇义务教育学校"项目、"学前教育"项目、"普通高中"项目、"教师周转宿舍"等项目，2016年以来累计完成投资26.84亿元。实施义务教育均衡发展项目，2016年以来累计完成投资3.2亿元，施秉等县已顺利通过验收。

2. 完善职业教育体系

首先积极整合现有的职业教育资源，调整优化资源分配。期望在2022年基本上形成"一区域、两带动、七支撑"的黔东南州职业教育新格局。"一区域"：以凯里为中心圈，依托黔东南高新技术产业开发区教育资源，加快完成州内几所职业院校新校区的建设，切实将完善黔东南中等职业技术学校、凯里市第一中等职业学校的基础设施建设落到实处，集中办学，确保凯里附近的学校高职在校生达到2.6万人，中职在校生达到2万人。"两带动"：是指以高职院校黔东南民族职业技术学院、凯里市第一中等职业等学校为主要驱动力，带动影响周边其他中高职学校的发展和建设，加快黔东南州的公共实训基地的建设，同时建立黔东南州职业教育培训中心，进一步深化生产和教育、企业和高校的融合机制。"七支撑"：则是以台江、岑巩、天柱、黎平、从江、榕江、黄平七个地区的院校为主要建设支柱，扩大在校生队伍；充分发挥凯里中心区的学校和其他地区学校的带头机制，完善区域性职业学校的竞争机制。

3. 搭建职业教育的立交桥

积极扩大职业教育"五年一贯制培养"等招生规模，以两所凯里市内重点中职学校为中心，形成科学完善的办学机制。积极落实"3+2"和四年制职业本科教育试点工作。尽可能将凯里学院应用型本科专业单独编班招收中高职毕业生工作落实到位，并且控制每年的招生规模，加大中高职毕业生在所招人员中的比例。积极推进中高等职业教育的协同发展，丰富并完善学校管理、人才培养制度，加强对教师职员的培训力度，定期开展专业人员的对口合作，推动职业院校的提高和发展，向着更加专业、高效、高质量的方向努力。加强职业院校和技工院校之间的交流合作，形成融合性的特色发展制度，将职业院校和技校在教育工作部署环节、推进环节、考评环节层层推进，形成各具特点且共同发展、共同进步的新型教育体系。在普通职业学校建立起教育改革试点，与中高职业院校相融合，相互促进协调发展。

4. 建立起多元化的职业学校办学格局

加大对民办中高职业学校的鼓励、扶持力度，广泛号召发动社会为其建设出资出力。同时建立公开透明且合理的民办职业教育审批制度和审批流程，完善进入制度和退出制度，充分发挥政府的监督和引导作用，促进多元化办学格局的形成。

（三）加强乡土文化艺人队伍建设

为切实加强乡土文化艺人才队伍建设，有序的组织与支持文艺事业，黔东南州对现有乡土文化艺人建立信息数据库，将详细的身份信息、爱好特长、家庭住址等信息记录下来，同时对于民间艺人的才艺评定工作及艺人的培养都作出了较为明显的成绩。另外，对于乡土文化艺人的挖掘工作也有一定成效。近年来，黔东南州乡土人才队伍建设工作主要取得了以下成效。

1. 组织民间艺人评定工作，弘扬民族文化

为民间艺人评职称是实现人才振兴的重要战略举措。2006年，贵州省率先以黔东南为试点，对黔东南州500余名民间艺人进行评审，评出了330名中高级职称、172名初级职称。

2. 建立数据库，管理好文艺人才

将民间艺人的身份、爱好特长等信息登记入档，建立乡村人才档案库，全

面了解和掌握乡村人才的规模、年龄结构、文化程度、擅长技艺等，对乡村人才动态进行网络信息化管理。

3. 建立培养机制，培育好优秀人才

民间艺人接受了较为系统的培训课程，理论兼顾实践，进一步完善了民间艺人培训体系。通过培训，提升民间艺人的能力水平，从而实现劳动力全员就业比例的提升。比如：2018年以来，锦屏县以侗族刺绣培训为重点，举办了3期培训班，培训283人，涉及贫困人口142人，投入资金14万元。

4. 强化师资队伍建设，确保文化保障

优先选拔培训五个世居主体少数民族教师干部，开展民族文化进校园师资培训。比如：麻江县每年投入专项资金，重点培训紧缺教师、特聘民间艺人师资；建立民族文化进校园工作激励机制，设立奖励基金，壮大民间文化专项师资队伍。目前，已优先选拔200余名苗族、畲族、仫佬族等骨干教师担任学校中层以上领导职务，培训教师1 300余人次，培训民间特聘教师137人次，发放奖励资金30多万元。

（四）初步建立人才激励机制

合理地运用激励手段可以让人们由内生发干劲，提高工作效率。这说明建立合理的激励机制，以鼓励先进的方式可以激励后进；客观合理地评价行动主体的行为和绩效，协调精神激励与物质奖励之间的关系，能够从物质上和精神上营造充满活力、富有效率的建设氛围，调动参与群体的积极性和创造性，使人尽其才、物尽其用。

黔东南农村实用人才的激励政策主要形式如下。

1. 产业与科技激励

黔东南州委州政府从特色农产品生产园区的建设、产品销售渠道等给予农产品经营企业或组织帮助。政府每年都有一定的专项资金用于鼓励和奖励农村实用人才及其相关的经营组织，只要达到一定的养殖或种植规模和级别，就可以申请补助；对于从事农业科技研究的相关人才、在新农业领域有科研成果的人才或组织都会给予相应的资金投入。对于农村实用人才创立的新型经营主体与各类院校的科研合作、新品种实验、新技术研发与推广等都给予高度重视与支持。

2. 金融激励

黔东南采取农业信贷担保助推农村金融服务水平，最大限度地满足农村实用人才在特农生产与发展中产生的资金需求，在脱贫攻坚期间，省级及各市(州)担保公司重点采取承担有限连带责任保证的方式，与银行等金融机构合作，担保费按照不超过贷款金额的0.5%一次性收取；担保公司通过与银行等金融机构采取"二八"风险分担模式开展业务，即发生风险时，金融机构承担的风险比例大大缩小，各担保公司与各县(市)级政策性担保机构或地方政府采取分担风险的方式进行责任共担，各担保公司承担风险不超过共担风险总额的60%。这一举措无疑提高了农业信贷的安全性，政策向农民主体倾斜，农业信贷与农民主体相互依存、互惠互利。

3. 创业激励

黔东南州近年来为激发农民返乡、回流基层，填补素质高、有文化的乡土人才空缺，出台了一系列帮助乡土人才创业的政策，对达到条件、符合标准的乡土人才，税费予以减免、创业手续化繁为简、创业渠道扫清障碍、供以选择的创业平台类型多样化。农民返乡创业符合新农村发展要求，返乡人员可以使用农村集体土地，这样的举措在一定程度上增加了农村实用人才回乡的信心，增加了农民回乡创业的可能性，符合条件的返乡人员可以依据补助政策申请一定数额的扶贫资金、涉农资金等补贴，贷款额度的差别是由创业项目规模大小决定的。

4. 教育激励

为了提升农村实用人才的文化素养、专业能力和经营管理水平，黔东南出台了关于教育激励方面的举措，着眼于构建包括教育培训、资格评定政策等相互关联的培养方向，对于表现优异的农业专业技术人员会得到对应部门提供的挂职锻炼的机会，一方面，年长的村组干部会得到政府主导指派的专业人员进行培训的机会；另一方面，年轻的村组干部培训机会也不少，培训形式也更多样化，包括政府派送的专业老师到当地培训，也有出去进行学习交流的机会，当然前提是达到单位选拔条件与标准，而对于基层农民的培训主要采取开展专业技术班、短期训练班的方式。

第四节 黔东南传统村落人才振兴面临的困境

一、经济发展水平滞后

人才是推动乡村振兴的重要社会因素，而要进行人力资源的开发离不开经济的发展，经济为其发展提供物质基础。所以经济发展水平在一定程度上反映了人力资源开发水平，也反映了本地区技术创新程度、产业结构及人均收入水平。目前，黔东南的经济发展存在经济基础薄弱、产业发展不均衡、收入水平低等问题，导致了黔东南地区的经济发展滞后，间接阻碍了传统村落人才振兴，具体分析如下。

（一）经济基础薄弱

人力资源的开发与经济基础密切相关，其发展的速度与质量同样离不开经济发展。我国少数民族地区经济水平普遍较为落后，有的是历史因素导致的，如饱受战乱的困扰；有的是受现实及地域因素所限制，如西部地区的少数民族区位、基础、技术都较为落后，导致经济也较为落后。黔东南州是一个以苗族、侗族为主混居布依族、水族、瑶族等33个民族的少数民族聚居地，少数民族人口占户籍人口的比重为81.7%，其中苗族和侗族分别占43.4%和30.5%。此外，黔东南州地处贵州省东南，山势险要，交通发展缓慢。由于历史及自然地理条件的限制，黔东南传统村落主要处在远离城市中心，交通条件较为落后的山区，大部分村寨的基本生活设施建设十分落后，观念陈旧，经济发展水平远远低于城市，经济的落后也减慢了信息传递、知识更新与社会的发展，更加剧了人力资源的流失，从而陷入一种恶性循环中。

（二）收入水平低

收入是衡量经济发展的重要因素。由表3-2和表3-3可以看出黔东南州乡村收入水平总体较低。在当前很多传统村落中，单纯依靠农业的生产收入几乎只能勉强维持基本生活的开支，这是其传统性导致的。特别是土地贫瘠、耕地少的贵州地区，农业生产已经不能满足农民的基本生活需要，如经过走访，在黔东南州已经进行旅游开发的南花苗寨，在旅游业衰落后，很多村民依靠农业生产不能维持基本生活，不得已外出务工。

表3-2 2019年黔东南州人均收入

全州财税收入	城镇居民人均可支配收入	同比	农村居民人均可支配收入	同比
115.23亿元	32 752元	8.7%	10 233元	10.9%

表3-3 2020年黔东南州人均收入

全州地区生产总值	同比	城镇常住居民人均可支配收入	同比	农村常住居民人均可支配收入	同比
1 191.52亿元	4.5%	34 520元	5.4%	11 082元	8.3%

（三）产业发展不均衡

改革开放以来民族地区的产业结构发生了本质性的变化，第一产业的比重已经远远落后于第二产业和第三产业。以黔东南州2019年产业经济发展为例，从表3-4中可以看出，黔东南州2019年第三产业是经济发展的主要力量，农业、工业产业化低，人才主要集中在第三产业。产业结构反映了不同产业的资本密集程度、企业规模、生产规模、市场范围、交易复杂程度及不同风险类型及最优的资源配置模式，所以产业结构对经济的发展有着重要的意义。据调查，黔东南州传统村落的经济产业主要以传统手工艺、传统农业为主，具有生产规模小、产业分散、产业链短、市场范围窄、收入低等特征，只有少数传统村寨成功的发展了旅游业，如西江苗寨、肇兴侗寨、朗德苗寨，但他们的模式不具备普遍性。其原因有三：一是黔东南州的历史与地理因素，特别是特殊的喀斯特地貌，山地多，可耕地少，交通不便，不利于大规模工农业的发展；二是黔东南州苗侗文化旅游资源丰富，但优质资源分布不均，经济发展对资源型产业的依赖比较大，呈现"资源换增长"的粗放型发展；三是劳动力大量向外输出，农业生产劳动力大幅减少，对经济结构有着重大的影响，自然劳动力人口资源也未能实现向人力资本的有效转化。因此，产业结构升级离不开相应的人力资源的支持，做好农村人力资源开发工作，就是间接地提高农业生产力，间接促进农村经济整体"跨越式"发展。

表3-4 2019年黔东南产业经济发展一览表

指标产业	产业增加值	同比	产业增加值/区生产总值	产业对经济增长的贡献率
第一产业	223.73亿元	5.7%	19.9%	14.3%

续表

指标产业	产业增加值	同比	产业增加值/区生产总值	产业对经济增长的贡献率
第二产业	253.85亿元	8.1%	22.6%	23.5%
第三产业	645.46亿元	9.5%	57.5%	62.2%

二、教育质量有待提升

从教育方面来看,"强国先强教""治贫先治愚",在内生动力不足的民族贫困地区的促收、反贫困和改善民生斗争中,教育的发展是促进劳动者增收最有效的途径之一,而处理好当地教育发展现实与劳动者收入的关系是前提。同时,鉴于人力资本存量与人才受教育水平呈正相关,所以,对教育的投资既是促进教育发展,也是促进人力资本开发的重要举措,在一定程度上,教育投资水平近乎等同于人力资本投资水平。黔东南农村教育存在教育基础薄弱、继续教育不足等问题。

(一)教育基础薄弱

黔东南民族地区受教育水平整体较为落后,教育基础较薄弱,主要表现在两个方面。一方面是基础教育普及较晚,黔东南民族地区自然环境复杂,交通不便,区域发展相对落后。黔东南民族地区,尤其是位于两山地区的雷山县、榕江县的少数民族聚居区,是贵州省比较突出的贫困乡镇的聚集地,贫困人口众多,九年义务教育普及较晚,劳动者受教育程度和收入水平在较长时期仍处于低水平均衡的状态;另一方面是教育资源整合困难,黔东南州主要居住着苗侗族等少数民族,且各民族生活习俗存在差异,居住较为分散。如苗族住山坡上、侗族喜好住山脚水边,所以文化多元,再加上城镇化的推进,从而导致农村集中办学困难、部分教育资源闲置。黔东南传统民族文化氛围浓厚,但是这些民族大都没有文字,文盲和半文盲占人口的绝大多数,传统思想观念转变较慢。近年来情况虽有所改善,但由于经济发展水平的落后,农村教育基础仍十分薄弱。

(二)职业教育有待提高

在黔东南地区,传统手艺人的学历基本为初中以下,获得相关职业资格或培训证书的较少,很多技艺都源自家族传承。而中专以上学历主要在经营人才及艺术人才中。所以基础教育的后续教育对少数民族地区人才的培养同样重要，特别是职业教育的发展。目前，黔东南州有高等职业教育学校两所。其中，省驻凯高等专科学院1所（贵州电子信息职业技术学院），州属高等专科学院1所（黔东南州民族职业技术学院）。中等职业技术学校25所。数量上基本满足对人才的需求。但随着全国对人才要求的提高，教学质量与就业率成了大家普遍关心的问题。

（三）人才培训效果较差

近年来，随着精准扶贫的推进，黔东南各个乡政府都在开展乡土人才培训，但效果不理想，具体原因有以下几点。

（1）供需不平衡。培训内容与实际需要不紧密，往往未能有针对性地解决农民的需求，如A村民想要学习养殖技术、B村民想要学习中药材种植技术，在培训时集中安排了果树种植培训，导致农民积极性不高。

（2）培训教师质量参差不齐。职业培训很多时候将培训外包给培训结构，培训机构的师资力量参差不齐，对师资的监管不严，很多只注重理论，实践经验少，授课经验不足，导致农民听不懂抽象理论，更难以理解。

（3）培训资金整合困难。培训经费的来源主要是项目，往往牵扯的部门较多，各个部分项目使用程序不同，所以整合资金较为困难，难免造成一些资金浪费。

（4）部分村民思想观念陈旧。在农村，具有致富带头意识的人较少，小农意识普遍存在，缺乏积极进取的精神，部分农民对自己没有受益的培训不感兴趣，人才队伍的建设较为困难。

（5）乡土人才工作缺乏科学化管理。一是人才管理体系不健全，很多偏远地区还没有形成一套对人才的管理体制；二是缺乏有力的支持，各部分配合意识不强，人才培训工作难以推进；三是政策措施不具体，很多培训政策由于各种问题难以实施，落不到实处。

（6）乡土人才评价不健全。多地没有统一的评价体系，主观认定较强，没有科学量化的标准，各地对职业技能鉴定也不统一，严重打击了人才参加培训的积极性。

三、人才激励政策较弱

从全国来看，目前农村人才"造血"功能不足，特别是近年来部分农村地区的主要资源如土地、人才、资金等流入城市，农村优质资源的大量流失造成了农村人才较为严峻的"失血""贫血"问题。具体体现在以下两个方面。

（一）政策缺乏针对性

不同地区的人才有各自的特点，特别是少数民族地区的人才具有明显的地域特征。但很多人才管理部门及政府对地域的人才特点及规律没有进行深入调查和研究，往往出台的文件及政策缺乏针对性，导致人才开发效能较低。如黔东南州对人才需求具有明显的地域特征：大部分本土人才是技能型人才及农业生产型人才，缺乏的是经营型人才、管理型人才及服务型人才。所以相关政策应该围绕人才的特点多出台一些扶持技能型人才的政策及引进经营型人才、管理型人才、服务型人才的优惠政策。此外，很多政策指导性很强，可实施性较差，如发展高科技现代化农业，在黔东南地区，由于地理环境的因素，资金投入大，实施起来较为困难。

（二）政策措施相互配合不够

在黔东南的传统村落人才开发中，人才创业环境及平台搭建等配套措施未能较好的实施。其原因在于没有一套完整的政策措施体系，各个政策之间缺乏有效衔接甚至互相冲突，从而导致政策措施只停留在文件上，整体效能大大削弱。如人才引进政策与培养政策配合不够，导致很多人才被引进来后缺乏方向，长期以自学为主，缺乏归属感，从而导致人才流失；再如人才评价政策与激励政策不衔接，导致社会对实用人才缺乏正确的评价，民众参与实用人才开发的积极性大幅降低，人力资源开发工作难以进展。

四、人才结构参差不齐

人才资源永远是最重要的资源，特别是在少数民族地区，人才是民族地区发展的第一生产力，在带领农民脱贫致富、发展特色产业、推动经济发展中扮演着重要的角色。民族地区人才具有专业特长，主要从事农村农业生产。随着社会的发展，传统村落的人才结构已经不能满足新农村的发展，主要存在以下几个问题。

（一）人才数量偏少

传统村落劳动力大量输出，人才总量偏少，人才队伍规模小。据政府报告显示，2007年黔东南州农村人口约400万，2020年农村人口约300万。人口总量随着城市化进程在不断减少，此外，乡村年轻人随着外出务工、求学进入城市，空心村现象明显，老龄化严重。传统村落一直在向外输出大量的优秀人才，而导致内在动力不断衰减，很多科技成果难以转化，城乡差距进一步拉大。人才兴、乡村旺，人才总量的提升是一个亟待解决的问题，没有人才的回流、扎根，不能充实人才资源总量，仅依靠国家的政策，乡村振兴是难以开展的。

（二）人才结构不合理

在年龄结构上，黔东南传统村落人才队伍中，年轻人基本外出务工和求学。青壮年占比少，老龄化严重；在性别结构上，由于男女劳动力的差异及传统思想的影响，外出男性远远多于女性；在文化程度上，黔东南地区基础教育普及较晚，乡土人才文化程度普遍较低，多数老年人不识汉字，更不会讲普通话，大部分中年人都只具有初中文化。这导致很多留守的村民对新事物的理解、新技能的掌握和与外界的沟通都存在着不同程度的阻碍，特别是对新技术、新方法的学习与接受，至于应用到现有的产业中更是难上加难。总体来说，留守在传统村落中的群体不具备新知识及新技术的传播与应用能力，某种程度上限制了传统村落的发展。

（三）民族文化能人缺乏

在黔东南民族村落中，多数家族以银饰加工、刺绣、蜡染等传统技艺为生，但在市场经济条件下，对市场的需求及现代化营销知识的欠缺，面对多元文化的冲击，难以扩大规模，只增产不增收。如雷山麻料银匠村，多数村民因不会经营难以维持生计，不得已再次外出务工，其中仅有潘师傅创立了自己的品牌，自学新媒体运营，学习短视频创作，在多个平台对自己和产品进行宣传，在产品上不拘泥于传统的样式，大胆创新，获得广大消费者的喜爱，同时与多个职业学校合作开展研学项目点，因此被州里作为典型代表大力宣传、获得很多外出交流学习的机会，也拓展了自己的客源市场与品牌。

（四）地域分布不均衡

在调查中发现，黔东南州整体乡土人才队伍的地域分布不均。一是历史原因和地理环境因素，在黔东南地区涵括15个县、1个市，传统少数民族主要集中南部县如雷山、黎平、丹寨、施秉、台江等县，传统文化保留较为完整，而北部的少数民族汉化较为严重，所以掌握传统技艺的人才主要集中在这些县市，如雷山麻料村的银匠占据了黔东南州的90%，丹寨县是鸟笼技艺传承点，丹寨县石桥村是古法造纸的起源地；二是本土人才流失严重，传统乡村的人才并未留在家乡，如技艺型人才更多地选择去较为成熟的景区谋求生存，如西江苗寨、镇远古城、肇兴侗寨等几个发展较为成熟的景区吸纳了大量的本土技术型人才，也吸引了众多优秀的外来人才。而知识型人才则更多向城市流动，这也是导致传统村落发展不均衡的原因。

第五节　黔东南传统村落人才振兴的路径

一、营造良好的人才成长环境

营造良好的人才成长环境，可以改造村民精神面貌，让村民主动投入人才开发活动中来，尊重人才的良好风尚有助于激发民众的积极性，让更多的人受感染而主动参与其中。要营造良好的人才环境，政府在制定相关政策及营造社会环境上起到主要作用，如树立典型让大家看到人才开发的重要性与成效，可增强民众参与到人才开发活动中的信心，形成良性循环的人才开发氛围。

（一）营造良好的政策环境

良好的政策环境是指政府针对不同地区发展特征出台相应的政策，一方面激发本土人才的积极性和主动性，吸引人才回流，另一方面吸引外来人才的加入。针对不同人才的需求给予相应的政策支持，如返乡青年中产业发展型是以顺应市场需求追求经济利益为切入口，那么政府出台创业和就业的政策性支持；身心健康型是从改变生活生产方式出发以追求家庭生活安康为切入口，出台改善乡村生存环境和硬件设施的政策，改变人们对农村落后、刻板的印象；文化理论型是在一定成熟理念指导下，以追求改造社会的理想为切入口，搭建教育培训体系，完善薪酬保障体系。此外，要加强政策之间的连贯性和突出宣传我国政策，从人才的本质需求出发，保障人才的根本利益，真正激发农民参与农村实用人才开发的积极性和主动性，增强培养内驱力。

（二）营造良好的社会环境

社会氛围的营造主要是进行广泛的宣传与鼓励，营造有利于人才开发的周围环境。

树立典型榜样。比如，收集黔东南州各传统村落中较为突出的人才事例，并在全州特别是传统村落中进行宣传报道，以激发同类型人才参与到人才开发活动中的动机。此外，积极在各村落开展人才开发工作典型经验交流活动，请这些文化、产业能人讲述自己的实际经历，发挥模范带头作用。

提高农民对农村实用人才开发重要性的认识。政府加大力度支持乡村新型农业、非农产业的发展，优化资源供给、建设惠农的服务平台，通过广泛的宣传与鼓励，让村民看到建设社会主义新农村的信心。

充分发挥村干部的带头作用。政府要鼓励乡村基层的党员干部及村干部积极投入人才开发活动中来，以身作则，发挥带头及示范作用。如在一些新兴技术及方法的推广上，村干部应带头进行学习，自觉担任村民与外界沟通的桥梁与"翻译"官。

扩大宣传与影响。可以充分利用电视、广播、报刊等传统媒体及抖音、快手、微博等新媒体大力宣传对人才的重视及人才开发的作用，不断扩大影响，营造有利于人才开发的氛围与环境。

让农民切实感受到人才开发对自己生活的改变、人才开发活动确实对实用技术成果进行了转化、自己的传统文化也得到了保护与尊重。

二、构建新型人才培养体系

基于黔东南传统村落人才现状，传统村落人才的培养对于传统村落的发展尤为重要。而在人才培养中，基础教育与职业教育同等重要，具体措施有以下几个方面。

（一）强化本土人才培育

黔东南地区由于历史地域原因，不乏技艺能人，由于满足不了基本生存，不得已外出他乡，其原因是文化程度低，缺乏经营管理知识，满足不了现代化的生产需要。基于此，政府一方面应该夯实农村地区九年义务教育，虽然目前黔东南州九年义务教育已经100%普及，但也有新的问题出现，由于农村人口的减少，很多农村小学面临合并的情况，让部分农村留守儿童上学的距离更远，常常需要走几公里路到隔壁村上学。此外，教育资源不均衡，年轻教师不愿去乡村的现象也普遍存在，中老年教师的知识水平难以跟上现代教育的发展，农村小学的教育质量有待提高。另一方面，要加大职业教育资金的投入，提高本土人才的知识水平，培养其创新能力及管理经营能力，让他们真正成为懂技术、善经营的新型职业农民。虽然黔东南州的职业学校已经达到一定的数量，但就业问题较为严重，一是很多学生不愿意回乡创业；二是所学的专业无法与实际工作对口。所以职业教育一方面要加强思想教学，培育一批爱农村、懂技术、爱农民的人才，另一方面要根据本土化需求加强对经营型、服务型、技能型人才的培养。

（二）创新人才培养体系

不同地区应因地制宜制定本土的人才培养体系。黔东南州农村人才开发应根据本地人才开发现状及产业特点，以发展现代农业与特色产业为导向，以农业产业与特色产业人才为中心，以教育培训和支撑支持为两翼，构建新型传统村落实用人才培养体系。以新型产业经营主体为重点，构建生产型、经营型、技能型、服务型"四位一体"的人才培养体系。

生产型人才要以新型职业农民为重点，以地方农业产业为导向，提升其生产操作技术，在黔东南州的传统村落中，生产型人才主要以种植、养殖、加工为主，主要从事如蓝莓种植、鸡鸭养殖、中药材种植等生产型产业。首先，对于不同的产业应有不同的培训方案，如针对物候期特征较为明显的产业蓝莓，应根据蓝莓的不同生长周期进行阶段性培训，理论与实践相结合，才能让农民真正掌握这门技术的知识与要点，人才开发培训的效率也将大大提高。其次，在培训师资的选择上同样重要，政府要加强对培训机构师资的审查，注重培训教师的实践经验。在培训教师的选择上可以从本地高校中聘请相关专家，也可以从社会中聘请较为优秀的企业家。此外，可建立师资培训人才库，打造较为稳定的高质量师资队伍，以确保人才开发活动高效开展。

经营型人才以培养经营及管理为主的负责人为重点，目的是提升其经营管理水平，发挥产业带动作用；在培训内容上应进行以创业知识、市场营销知识、经营管理知识以及法律知识、新媒体营销为主要内容的培训，在培训教师的选择上要以当地龙头企业经营管理专家为主，当地龙头企业掌握着本土的主要经济命脉，其中的专家对本土的资源特色与市场需求更为敏锐，让他们来为我们传统村落人才培养做培训更具有说服力。

技能型人才以民族工艺传承人为主体，主要目的是提升其技术水平与现代化知识，与时代接轨，对传统进行传承及创新。主要培养对象是传统艺人，如工匠、木匠、绣娘、银匠等。一是政府给以一定的奖励支持，鼓励学徒制，如雷山麻料银匠村，建立自己的工作室，学徒制培训。二是政府主导联合地方院校开设技能培训专班，例如在凯里学院开设技能专班，对传统的艺人进行文化上的培训。三是招募社会文化爱好者对技能进行系统的学习。例如传统技艺的老师，应选用本地的乡土专家，他们了解本民族文化，在语言上也更容易沟通交流。

服务型人才以本地寨老、文化艺术人才、村干部等人才为重点，着重提升其管理服务水平，了解国家政策与传达，强化其在群众中的引领和导向作用。乡村振兴离不开服务型人才的贡献，面对压力大、事情多，很多服务型人才存在无才无能的现象，在实用人才开发活动中要有针对性的对诸如科技带头人、合作社负责人、农业专业大户等村寨能人进行重点培训，把他们打造成一支善于经营、懂管理、懂技术的复合型人才队伍，最大化的发挥他们的模范带头作用。

三、招才引智提升内源动力

黔东南州本土人才流失严重，内生动力不足，需要大量外来人才创新内源动力。要想吸引并留住外来人才，就需要"栽下梧桐树，引得凤凰来"，积极创造人才落地条件，具体措施如下。

（一）解决人才的基本生活问题

农村生活环境不理想是大部分人才外流的主要原因。一方面，黔东南传统村落大部分地区地理位置偏僻，经济欠发达，因此很难吸引到外地优秀人才。

而且产业发展较为落后，就业平台低，交通不便利，社会服务网建设滞后，乡村人才难以施展自己的才华。另一方面，农村的文化氛围较为保守，对于年轻的群体缺乏吸引力，相比之下，城市多元的文化与优质的生活更受年轻群体的向往。基于此，各乡政府相关职能部门应围绕人才基本生活问题去发挥政策效益，与人才所在的企业事业单位积极联动，在住房问题、家庭成员安置、医疗保险等方面出台一些便捷政策。此外，加大力度完善乡村的基础设施建设，改善乡村环境、建设文明乡村，提高乡村生活质量。

（二）人才评价与选拔相结合

在当前农村社会结构深刻转型的背景下，我国乡村治理中不同程度出现了权力个人化、随意化和基层腐败等治理乱象，进而导致农村自然资源过度利用、农村公共事务衰败、农村集体经济衰落等诸多问题。所以，在选人用人方面，需要出台一些评价与选拔文件，规避这些不公平的现象，增强外来人才发展的信心。

（三）完善人才引进机制

黔东南州对于乡村的人才引进应树立正确的人才引进理念，要以需为纲，有计划、有针对性的颁布人才引进政策。地方政府在人才政策方面，不应过度关注"引才"而忽视本地"留才"能力的建设。人才能否留住，与当地的医疗、教育、环境、交通、公共设施、社会保障等密切相关。若乡政府能及时认识到配套设施建设，不仅能"留才"，也能吸引下一批人才，若乡政府能以配套设施建设的目标承诺为"引才"的宣传点和工作的重点，得益于配套公共设施建设外部性外溢的全体村民在"人才大战"中的被忽视感和不公平感或许能被部分消减。同时，地方政府不仅要兼顾局部利益与整体利益，也要认识到无序的人才引进政策从整体而言是一种"零和博弈"，它不能带来整体经济社会的实质发展。

四、健全完善人才激励机制

乡村人才外流的问题，一定程度上可以依靠激励手段来缓解。完整的激励由制约和激发组成，制约意味着个人目标要和组织目标大范围一致，激发是最大限度提高员工主观能动性和创造性，在工作过程中充分发挥其内在动力，后者也是人才激励的核心。影响少数民族地区的人才激励因素主要有经济、文化、用人主体制度、政府行为取向,结合黔东南州人才激励现状,要在政策、薪酬体系、评价体系方面健全人才激励机制。

(一)营造因地制宜的激励环境

从社会学出发,社会事物都不可避免地被周围的经济、文化、科技等因素所影响。人才激励也不例外,它涉及人才的价值取向、社会组织的价值需求、人才需求交换关系、人才与社会组织交换利益关系等方面,因此,其与现实生活中的经济、文化及科学技术的发展有着密切的联系,当然也会受其限制。黔东南地区民族文化浓厚,文化保护与产业发展举步维艰,就目前来看文化与产业间存在的问题在于文化与当前现实生产方式不协调,有的甚至阻碍了当地人才激励发展。所以,首先,应将文化与现实生产方式完美契合,让文化这个软实力强劲有力地推动人才激励的发展。其次,根据社会需求调整生产关系和产业结构,从而改变统一化、政治化和平均化的激励方式。

(二)建立人才信息共享平台

在人才流动过程中,人才对岗位信息充分度与人力资本产权的激励密切相关。政府在对人才的管理上应间接的进行宏观管理、逐步放权,自主发挥市场的自动调节机制,提供一个较为宽松的人才发展空间,人才可以根据市场的需求自由合理的流动。所以建立人才信息公开平台尤为重要。公开人才标准和业绩要求,真正做到尊重人才、关心人才。在提高人才激励机制的公信力同时,也激励了他人进步。

(三)完善人才薪酬工资体系

薪酬激励是当前最直接有效的激励方式。根据各村落的特点,逐步完善薪酬体系,形成灵活多样的工资收入分配制度,有利于人才振兴。在薪酬体系的管理要素上:重视人才生活基本保障因素、劳动等价因素、年功报酬因素,保障人才的基本生活、按劳分配,体现报酬体系的公平性;在薪酬体系原则上,应根据各岗位的特点,要体现出薪酬体系的公平性、科学性、适应性,兼顾效率与公平;在薪酬体系的评价上,要将多元评价进行有机结合,做到公开、公平、公正;在薪酬激励效果上,体现出薪酬体系的公平性、薪酬体系设计的科学性、付出薪酬与业绩的等价性。

（四）完善人才多元评价体系

一是建立由人才自评、同行评价、部门评价等组成的多元业绩考核机制，并根据人才的分类制定不同的评价指标；二是建立评价过程的多元监管，如对事业单位属于人才激励政策覆盖范围的职工开展工作跟踪考察，从工作状态、工作行为、工作声誉等多个方面去定性评价激励的有效程度，认真核查，保证评价的公平公正；三是建立评价结果公示制度，增加评价体系的公信力。

第四章 乡村振兴战略下的大学生农村就业问题

乡村要振兴，必须依靠人才，在本章，我们针对贵州省高校大学生农村就业的意愿及其影响因素进行研究。我们的调研数据显示，贵州省大学生到农村就业的意愿总体上来说还是比较强的，具体来看，不同性别、不同年级、不同学科、不同的家庭收入状况、不同的家庭以及家庭所在地还是有区别的，有些区别比较显著。在此基础上，研究进一步提出了促进大学生到农村就业的政策建议，以期望能够更好地引导大学生们到广大的农村去就业，一方面能够有效缓解大学生就业难问题，另一方面能够更好地促进乡村振兴。

第一节 大学生农村就业与乡村振兴战略

乡村要振兴，人才要先行。乡村振兴战略的实施需要一支"懂农业、爱农村、爱农民"工作队伍，拥有一批具有现代化知识和技能的新农民。乡村振兴背景下为大学生到农村就业、创业提供了良好的发展空间。随着乡村振兴战略推进，乡村必然会不断地向前发展，乡村对大学生的吸引力也将发生变化，会有越来越多的大学毕业生主动选择到乡村去就业和创业，他们到乡村去就业和创业又会促进乡村振兴战略更好地实施。因此乡村振兴战略与大学生到农村就业是相互联系、相互影响的，具体表现为以下几个方面。

一、大学生到农村就业，为乡村振兴提供人才支撑

乡村振兴战略实施需要一支高素质技能型人才队伍。大学生是国家培养的具有高等专业知识与技能的人，他们有活力，富有创新性和创造性，他们必将成为乡村振兴的主力军。鼓励和引导大学生毕业后到基层去，到农村去，将青

春奉献在广阔的农村土地上,这必将促进农村现代化农业产业体系的建设,为建设"美丽乡村"推动乡村振兴提供有效的智力支持和人才支撑。

二、大学生到农村就业,将有效缓解大学生就业难问题

相关数据显示,2021年高校毕业生人数达909万人,对比2020年的874万人、2019年的834万人,高校毕业生人数持续攀升,大学毕业生的就业形势则更加严峻。乡村振兴要求农村进行转型升级,农村工业化、城镇化、产业化发展,这必将为高校毕业生提供大量的就业岗位。在这种形式下,高校毕业生走向基层、走进农村,投身到乡村振兴中去,这将有效缓解大学生就业难的问题。

三、大学生到农村就业,有利于促进农村经济社会的发展

大学生是一个特殊的群体,他们富有朝气,并且又掌握相关的专业知识。鼓励他们到农村去,去参与农村的建设,投身到乡村振兴的建设中去,能够更好地促进乡村农业产业的战略转型。他们年轻,富有创造性和创新性,接受新知识快,他们能够将现代的信息化技术带到农村去,带到农业生产中去,将会不断开阔农民的视野,影响和改变他们传统的农耕思想,这样更有利于促进农村经济社会的发展。

第二节 贵州省大学生农村就业意愿的调查

《贵州省2020届普通高等学校毕业生就业质量年度报告》显示,2017—2020届贵州省高校毕业生人数总体呈上升趋势,2017届155 846人、2018届167 120人、2019届179 190人、2020届201 768人。

与此同时,2017—2020届贵州省高校毕业生就业率分别为90.89%、89.21%、89.38%、81.21%,不难看出近年来贵州省大学生的就业率不断降低。这也从反映出近年来大学生就业一年比一年难,总体来说就业形势不容乐观。

通过对毕业生流向的分析,我们发现从2017届到2020届,每一届都约有80%的高校毕业生留在贵州省内就业,总的来说,高校毕业生的流向波动不大,总体比较稳定。这一方面说明贵州省内的高校为我省经济社会的发展培养了大

量的人才，另一方面也反映了随着贵州省经济的快速发展，贵州省对高校毕业生的吸引力在逐渐增加。

通过对毕业生就业单位和行业进行分析，发现总体上毕业生就业排前三的单位和行业为卫生和社会工作、教育、建筑业，就业排后三位的单位和行业为采矿业、军队和国际组织（具体如表4-1所示）。

通过对毕业生就业单位行业的分析，我们发现其就业的单位行业分布并不均衡，大学生就业总体比较偏向一些薪酬待遇好的、工作比较稳定的单位和行业，如果这一形势得不到很好的控制，很容易导致就业产生结构性问题。

因此，要积极引导大学生向一些急需人才但大学生又不愿意选择的单位和行业去就业，比如乡村振兴，农、林、牧、渔业行业肯定急需大量的人才，通过表4-1中的数据不难看出高校毕业生到该行业就业的比例并不高，但是仔细观察数据我们发现，2017—2020届高校毕业生中到农、林、牧、渔业就业的比例虽然总体上不高，但基本呈逐年上升的趋势，并且上升的速度是比较快的。这有可能是随着乡村振兴战略实施带动着这个行业岗位需求的变化以及人们对这些相关岗位改变了认知。

表4-1 2017—2020届贵州省高校毕业生就业单位行业分布情况

行业	2017届（比例%）	2018届（比例%）	2019届（比例%）	2020届（比例%）	总计（比例%）
卫生和社会工作	19.4	19.49	17.51	13.49	69.89
教育	15.07	12.97	13.06	13.52	54.62
建筑业	10.04	11.07	10.68	10.33	42.12
信息传输、软件和信息技术服务	7.73	7.9	7.74	8.93	32.3
居民服务、修理服务和其他服务	5.59	5.81	6.60	6.11	24.11
批发和零售业	5.56	5.91	7.32	8.45	27.24
制造业	4.86	5.39	5.58	5.64	21.47
公共管理、社会保障和社会组织	5.33	4.06	3.74	3.51	16.64
金融业	3.56	3.41	2.76	2.55	12.28
交通运输、仓储和邮政业	3.36	3.48	3.47	2.74	13.05
租赁和商务服务业	3.87	4.30	5.09	6.51	19.77
文化体育和娱乐业	3.30	3.46	3.47	3.91	14.14
科学研究和技术服务	2.47	2.18	2.25	2.05	8.95

续表

行业	2017届（比例%）	2018届（比例%）	2019届（比例%）	2020届（比例%）	总计（比例%）
农、林、牧、渔业	1.92	2.09	1.93	3.24	9.18
住宿和餐饮业	2.01	2.52	3.02	3.01	10.56
电力、热力、燃气及水生产和供应业	2.18	2.04	1.91	1.99	8.12
房地产	1.74	2.03	2.14	2.44	8.35
水利、环境和公共设施管理业	1.21	1.19	1.03	0.98	4.41
采矿业	0.70	0.67	0.59	0.56	2.52
军队	0.10	0.04	0.06	0.04	0.24
国际组织	0.01	0.01	0.02	0.01	0.05

数据来源：根据《贵州省2020届普通高等学校毕业生就业质量年度报告》整理而成

进一步对各学历层次基层就业的情况进行分析，发现也不相同，如表4-2所示，具体表现为研究生学历毕业生在基层就业比较集中分布在初级教育单位、医疗卫生单位、其他事业单位和其他企业；本科学历毕业生基层就业比较集中的单位分别为其他企业、其他和医疗卫生单位；高职高专学历毕业生基层就业比较集中的单位为其他企业、其他和医疗卫生单位。

表4-2 贵州省2020届毕业生各学历在县级及以下就业单位分布

单位：人数（人），比例（%）

学历	研究生		本科		高职高专	
	人数	比例	人数	比例	人数	比例
其他企业	83	13.56	7268	40.03	10 887	41.18
医疗卫生单位	157	25.65	2417	13.31	4 337	16.41
初级教育单位	162	26.47	1907	10.5	1 789	6.77
其他事业单位	100	16.34	1034	5.7	946	3.58
机关	38	6.21	912	5.02	1 116	4.22
国有企业	36	5.88	1011	5.57	874	3.31
其他	36	5.88	3607	19.87	6 488	24.54

数据来源：《贵州省2020届普通高等学校毕业生就业质量年度报告》

总的来说，贵州省近年来高校毕业生的规模呈逐年上升趋势，但是就业率却呈逐年下降趋势。贵州省大学生毕业后的流向，70%左右主要就业地为贵州省内，其中到基层就业的比例不算高，2020届高校毕业生中，在县级及以下就业的人数为 45 205 人，占已经落实就业毕业生的 31.12%。在基层就业中，不同行业就业的比例也不一样，总体来学生在薪酬待遇比较好，工作比较稳定的单位就业的比例比较高，而在比较艰苦的、涉农的、民营企业等单位就业的比率相对较少。并且不同的学历层次选择就业的行业和单位的性质也是不一样的，通常来说，学历越高在薪酬待遇比较好、工作比较稳定的单位就业的比率越高。

根据以上调查和分析，我们得出以下几个方面的结论：

1. 关于农村就业意愿的结论

总体上来看，目前贵州省大学生面向农村就业的意愿是比较高的，但是具体来看，不同性别、不同年级、不同学科、不同的家庭收入状况、不同的家庭所在地还是有区别的。性别的差异并不明显，但是年级、学科、家庭的收入状况和家庭所在地的差异比较明显。同时，通过进一步的了解发现，他们在具体就业单位的选择上普遍偏向公务员、事业单位、国企、央企等体制内的单位，并且大部分大学生择业过程中最看重的因素为经济收入。

2. 关于农村就业意向的影响因素

通过前面的数据分析，我们发现驱动大学生到农村就业，最重要的三个因素分别为：一是在国家乡村振兴的战略背景下，农村有更好的发展前景；二是响应国家的号召；三是对农村有感情。而在阻碍大学生到农村就业的因素中比较重要的有：一是农村配套的设施条件差；二是没有发展前景；三是福利待遇不够；四是专业不对口，无用武之地；五是家人、朋友不支持；六是政府倡导力度不够。

3. 关于大学生个体特征对农村就业意愿的影响

通过分析我们发现，农村就业的意愿受性别的影响比较小。农村就业意愿在一定程度上受到所学学科的影响，尤其是医学类和农林类的大学生农村就业意愿相对比较强，文法类大学生农村就业的意愿相对比较弱，其他学科农村就业的意愿区别不大。农村就业意愿受年级的影响不大，大四学生农村就业意愿较其他年级的更强一些。家庭年收入对农村就业意愿的影响表现出来的总体趋势为：家庭年收入越高，家庭中的孩子农村就业的意愿就会越低。

总体上来看，目前贵州省的在校大学生们在择业上更加主动，掌握的信息更多更全面、更加理性、在乡村振兴的背景下，更多的大学生看到了乡村未来的发展潜力,就业观念也开始从"被迫到乡村去"到"自愿扎根乡村"逐渐转变。虽然他们也非常看重经济收入等物质层面的要求,但大部分大学生不乏建设精神,积极响应国家的号召投身到农村奉献自己的青春和热血,他们具有情怀和知识,是可以积极地引导投身到乡村振兴战略中去的。

第三节　对策建议

乡村振兴战略是国家重要的战略部署,大学生到农村去就业和创业必将成为促进农村经济社会发展的重要途径。为此,根据上面的调研情况,本研究就大学生农村就业工作从政府及相关职能部门层面、学校层面和家庭和个人层面分别提出以下建议。

一、政府及相关职能部门层面

(一) 不断优化和完善农村基层地区引才和留才政策

应以"乡村振兴战略"为指引,在当前"特岗教师""大学生村官""三支一扶""选调生"等基层就业政策的基础上进一步优化和完善农村基层地区的引才和留才政策。

1. 在引才政策上要消除政策壁垒,扩大招募范围

以《2021年贵州省定向选调生公告》为例,其选调范围上就明确限制为"43所重点高校毕业生"和"2所高校急需紧缺专业毕业生(中国政法大学法学、法律专业毕业生,南京审计大学审计、会计专业毕业生)",这可能会导致很多高校毕业生不具备选调生报考的资格。在基层人员招募时,可以适当放宽对学校身份的限制,消除学校身份的壁垒。在选人时应该考虑个人的综合素质和整个选拔过程的表现,同时还应重点考察候选人扎根基层、服务人民的信念和决心,让真正愿意去基层的人"下得去",把"不愿意下基层""不安心在基层服务"的人在源头上就排除掉。

2. 政策优化和完善应坚持"动态性的原则"

一方面,要根据新时期乡村振兴建设背景下的新形势及时调整政策。另一方面,大学生农村基层就业政策在实施过程中肯定会出现各种问题,引导大学

生基层就业的政策应该根据出现的问题及时进行优化和完善。

3. 政策优化和完善应坚持"有利于政策落实的原则"

政策制定非常重要，但是政策执行更重要，政策只有顺利地执行才有效。政策制定部门要进一步优化和细化政策，让政策从"模糊"走向"明确"，尤其是把政策中基层就业待遇进行细化和落到实处。如在有些政策中存在一些表达不具体的用语，如"适当提高待遇""同等条件下可以优先考虑""享受一定的公务员和研究生录取优惠"等要进行明确和细化。只有基层就业相关待遇得到了解决，大学生服务基层才能更安心，才能不断增强他们坚持服务农村的信心和决心，这样更有利于大学生们"下得去""留得住"。

（二）加强政策宣传，营造良好的政策执行环境

一般来说，政策的执行肯定会受到社会上主流社会价值观的影响，当政策的精神价值与社会的主流价值观一致时，必然会促进政策的执行，反之，政策的执行将受到阻碍。因此，各级地方政府和学校要充分利用报纸、杂志、广播、电视、网络平台等大众媒体，向社会公众传达大学生基层就业的长远意义和大学生基层就业政策的精神实质，帮助大学生、大学生家长和社会大众正确认识大学生基层就业形势。应该加强对大学生基层就业的重要意义的宣传，在全社会范围内营造一种鼓励扎根基层、奉献基层的良好社会氛围。不断拓宽大学生基层就业政策的宣传渠道。同时，加大对典型的基层就业模范人物、艰苦边远地区默默奉献的敬业者等相关事迹的表彰和报道，引导社会公众尊重和学习优秀的基层就业工作者，消除人们对艰苦边远地区的偏见和顾虑，培养社会公众对基层工作者的尊重和认同感。

二、学校层面

（一）以需求为导向，培养合格人才

《中共中央国务院关于实施乡村振兴战略的意见》中明确提出："支持地方高等学校、职业院校综合利用教育培训资源，灵活设置专业（方向），创新人才培养模式，为乡村振兴培养专业化人才。"高校尤其是地方高校，要"走出去"了解和调研地方经济社会发展急需的人才，不断地完善和优化学校的学科专业设置，为乡村振兴的实施培养合格人才。同时，不断地创新教学内容和探索教

学方式，积极构建为一个为农村和城市培养人才的均衡发展理念与模式。

（二）主动探索大学生农村就业与农村实践基地的对接模式

高校通过与农村建立实践基地的形式，可以为大学生提供学习、实习实践、挂职锻炼的机会，这不仅能够可以帮助大学生更好地接触农村、了解农村，同时也为农村找到适合的人才提供方便。高校可以根据实际情况，尝试与乡村学校、乡村卫生院等对接，探索人才直选等就业新模式。高校也可通过与企业对接，尝试与企业合作探索订单式培养模式。高校还可以通过与农村直接对接，通过联合培养、定向培养等方式，从高考生中或在校大学生中选拔愿意到农村工作的人才进行培养。

（三）加强农村就业教育、积极引导和宣传

教师对大学生的影响非常大，高校也是大学生获取信息的重要渠道。通过前面的调查，不难看出大学生们获取相关基层就业的主要渠道为学校网站以及教师宣讲。因此，一方面，高校应加强对大学生农村就业的教育，多形式地对大学生开展农村就业教育。如将乡村振兴战略和基层人才培养的相关内容融入思想政治教育、职业发展规划等相关课程中，帮助大学生认清形势、了解自我、领会乡村振兴战略的重要意义。培养他们将自我发展与国家振兴相联系的家国情怀和担当精神，促进大学生转变就业观念。另一方面，高校还应积极引导和宣传大学生到基层就业的各种政策，营造良好的农村就业氛围。宣传员要讲究方法，针对不同的对象应该采用不同的方式和传递不同的内容。如针对低年级大学生可以从职业生涯规划课程开始，把国家文件和地方相关政策融入课程中去，向他们作细致、规范的解读；通过实习实践、开展研讨会、收集农村资料撰写农村发展状况调研报告等形式，增加大学生对农村发展的认识，增进他们对农村、农民的感情。针对高年级的大学生，要为学生提供具体政策作解读和专门讲座，以对大学生就业能力的培养和提升为主。

三、家庭及学生层面

（一）家长应转变观念，理性看待大学生农村就业

家长对待大学生农村就业的态度，在一定程度上会影响大学生就业的选择。从前人的相关研究结果以及本研究问卷调查结果不难发现，家长及朋友的不支

持也是阻碍大学生到农村就业的原因之一。但是，目前我国有不少家长都希望子女大学毕业后能够到城市去就业，到经济发达的地方去就业，他们认为子女毕业后如果到基层就业是"能力低下"的表现。这种观念可能会影响其子女的就业决策，可能对大学生农村就业带来不利的影响。

家长应转变观念，摒弃对农村就业的偏见，客观地认识农村就业，树立正确的农村就业观念。客观分析乡村振兴背景下农村的发展潜力以及子女实际的主客观条件，与子女共同对基层就业的利弊进行理性的分析和判断。对待子女的选择，应该尊重与支持。

（二）大学生应转变就业观念，努力提升自己的综合素质

人的行动会受到观念的影响，大学生愿不愿意到基层就业，到基层就业的动机是什么？通常会影响到大学生基层就业的选择以及能否扎根基层。目前，我国大学教育已经走向了大众化教育，未来会有越来越多的大学毕业生，就业形势越发严峻。很多大学生把到基层去就业视为一种"被迫选择"或者"权宜之计"。目前，乡村振兴战略的实施使未来乡村的发展潜力很大，大学生们应该转变就业观念，认识到到基层就业对国家和个人发展的重要意义，把选择到农村去作为一种"被迫选择""权宜之计"转变为"主动选择""长远之策"。大学生还要努力提升自身的综合素质，主动培养乡村振兴建设相适应的能力。在校期间，要努力学习掌握好专业技术知识，不断提升语言表达能力、组织协调能力、沟通交流能力、适应能力、应变能力以及解决问题的能力，全面提升基层就业综合素质，增强基层就业自我效能感，从而提升基层就业意愿；积极参与学校组织的各项农村就业的专项讲座和学习，主动了解和关注农村就业的优惠政策及相关信息；积极参加基层实习实践活动，主动学习基层就业相关知识技能，丰富基层就业知识储备。

第五章　旅游与山地特色新型城镇化的耦合协调发展

贵州是苗、侗、布依族最大的聚居地和民族旅游资源富集区，是全国的旅游胜地，是民族文化遗产保存核心地、是民族文化博物馆。

研究贵州旅游发展现状、旅游条件、贵州山地特色新型城镇化发展现状，探讨贵州旅游的发展形势和现实基础，在此基础上分析旅游与贵州山地特色新型城镇化发展的耦合协调机理、发展机制，发现贵州旅游与贵州省山地特色新型城镇化的耦合协调发展的优势和劣势，发现贵州旅游与山地特色新型城镇化耦合协调发展存在的问题，并提出具体的优化解决路径，促使各产业之间融合发展，有利于推动贵州地区产业结构的科学构建，对贵州地区产业结构升级、山地特色新型城镇化、城乡一体化布局、经济转型发展、民族文化特色旅游、"民族文化国际旅游目的地"的打造具有重要的意义。

第一节　贵州旅游发展现状分析

一、旅游发展水平不断提升

随着贵州省发布的《省人民政府关于深化改革开放加快旅游业转型发展的若干意见》（黔府发〔2014〕3号）、《贵州省实施旅游"1+5个100工程"管理办法》（黔旅发〔2018〕7号）、《贵州省文化厅关于推动文化娱乐行业转型升级的实施意见》（黔文市〔2017〕12号）、《贵州省文化和旅游厅关于文化旅游业综合引领消费十条措施》（黔文旅发〔2020〕34号）、《省人民政府关于推进旅游业供给侧结构性改革的实施意见》（黔府发〔2016〕24号）、《贵州省强化文旅融合系统提升旅游产品供给三年行动方案》（黔文旅办〔2019〕16号）、《贵州省住宿业上规提质三年行动计划(2019—2021)》《贵州省大旅游创新发展工程专项行动方案》等一系列指导性文件的出台，贵州省旅游业产业发展的规模和速度逐步壮大，旅游总收入从2010年的1061.23亿元增加到2019年的12 321.81亿元，2019年的旅游收入是2010年的11.61倍，年均增长率高达到106.1%，远远超出全国的平均水平；接待海内外游客人次也呈现出逐步增长的态势，由2010年的1.29亿人次增加到2019年的11.35亿人次；旅游总收入占贵州省GDP的比重呈现逐步增长的态势，且增长幅度在逐步提升，由2010年的23.1%逐步上升到2019年的73.48%，这说明贵州旅游收入对贵州省GDP的贡献在逐步增大，旅游的地位在逐步上升。2020年，面对新冠肺炎疫情的严重冲击，旅游总收入下降至5791.25亿元，同比下降53%，旅游总人数下降至6.17亿人次，同比下降45.6%，但贵州旅游总收入占全国旅游总收入的比重同比略有提升（具体统计情况见表5-1）。

表5-1 2010—2020年贵州旅游发展水平

年份	旅游总收入（亿元）	同比增长（%）	接待海内外游客（亿人次）	同比增长（%）	贵州省GDP（亿元）	贵州旅游总收入占贵州省GDP比重（%）	全国旅游总收入（万亿元）	贵州旅游总收入占全国旅游总收入比重（%）
2011年	1 429.48	34.7	1.7	25.9	5 701.84	25.07	2.25	6.35
2012年	1 860.16	30.1	2.14	25.7	6 878.78	27.04	2.27	8.19
2013年	2 370.65	27.4	2.68	25	8 115.47	29.21	2.63	9.01
2014年	2 895.98	22.2	3.21	20.1	9 299.45	31.14	3.03	9.56
2015年	3 512.82	21.3	3.76	17.1	10 539.62	33.33	3.42	10.27
2016年	5 027.54	43.1	5.31	41.2	11 776.73	42.69	4.69	10.72
2017年	7 116.81	41.6	7.44	40	13 540.83	52.56	5.4	13.18
2018年	9 471.03	33.1	9.69	30.2	14 806.45	63.97	5.97	15.86
2019年	12 321.81	30.1	11.35	17.2	16 769.34	73.48	6.63	25.29
2020年	5 791.25	-53	6.17	-45.6	17 826.56	32.49	2.23	25.97

数据来源：根据2011—2020年的贵州省、全国政府工作报告整理所得

二、红色文化旅游资源丰富

贵州红色文化资源分为物质形态和非物质形态。物质形态的资源主要包

括重大事件、革命事件遗址、战争发生地,纪念场所、革命老区、名人故居,重要机构办公地旧址、会议会址、活动遗址、根据地、革命烈士陵园等。非物质形态的红色文化资源主要包括革命文艺、革命故事、革命精神等。革命文艺是指具有红色文化背景的红色诗词、红色影视、红色戏剧、红色歌谣等,主要包括毛泽东诗词《忆秦娥·娄山关》《庄严时光(组诗)》;榕江的《四季歌》;台江的《红军山歌》;铜仁的《郎为革命当红军》《生死都要跟贺龙》《红军是天兵天将》等;以贵州省红色文化为题材拍摄的电影、电视剧,如《旷继勋》《杨虎城的最后岁月》《少年邓恩铭》《遵义会议》《极度危机》《杀出绝地》《风雨梵净山》《黄齐生与王若飞》《生死96小时》《二十四道拐》《奢香夫人》《雄关漫道》《伟大的转折》《战俘营:1938》《知行天下》《乌蒙磅礴》《伟大的转折》和《黎平1934》等;现代京剧《布依女人》《红军街》,川剧《红军魂》《娄山关月》,黔剧小戏《红色记忆》《挺进南昌》《青春祭1935》《春雷顶云》等。革命故事主要包括《佯攻贵阳暗取长顺》《红军树》《肖克将军与一位传教士的故事》《红星与十字架》《太阳石》《朱德与长顺战友傅国钟》《红军与长顺群众的鱼水深情》《中华苏维埃临时银行》《买猪条的故事》《红军临时医院》《毛泽东复出的来历》《红军与茅台酒故事》《文昌宫里的红军首长》《侗族诗人杨和钧的红军情结》《红军戏台》等。革命精神主要是遵义会议的解放思想、实事求是精神和红军长征精神等。

三、非物质文化遗产资源丰富

由表5-2可知,贵州省非物质文化国家级非物质文化遗产名录以及扩展名录总共是105项,136处,占到全国的5.72%。其中民俗类的非物质文化遗产名录以及扩展名录是最多的,总项数为26项,占贵州省的24.76%;以下依次是传统技艺类20项、传统音乐类13项、传统戏剧类13项、传统舞蹈类11项、传统美术类8项、民间文学类7项、传统医药类6项、曲艺类1项,传统体育、游艺与杂技类一项也没有。从地域范围来看,黔东南州拥有的非物质文化遗产项数是贵州省各市州中最多的,总共达到了56项,占贵州省的53.33%,远超其他市州。

表5-2 贵州省国家级非物质文化遗产统计表

地区/项目	民间文学	传统音乐	传统舞蹈	传统戏剧	曲艺	传统体育、游艺与杂技	传统美术	传统技艺	传统医药	民俗	合计
贵阳市	0	0	0	2	0	0	1	1	1	0	5
遵义市	0	0	0	1	0	0	0	0	1	2	4
六盘水市	1	1	1	0	0	0	0	0	0	1	4
安顺市	1	2	0	1	0	0	0	1	0	3	8
毕节市	0	0	2	2	0	0	0	1	0	2	7
铜仁市	1	0	0	3	0	0	0	2	0	2	8
黔东南州	5	8	4	1	0	0	6	14	3	15	56
黔南州	0	1	3	2	0	0	2	3	1	2	14
黔西南州	0	2	4	1	1	0	0	1	0	3	12
合计（处数）	8	19	15	13	1	0	8	28	8	36	136
合计（项数）	7	13	11	13	1	0	8	20	6	26	105

资料来源：根据贵州省非物质文化遗产保护中心网站公布的国家级非物质文化遗产名录及扩展名录整理所得

四、红色旅游水平不断提升

从表5-3中可以看出，贵州省红色旅游总收入呈现逐步增长的趋势，由2013年的120亿元增长到2017年的299.77亿元；红色旅游接待人数也呈现逐步增长的趋势，由2013年的1 294.42万人次增长到2017年的3 449.58万人次，红色旅游接待人次和发展规模逐步增大，体现出贵州省的红色文化资源利用程度不断加深，产业化规模和水平不断提升。值得一提的是，贵州省红色旅游在贵州省旅游总收入中的比重呈现出逐步下降的趋势，这种趋势从表5-3中可以看到的是由2013年的5.06%逐步下降到2017年4.21%，究其原因是贵州省近几年旅游业发展主要重点在民族文化和生态环境"两个宝贝"上，红色旅游以外的生态旅游、休闲旅游与民族文化旅游等其他旅游增速快于红色旅游。

表5-3 贵州省红色旅游发展水平

年份	红色旅游接待人数（万人次）	红色旅游收入（亿元）	同比增长率（%）	旅游总收入（亿元）	红色旅游收入占旅游总收入比重（%）
2013	1 294.42	120	14.36	2 370.65	5.06
2014	1 697.5	139.2	16	2 895.98	4.81

续表

年份	红色旅游接待人数（万人次）	红色旅游收入（亿元）	同比增长率（%）	旅游总收入（亿元）	红色旅游收入占旅游总收入比重（%）
2015	1 955.16	163.9	17.74	3 512.82	4.67
2016	2 564	218.48	33.01	5 027.54	4.35
2017	3 449.58	299.77	34.52	7 116.81	4.21

资料来源：根据2013—2017年贵州统计年鉴整理所得

五、A级旅游景区众多

贵州省拥有7个AAAAA级景区，在数量的对比中，发现AAAAA景区中安顺市最多，有2个，贵阳市、黔东南州、黔南州、毕节市、铜仁市各拥有1个，六盘水市、遵义市、黔西南州一个都没有。

据表5-4统计，遵义市拥有国家级AAAA级旅游景区资源的数量在贵州省最多，总个数达到28个，在贵州省国家级AAAA景区的数量中占23.33%。贵阳市拥有AAAA级景区数量在贵州省排第二，总计21个，占贵州省AAAA景区总个数的17.5%。黔东南州拥有AAAA级景区数量在贵州省排第三，总计14个，占贵州省AAAA景区总个数的11.67%。铜仁市拥有AAAA级景区数量在贵州省排第四，总计11个，占贵州省AAAA景区总个数的9.17%。六盘水市拥有AAAA级景区数量在贵州省排第四，总计11个，占贵州省AAAA景区总个数的9.17%。安顺市拥有AAAA级景区的数量在贵州省排第六，总计10个，占贵州省AAAA景区总个数的8.33%。黔西南州拥有AAAA级景区数量在贵州省排第六，总计10个，占贵州省AAAA景区总个数的8.33%。黔南州拥有AAAA级景区数量在贵州省排第八，总计8个，占贵州省AAAA景区总个数的6.67%。毕节市拥有AAAA级景区数量在贵州省中最少，排第九，总计7个，占贵州省AAAA景区总个数的5.83%。

表5-4 贵州省各地区A级景区统计表

地区/级别	AAAAA级景区	AAAA级景区	AAA级景区	AA级景区	合计
贵阳市	1	21	9	0	31
遵义市	0	28	88	3	119
六盘水市	0	11	11	5	27

续表

地区/级别	AAAAA级景区	AAAA级景区	AAA级景区	AA级景区	合计
安顺市	2	10	19	0	31
毕节市	1	7	33	0	41
铜仁市	1	11	11	0	23
黔东南州	1	14	51	0	66
黔南州	1	8	36	3	48
黔西南州	0	10	24	0	34
合计	7	120	282	11	420

资料来源：根据A级景区认定资料整理所得

六、民族特色文化丰富多彩

民族特色文化资源旅游体系主要包括苗族、侗族、布依族等民族特色文化资源旅游体系。本书将贵州民族地区的民族特色文化资源体系划分为八大类，即民族旅游胜地、民族节日、民族饮食文化、民族服饰、民族习俗、民族歌舞、民族工艺和民族建筑。

民族节日。主要是民族类祭祀性、庆祝性的节日，贵州省由于地处山区，地理环境相对闭塞，少数民族居民的居住区被切割成了一小块一小块的居住地，比如：同样是苗族，由于居住在不同的山上，相互之间说的话都听不懂，文化传统也是不一样的，形成了"大节三六九，小节天天有"的蔚为壮观的民族节庆。一些民族地区一年中有民族节日1 000多个，比如：苗族的三月三、二月二、四月八，仡佬族的牛王节，布依族的六月六，土家族的过赶年，侗族的吃新节，彝族的火把节，以及祭祀时的祭祀礼仪等，形成了独特的旅游资源。这些民族节庆多与一些农业生产相关，比如"吃新节"；一些基于特定的祭祀活动，比如黔东南州台江苗族的"敬秧节"；还有一些是纯粹的社交性节庆活动，主要是为年轻人提供恋爱择偶的机会，比如苗族的"芦笙节"等。

民族饮食文化。贵州由于少数民族长期居住，形成了独具特色的饮食文化，尤其是风味不重，品种丰富，种类繁多。比如：苗族的酸汤、侗族的腌汤和腌鱼、樟江的烤鱼、遵义的虾子羊肉粉等，许多特色饮食都形成了自己的品牌，远近闻名。此外，由于贵州水质优良，有"酒乡"的美誉，比如国酒茅台就产自贵州。贵州少数民族在长期酿酒、喝酒过程中，形成了极具特色的酒礼酒俗，创造了苗族拦门酒等丰富的"酒文化",从不同层次、不同方面反映了贵州少数民族地区的社会生产、社会历史、社会文化等,吸引着国内外游客。

民族服饰。主要是苗族、侗族、布依族、水族等各地区少数民族的服饰。

民族习俗。主要是各少数民族的社会管理、祭祀、婚丧嫁娶等习俗,包括黎平县的规约习俗(侗族款约),榕江县的苗族栽岩习俗、黔南州的水书习俗,安顺市西秀区的民间信俗(屯堡抬亭子),遵义市道真仡佬族苗族自治县的仡佬族三幺台习俗等。

民族歌舞。主要是少数民族生产、生活当中逐步形成的音乐和舞蹈,民族传统音乐主要是镇宁布依族苗族自治县原生态舞蹈,黎平县、榕江县的侗族大歌,治县的布依族勒尤和铜鼓十二调,黔东南州从江的芦笙音乐(侗族芦笙、苗族芒筒芦笙),剑河县、雷山县的苗族民歌(苗族丹寨县台江县、剑河县的多声部民歌,从江县、榕江县、黎平县的侗族琵琶歌,等等)。

民族工艺。主要是贵州少数民族地区居民长期生产、生活当中形成的一系列的传统工艺。贵州的少数民族工艺种类繁多,主要有以下几类:一是织锦、刺绣、蜡染。织锦、刺绣、蜡染记录着民族历史的变迁,最著名的安顺地区的蜡染,已经从传统的黑白两色发展成现在的彩色,图案不断丰富,深受国内外游客的喜爱。二是银饰。贵州少数民族妇女喜欢佩戴手镯、银冠、耳环、项圈等银饰,贵州苗乡侗寨随处可以看见工匠现场加工各式各样的银饰出售,一些村寨,如台江的九摆、雷山的马高、控拜、麻料等被誉为"银匠村",村子里几乎每家每户都有家庭银饰作坊,都会制作银饰,这里的传统工艺世代相传,远近闻名,不少游客慕名而来。三是民族乐器。贵州少数民族居民歌舞文化浓厚,芦笙是苗族文化的象征,是苗族传统的簧管乐器,将词、曲、舞三者融为一体,极具原始性、古朴性。侗族的琵琶是极具少数民族特点的乐器,是侗族人民十分喜爱的弹拨乐器,每逢节日和劳动之余,贵州侗族居民集聚侗寨鼓楼弹琵琶,唱侗歌,尽情欢乐。四是其他少数民族工艺品。贵州大方漆器是贵州省大方县特产,有600余年的历史,大方漆器制作工艺独特,工艺繁杂,做工精细,有极高的欣赏价值和实用价值,与贵州茅台酒、贵州玉屏箫笛一起被称为"贵州三宝",深受国内外消费者以及收藏人士的喜爱。此外,还有荔波布依族的凉席、侗族的竹席、背篓等,很多都已经被开发成为民族地区的旅游商品,深受中外游客的青睐。

民族建筑。黔东南州的民族建筑主要是吊脚楼、半吊脚楼、半楼式、全楼式、全木楼、短屋楼、地层式、半木半石式、长屋楼等形态的干栏式建筑。

七、多元文化和谐共生发展

贵州在发展过程中，形成了多彩多姿的民族文化（水族、苗侗、彝族、布依族、侗族、毛南族等民族文化）、屯堡文化、天文科技文化并存的多元文化区。比如：黔南州三都的水族文化、独山的抗战文化、长顺的夜郎文化，荔波的世界自然遗产生态文化、平塘的大射电天文科普文化、龙里的体育休闲文化、惠水的好花红文化、瓮安的红色文化等；黔东南州凯里、雷山、台江等地的苗族文化，天柱的宗祠文化，黎平、从江、榕江等地的侗族文化，锦屏的木商文化、军屯文化和北侗文化、三穗的红色文化、侗族款文化等；黔西南州布依族文化、节庆文化、抗战文化，双乳峰母亲文化、古镇文化、山地文化、三叠纪文化、名人文化、黄金文化和特色食品文化等。长期以来，多种文化开放开明、兼容并蓄、互融共生、和谐发展，共同引领贵州独特的生活方式，成为旅游的重要吸引物。贵州山地民族村落农耕文化形式丰富，主要有饮食文化、服饰文化、耕作的方式、手工制造的技艺，农业耕种活动是山地民族村落居民生存和发展的重要基础，也是村落民族文化制度的结构核心。贵州山地民族村落传统文化习俗，同时也是全村人的集体活动。乡村生态旅游是基于对农耕文化的体验和感知，让人们提升民族自豪感，重新走进乡村认识传统文化，发现传统文化的价值，寻求一种返璞归真的实在体验。发展乡村生态旅游推动了农民的开化，认识到发展不一定要一味地索取，保护也能更好的发展。乡村生态旅游的发展调和了传统文化和先进文明的矛盾，实现了现代文化与传统文化交相呼应，形成了另一种和而不同的生态文化。贵州山地民族村落各方面有较为明显的差异，即便是同一个民族，每个村落都有自己独特的文化。这样差异化的民族文化山地民族村落旅游定位的基础，使旅游开发和发展的多样化。山地民族村落地域特色鲜明，所以相关部门要做好发掘其文化价值的工作，丰富传统村落文化的内涵，做好村落文化的传承和发展，例如做好民族文化与历史认知培训、村寨文化及综合发展培训、传统歌舞培训、民居保护与建造培训、传承技能培训、回乡人员的文化认知培训，为旅游增添充实的文化气息。

第二节　贵州山地特色新型城镇化发展现状分析

一、贵州山地特色新型城镇化发展水平不断提升

随着《黔中城市群发展规划》《贵州省山地特色新型城镇化规划（2016—2020年）》《中共贵州省委、贵州省人民政府关于进一步加强城市规划建设管理工作的实施意见》《贵州省加快推进山地特色新型城镇化建设实施方案》等系列指导文件的出台，城镇化发展水平逐步提升，城镇化率由2010年的33.81%提升到2020年的53.15%，年均增幅3.31%，但和全国平均水平还有一定的差距，这种差距随着贵州经济社会发展正不断缩小。如表5-5所示，2010年的相差16.14个百分比，到2020年缩小到10.74个百分比。

表5-5　2010—2020年贵州城镇化发展水平

年份	2020	2019	2018	2017	2016	2015	2014	2013	2012	2011	2010
贵州	53.15	49.02	47.52	46.02	44.15	42.01	40.01	37.83	36.41	34.96	33.81
全国	63.89	60.6	59.6	58.5	57.4	56.1	54.77	53.73	52.57	51.27	49.95
差距	10.74	11.58	12.08	12.48	13.25	14.09	14.76	15.9	16.16	16.31	16.14

从各产业内部来看，如表5-6所示，第一产业增加值呈现出增长态势，总量由2010年的630.33亿元增长到2019年的2 280.56亿元，年均增幅26.19%，同比增速大致呈现出下降的态势；第二产业增加值呈现出逐年增长的态势，总量由2010年的1 800.06亿元增长到2019年的6 058.45亿元，年均增幅23.66%，同比增速大致呈现出下降的态势；第三产业增加值呈现出逐年增长的态势，总量由2010年的1 516.87亿元增长到2019年的8 430.33亿元，年均增幅高达45.58%，同比增速呈现出逐步下降的态势。对比第一、第二、第三产业增加值，发现第三产业增加值的年均增幅高于第一、第二产业，这与近些年贵州大力发展第三产业的政策有关。近些年，贵州一二三产业结构不断进行调整、转型升级，产业结构从2010年的13.7∶39.2∶47.1调整到2019年的13.6∶36.1∶50.3，第一产业比重变化不大，大致在13%上下浮动，第二产业

比重呈现出先增长再下降的趋势，这与贵州省的区域发展政策有关，贵州省在"十二五"时期强调工业强省战略，"十三五"期间关注的是"两个宝贝"——民族文化和生态环境，因此第三产业蓬勃增长，所占比重不断增加，2019年第三产业比重超过50%，达50.3%。

表5-6　2010—2019年贵州经济发展水平

年份	贵州省GDP（亿元）	同比增长（%）	第一产业增加值（亿元）	同比增长（%）	第二产业增加值（亿元）	同比增长（%）	第三产业增加值（亿元）	同比增长（%）	一、二、三次产业结构
2010	4 593.97	12.8	630.33	4.7	1 800.06	16.6	1 516.87	15.7	13.7∶39.2∶47.1
2011	5 701.84	15	726.22	1.2	2 334.02	20.7	2 641.60	14.2	12.7∶40.9∶46.4
2012	6 878.78	13.6	890.02	8.5	2 655.39	16.8	3 256.79	12.1	13.1∶39∶47.9
2013	8 115.47	12.5	1 029.05	5.8	3 243.70	14.1	3 734.04	12.6	12.9∶40.5∶46.6
2014	9 299.45	10.8	1 275.45	6.6	3 847.06	12.3	4 128.50	10.4	13.8∶41.6∶44.6
2015	10 539.62	10.7	1 640.62	6.5	4 146.94	11.4	4 715	11.1	15.6∶39.5∶44.9
2016	11 776.73	10.5	1 846.54	6.0	4 636.74	11.1	5 251.15	11.5	15.8∶39.5∶44.7
2017	13 540.83	10.2	2 020.78	6.7	5 439.63	10.1	6 080.42	11.5	14.9∶40.2∶44.9
2018	14 806.45	9.1	2 159.54	6.9	5 755.54	9.5	6 891.37	9.5	14.6∶38.9∶46.5
2019	16 769.34	8.3	2 280.56	5.7	6 058.45	9.8	8 430.33	7.8	13.6∶36.1∶50.3

数据来源：根据《2010—2019年的贵州省政府工作报告》整理所得

二、特色小镇建设如火如荼

特色小城镇是特色产业"特而强"、城镇功能"聚而合"、城镇形态"小而美"、城镇机制"新而活"的，拥有一定人口经济规模、特色鲜明的行政建制镇。截至目前，贵州共有15个特色城镇入选中国特色小镇，如表5-7所示，其中遵义市最多，达到3个，仁怀市茅台镇（第一批）、播州区鸭溪镇（第二批）和湄潭县永兴镇（第二批）；安顺市2个，西秀区旧州镇（第一批）和镇宁县黄果树镇（第二批）；贵安新区1个，高峰镇（第二批）；贵阳市2个，花溪区青岩镇（第一批）和开阳县龙岗镇（第二批）；六盘水市2个，六枝特区郎岱镇（第一批）和水城县玉舍镇（第二批）；黔东南州2个，雷山县西江镇（第一批）和黎平县肇兴镇（第二批）；黔南州1个，瓮安县猴场镇（第二批）；铜仁市1个，万山区万山镇（第二批）；黔西南州1个，贞丰县者相镇（第二批）。与此同时，全省各市（州）县特色小镇建设如火如荼，进一步推进特色小城镇的建设，如贵阳市孟关、青岩、天河潭特色小城镇建设；玉屏县大龙镇特色小城镇建设；织金板桥、珠藏、牛场等13个特色小城镇建设；桐梓新站、官仓等特色小城镇建设；威宁石门、中水、板底特色小城镇建设；牛大场、施洞特色小城镇建设等。

表5-7 贵州特色小镇名单

序号	市（州）	特色城镇	批次	发展定位
1	贵阳市	花溪区青岩镇	第一批	文化古镇
2	贵阳市	开阳县龙岗镇	第二批	富硒小镇
3	贵安新区	高峰镇	第二批	智慧小镇
4	六盘水市	六枝特区郎岱镇	第一批	农旅小镇
5	六盘水市	水城县玉舍镇	第二批	高原滑雪小镇
6	遵义市	仁怀市茅台镇	第一批	国酒之心
7	遵义市	播州区鸭溪镇	第二批	生态循环产业小镇
8	遵义市	湄潭县永兴镇	第二批	茶海小镇
9	安顺市	西秀区旧州镇	第一批	石板小镇
10	安顺市	镇宁县黄果树镇	第二批	瀑乡小镇
11	铜仁市	万山区万山镇	第二批	朱砂小镇
12	黔东南州	雷山县西江镇	第一批	苗寨风情小镇
13	黔东南州	黎平县肇兴镇	第二批	侗乡小镇
14	黔南州	瓮安县猴场镇	第二批	十二滩塘生态小镇
15	黔西南州	贞丰县者相镇	第二批	山地户外运动小镇

数据来源：根据《贵州城镇百科全书》所得

三、山地特色新型城镇化已初步形成

经过多年的探索实践，贵州已初步形成民俗风情型、历史文化型、景区依托型、集散服务型、特色主题型和复合型山地特色城镇，多元特色城镇化发展助推贵州经济社会发展。民俗风情型城镇主要是充分利用贵州苗族、侗族、布依族、水族、土家族、壮族、毛南族、彝族、仡佬族、瑶族、回族、白族、畲族、羌族等为代表的独特的、灿烂的传统文化，培育和扶持苗岭飞歌、侗族大歌等响亮民族文化品牌，挖掘丰富的民族文化和旅游资源，建设民族文化展演中心，逐步形成独具特色的风情小镇，如肇兴、西江城镇。这种类型的城镇扶持民族特需商品定点生产企业发展，支持民族特需商品生产基地和区域性流通贸易交易市场建设，更大程度地促进产业发展和商贸流通。历史文化型城镇主要是充分利用诸如镇远、隆里、赤水、丙安等历史文化名城、名镇资源，发展文化旅

游产业的城镇；景区依托型城镇主要是依托城镇及其周边的特色旅游资源而打造，充分利用其发展旅游住宿、旅游餐饮、休闲娱乐、旅游购物等相关配套业态，从而完善各项基础设施，推动城镇经济发展；集散服务型城镇主要是依托重要交通枢纽地或重点景区周边，通过设置旅游集散场地及旅游休闲娱乐、旅游餐饮、旅游住宿等业态，为游客提供旅游集散、接待服务等相关内容。特色主题型城镇主要是依托城镇特色资源、区位、文化等特征，发展相关旅游业态，如生态小镇、疗养小镇、产业小镇等。复合型城镇主要是不断继承发展和创新，利用丰富多样的生态、民族、产业、历史、文化元素，通过特色经济培育、民族文化建设、优美环境营造、历史遗存保护等措施，发展多种旅游业态，打造复合型旅游小镇。

第三节　贵州旅游与山地特色新型城镇化耦合协调发展的机理与测度

一、贵州旅游与山地特色新型城镇化耦合协调发展的机理

（一）山地特色新型城镇化为旅游发展提供支撑和服务

山地特色新型城镇化发展能刺激贵州旅游消费，随着贵州城镇化发展水平的逐步提升，城镇居民、农村居民的人均收入水平不断提升，城镇常住居民人均可支配收入由2010年的14 142.74元增长到2019年的34 404元，2019年的收入水平是2010年的2.43倍，农村常住居民人均可支配收入由2010年的3472元增长到2019年的10 756元，2019年的收入水平是2010年的3.1倍，人们可自由支配的收入大幅增加。截至2019年年底，贵州省人均GDP已达4.66万元，旅游消费需求的增长势头良好。城镇化发展保障了贵州省的公共服务质量，有助于贵州财政总收入的增加，城镇化基础设施建设有利于城际铁路、航空、高铁、高速公路等快速大交通的发展和建设，不断提高公共服务水平，有利于旅游商品购物中心、汽车营地、游客咨询服务中心、医疗救助、旅游电子商务等旅游配套服务设施的建设；有利于旅游信息服务、交通服务保障、区域的交通路网服务、交通便捷服务、交通特色产品五大综合交通旅游服务体系的建设；有利

（二）贵州旅游与山地特色新型城镇化发展相互影响、相互促进

贵州旅游和山地特色新型城镇化发展并存于贵州特定的地域范围之中，旅游和山地特色新型城镇化均是由诸多要素构成的，二者各自发展中的各要素之间相互分工协作，共同构筑贵州区域经济的发展。旅游是贵州山地特色新型城镇化乃至区域经济发展的重要引擎和有效路径，而山地特色新型城镇化发展是贵州旅游发展的基础和载体。旅游发展的各要素与山地特色新型城镇化发展的各要素在发展过程中相互作用、相互影响，二者协同发展，共同推动贵州经济又好又快发展。在充分理解贵州旅游发展目标的基础上，通过贵州旅游的合理规划、创建、发展，不仅能改善旅游品质的发展，还能促进旅游所在区域的基础设施等生产生活条件，还可为本区域的居民提供就业、增加旅游收入，改善本区域的资源环境，提高当地村民生活质量，增加区域发展建设经费，进而促使旅游和山地特色新型城镇化以及区域经济发展的良性循环。

二、贵州旅游与山地特色新型城镇化耦合协调发展的测度

贵州高举"团结、发展、奋斗"旗帜，坚持加速发展、加快转型、推动跨越主基调，大力实施工业强省和城镇化带动主战略，奋力冲出"经济洼地"，城镇化发展水平逐步提升，城镇化率由2010年的33.81%提升到2020年的53.15%。贵州省旅游业产业发展的规模和速度逐步壮大，旅游总收入从2010年的1 061.23亿元增加到2019年的12 321.81亿元，2019年的旅游收入是2010年的11.61倍，年均增长率高达106.1%，远远超出全国的平均水平，旅游收入对贵州省GDP的贡献在逐步增大，旅游的地位在逐步上升。

第四节　贵州旅游与山地特色新型城镇化耦合协调发展存在的问题

一、耦合协调发展意识淡薄

贵州地区耦合协调发展意识淡薄主要体现在以下几个方面：一是政府部门

的部分旅游管理工作人员耦合协调发展的开发和管理意识淡薄，缺乏品质旅游要素观、品质旅游产业观、品质旅游产品观、品质旅游宣传观点、品质旅游建设观、品质旅游管理观等。二是旅行社、旅游公司追逐利益最大化，旅游服务、供给不完善，满足不了游客高涨的旅游欲望。比如针对月亮山的旅游开发有些不到位，没有形成体系，针对不同客源群体的差异策略不足，不能满足游客需求。三是游客旅游素质的提升仍然不足，不文明旅游现象和行为屡禁不止。

二、旅游布局、山地特色新型城镇化分布不合理

贵州旅游资源分布不均衡，反映在旅游景区的级别、数量上。近几年黔东南州、黔西南州、黔南州少数民族地区的旅游收入呈现出不断增长的态势，各个县市的旅游总收入每年都有大幅度的增长，但各地区之间有明显的差异，比如2017年黔东南州凯里市的旅游总收入显著高于其他15个县，凯里市的旅游收入优势明显，镇远、雷山、黎平、施秉的旅游收入具有比较优势，显然黔东南州的旅游资源主要分布在这几个地区，岑巩县的旅游收入区域地位最低，与凯里市差距甚大，仅占凯里市的1.6个百分点；2017年黔南州都匀市的旅游总收入明显高于其他11个县市，都匀市的旅游收入优势明显，独山县、荔波县、平塘县、贵定县的旅游收入具有比较优势，显然黔南州的旅游资源主要分布在这几个地区，罗甸县的旅游收入区域地位最低，与都匀市差距甚大，仅占都匀市的4.8个百分点；2017年黔西南州兴义市的旅游总收入明显高于其他7个县，兴义市的旅游收入优势明显，贞丰县、兴仁县、望谟县、册亨县的旅游收入具有比较优势，显然黔西南州的旅游资源主要分布在这几个地区，普安县的旅游收入区域地位最低，与兴义市差距盛大，仅占兴义市的2.56个百分点。且各个地区存在合作、联动发展力度不大的特征，对贵州民族地区的全域发展促进作用很小。

三、旅游、山地特色新型城镇化发展基础设施差

贵州的旅游业仍然停留在"门票经济"的观光旅游阶段，粗放式经营突出，旅游产业链短，关联度不强，与现有条件和地区资源禀赋相适应的"快旅慢游"休闲度假旅游产品体系和旅游经济体系尚未完全的形成。贵州省城镇体系现有

的基础设施、旅游相关配套设施，相关产业配套服务质量不能满足旅游发展的需要，体现在旅游交通基础设施、电力设施、电信设施、给排水设施、网络还不够完善，不能满足日益增长的旅游需求。旅游景区连接外省景区、区域景区之间、景区内部之间的旅游交通还不完善。与此同时，各地旅游服务设施的综合配套程度较低，住宿、餐饮、娱乐等方面不同程度存在供给粗劣化、低端化的现象，主题、特色鲜明的精品客栈数量偏少，低端旅馆遍地开花，高端、特色餐饮开发不够。在住宿方面，贵州很多地区没有五星级酒店，四星酒店匮乏，难以满足高质量、高品质旅游发展和山地特色新型城镇化发展的需求。

四、旅游产业联动发展效应不强

贵州省众多地区旅游的发展一直以来都是以建立景点、景区、饭店、宾馆、的"景点旅游"模式推进，造成各旅游景区景点的封闭建设，游客在旅游线上来回折腾，比如从凯里往黎平景区坐车走高速，换乘县域大巴总共要花费4个小时以上。旅游业联动交通基础设施产业、游憩行业、旅游金融业、建筑行业、生产制造业、农业、营销行业、工业、电子信息、服务业、大数据、装备制造业、健康服务业、食品加工业、生物医药等前向、后向、横向产业融合发展作用不强，旅游产业附加值不高，旅游产业链条短。

五、旅游人才、山地特色新型城镇化发展人才匮乏

一直以来，贵州地区旅游人才匮乏，特别是民族地区，民族地区拥有的本科院校——凯里学院、黔南民族师范学院、兴义民族师范学院只有旅游管理、酒店管理本科专业，至今还没有旅游管理专业硕士点或旅游专业硕士点，造成了民族地域范围内无法为贵州民族地区旅游从业人员提供深造的机会，且阻塞了旅游专业本科学生继续研究的上升通道。旅游教育发展的滞后严重制约了旅游业的管理水平和服务质量的提高。贵州地区旅游人才匮乏主要体现在应用型、技能型、复合型的旅游管理、策划、营销、导游等旅游人才的匮乏。

第五节　贵州旅游与山地特色新型城镇化耦合协调发展的优化路径

一、树立耦合协调发展的理念

深化旅游与山地特色新型城镇化耦合协调发展意识，坚持把旅游作为贵州省委省政府"最大的工程"、最具潜力和特色的"绿色工厂"、最具影响力的地标"名片"来抓，把贵州省的山水、城镇、街道、乡村打造成"宜居、宜业、宜游"的旅游目的地以及胜地，推动旅游产业的全覆盖与融合，将贵州建设成为旅游致富样板，以旅游发展解决产业结构转型升级问题、"三农"问题、山地特色新型城镇化问题，促进区域一体化发展的示范区。旅游不仅涉及旅游资源利用、旅游产业链条延伸、旅游产业融合、旅游产业转型升级发展等旅游业相关的问题，而且还关联到农业、工业、服务业，甚至超出了产业范围，延伸到城镇化发展、社会生活领域、自然界的各个方面。因此，在旅游开发、山地特色新型城镇化发展建设的过程中，不仅各级地区政府部门工作人员的思维观念要转变，区域内所有利益相关者的思维观念都要转变，人人树立耦合协调发展的理念，以"旅游发展"思考问题，创新旅游发展思维。树立"耦合协调发展"理念主要从以下几个方面进行：一是树立耦合协调发展的资源思维观。要从观光旅游时代自然的、社会的、人文的旅游景观资源进一步提升物质资源、精神资源、社会资源和文化资源的高度，形成处处都是旅游资源，是区域经济发展资源的共识。注重山地特色新型城镇化发展中贵州旅游资源、区域资源的底蕴，以健康和谐的文化氛围、形式多样的民族文化习俗、丰富多彩的文化载体吸引人、折服人，以优质的区域经济发展资源、发展特色吸引企业、折服企业。二是要树立耦合协调发展的产业思维观。旅游是在与其他产业融合中共同发展，各产业之间相互交织组合，形成了互相渗透、相互影响、紧密结合的旅游产业链，延伸旅游产业链条，促进旅游产业融合第一、第二、第三产业，助推贵州各产业联合发展，促进区域经济与城镇化发展。

二、山地特色新型城镇化发展要考虑旅游业需求

旅游业作为山地特色新型城镇化发展的重要产业，旅游业发展水平需要相关配套设施和产品的支撑。因资金限制和发展观念等方面原因，很多城镇在规划建设过程中未能充分考虑旅游服务功能，造成相关产业布局不佳、规模较小等问题。因此既要充分顺应旅游发展需求，也要对相关旅游资源要素的相关配置进行考量，才能对城镇化发展进行科学的规划建设，充分挖掘城镇旅游资源特色，正确定位城镇旅游主题，适度开发既能满足城镇居民休闲需要，又能满足游客需求的旅游产品体系，如民族节庆文化体验、建筑文化体验、农耕文化体验、民族歌舞体验、生态观光游览等产品。此外，通过城镇环境卫生治理、交通条件改善、生态停车场建设、旅游场所建设等，提升城镇生产生活条件，构建城镇旅游公共服务体系，加快城镇建设成为区域旅游的重要目的地，促进城镇更好的发展。

三、以旅游辐射空间优化山地特色新型城镇化发展空间格局

针对相对落后的贵州民族地区来说，可以通过构建布局合理、集散顺畅、功能完善、特色鲜明的贵州民族地区旅游发展格局，以旅游辐射空间优化区域山地特色新型城镇化发展的空间格局，促进经济带的形成。构建黔东南州旅游格局，形成"一核、三区、三廊、多中心"的空间格局，为黔东南旅游发展、新型城镇化发展乃至区域经济发展提供重要载体和框架支撑。一核：将凯里建成黔东南州旅游中心城市；三区：打造苗乡国家级旅游度假区、苗岭地质公园旅游度假区、侗乡健康养生旅游度假区；三廊：构建清水江流域旅游走廊、都柳江流域旅游走廊、潕阳河流域旅游走廊；多中心：各县城市旅游中心。围绕"一核、三区、三廊、多中心"的空间格局，逐步形成"旅游辐射区—旅游辐射廊—旅游辐射场"的黔东南州全域旅游辐射空间模型，促进全域旅游加速发展，促进区域经济协调发展。旅游辐射区是将旅游城市、景点扩展为范围更大的"区"，通过"区"来辐射，带动周边相邻或相间的其他区域旅游经济的发展。旅游辐射区的建设主要是建设和壮大空间格局的"一核"和"三区"，即建设和壮大凯里旅游中心城市、苗乡国家级旅游度假区、苗岭地质公园旅游度假区、侗乡健

康养生旅游度假区。凯里旅游中心城市凯里要进一步完善与小高山、苗侗风情园、巴拉河、云谷田园、下司古镇、香炉山等旅游节点进行有效连接的旅游基础设施，完善旅游城市功能，建成层级分明的旅游集散中心体系和较为完整的旅游信息服务体系，提升旅游服务环境和服务水平，实现旅游中心城市的定位。苗乡国家级旅游度假区主要辐射凯里市、雷山县、丹寨县、麻江县和台江县，以下司古镇、西江苗寨、巴拉河沿线苗寨、丹寨石桥村、雷公山等优质资源为支撑，重点建设和完善巴拉河景区、西江千户苗寨、万达小镇、香炉山景区、苗侗风情园、夏同龢状元第文化产业园、药谷江村、云谷田园、乌羊麻景区，打造以凯里为中心的"半小时旅游圈"。苗岭地质公园旅游度假区主要辐射施秉、黄平、镇远、雷山、剑河及台江等县，主要是深挖苗岭国家地质公园丰富的地质遗产及其独特的民族风情和历史文化，开发探险、科考、研学、观光、体验和康体等各具特色的旅游产品，重点发展施秉云台山景区、雷公山园区、革东园区和㵲阳河园区。侗乡健康养生旅游度假区主要辐射黎平县、从江县和榕江县，以肇兴侗寨、都柳江、月亮山、加榜梯田、大利侗寨和岜沙苗寨等优质资源为支撑，开发观光休闲、健康养老、瑶族药浴、避暑度假、户外运动、康体养生、森林疗养等旅游产品。旅游辐射廊是将以旅游景区为端点，以河流、交通、通信等为联系纽带，以观光休闲要素和旅游服务为节点，经协同作用形成的线性旅游走廊。黔东南州旅游的辐射廊主要是打造㵲阳河流域旅游走廊、清水江流域旅游走廊、都柳江流域旅游走廊。清水江流域旅游走廊主要是围绕清水江流域的景点景区，挖掘家祠文化、红色文化，建成多元的旅游景观体系，打造临水休闲度假、滨江示范走廊。都柳江流域旅游走廊主要是依托都柳江流域原生态苗侗村寨文化、低热河谷、黎从榕侗文化底蕴等旅游资源优势，打造旅游示范走廊。㵲阳河流域旅游走廊主要是围绕㵲阳河流域的自然风光与古城、古镇历史文化融合发展，打造独具特色的古城古镇、温泉康养、自然山水融合发展示范走廊。

构建黔南州旅游发展格局，形成"一核、五区、四廊、多中心"的空间格局，为黔南州旅游发展、山地特色新型城镇化发展乃至区域经济发展提供重要载体和框架支撑。一核暨将黔南州的都匀建成为一级核心的旅游中心城市。五区暨围绕区域资源要素，建立红色文化旅游区、国际天文地质旅游度假区、山水田园休闲旅游度假区、茶文化休闲旅游度假区、生态民族文化旅游度假区。四廊暨整合区域丰富天文、地质旅游资源，建立国际天文地质旅游走廊（以平塘"三天"奇观为核心的国际天文地质旅游走廊）；整合都匀周边山水田园景点，以都匀市山水田园休闲景区景点为核心，建立山水田园休闲旅游走廊；整合都匀、三都、独山等地区山地生态资源、特色山地民族文化旅游资源，以荔波世界自然遗产为核心，打造泛荔波旅游休闲走廊；整合贵定、龙里、瓮安、惠水、福泉、长顺等县乡村休闲度假旅游资源，依托承接贵阳省会城市的优势，打造环贵阳乡村休闲度假旅游走廊。多中心：各县城市旅游中心。围绕"一核、五区、四廊、多中心"的空间格局，逐步形成"旅游辐射区—旅游辐射廊—旅游辐射场"的黔南州旅游辐射空间模型，促进旅游加速发展，进而促进新型城镇化发展乃至区域经济发展。

四、以旅游设施建设促进山地特色新型城镇化基础设施发展

完善旅游基础设施建设、服务设施建设、旅游辅助设施建设，促进旅游与山地特色新型城镇化发展。旅游基础设施是指国民经济体系中为社会生产和再生产提供一般条件的部门和行业，主要由旅游交通基础设施、电力设施、电信设施、给排水设施、网络等组成。在旅游交通基础设施方面，完善高速公路、铁路、航空等旅游交通设施，构建"便捷、安全、舒适"的旅游交通体系。在对外交通上，打破行政区划限制，强化与外界的快速交通联系，逐步建立起公路、铁路、航空相结合的交通体系，完善旅游交通联运体系与湘鄂渝黔四省的交通网络布局。公路方面：适当增加贵州省与周边省份旅游景点的"直通车旅游巴士"，完善各级公路旅游集散中心建设，完善地区"2小时"辐射圈的旅游交通体系和公共服务体系建设，设立客房调度中心、旅游服务中心、旅游车辆调度中心、旅游产品研发中心、导游调度中心等各项旅游相关的层级中心的建设发展以及投入使用。铁路方面：以续接或着重新开建的方式进一步扩大和增强旅游城市铁路交通体系的对外辐射范围以及辐射能力。航运方面：完善现有各市州机场的扩建和航线增加，尽快推进条件优越的县市机场的建设。可以增开至上海、海南、天津、北京等东部发达城市旅游航线、航班。在对内交通上，增设各市州市内、市区通往主要景区和各景区之间的中短程旅游专线大巴和中短程旅游专线大巴。推进贵州流域的港口码头建设，推进水运旅游与多种旅游运

输方式的联动发展。整合现有的旅游集散中心、旅游咨询中心和旅游呼叫中心，构建集咨询服务、住宿服务、调度功能和集散功能于一体的"贵州省旅游信息咨询平台"，为游客提供旅游引导、收集反馈信息、咨询服务、受理旅游投诉以及电话、网络、柜面咨询服务。优化、完善和规范贵州各区域的旅游引导系统，着重在交通旅游引导系统、游客出入境的地点设置旅游引导标识，提供更加舒适的旅游服务。

五、推动旅游产业联动发展，强化山地特色新型城镇化发展动力

旅游产业联动发展要求旅游业的"四两拨千斤"的作用更加突出，无论是"+旅游"还是"旅游+"，都要求旅游业能横向延伸、纵向带动、自身升级、助推其他产业联动发展，与一二三产业相互交叉、融合以及渗透，实现地区全部产业和产业部门共同联动发展的新局面。

（一）促进贵州省旅游要素延伸、升级

促进贵州省省域范围内的旅游产业发展要素升级，形成紧密结合相互影响、互相渗透的省域范围内全域旅游产业链。可以形成以下几个类别的行业：特色餐饮、民族特色酒店等接待行业；旅游衍生金融产品"黔行""黔优惠"旅游信用卡等旅游金融业；苗侗布依族等特色村寨、康疗养生区、主题公园、农场乐园等经营管理和运作的行业——游憩行业；旅游区外部航运、水运、铁路、公路等和旅游区内部索道等的交通行业；集观光、娱乐、购物和休闲等多功能于一体的特色商铺、创意市集、购物休闲步行街等商业；设施建造、生态恢复、艺术装饰、园林绿化等建筑行业；游乐设施生产、旅游工艺加工、土特产加工等生产制造业；旅游媒介广告、展览、电子商务、节庆等营销行业。

（二）促进贵州旅游产业横向延伸发展

旅游产业横向延伸发展是指旅游业向生产相同、类似产品或使用相同、类似生产技术、生产工艺的关联产业之间相互影响、融合以及渗透，形成更加丰富多元的旅游发展新业态，也就是通常我们所说的"旅游+"产业链条的延伸。"旅游+"是充分发挥旅游的扩展能力、创造价值能力以及拉动力，促进地区的关联产业和相关的领域共同发展。结合贵州省的资源优势，可以促进旅游业向"旅游+大数据""旅游+农业""旅游+互联网""旅游+工业""旅游+文化""旅

游+服务业"等多种产业横向延伸，打造成旅游产业链。比如"旅游+工业"方面，可以促进和旅游景区有关的山地户外旅游运动装备、体育运动装备、旅游自行车、观光缆车、低空旅游飞行器、索道、旅游防护用品、高科技游乐设施、数字导览设备等旅游装备制造业。在"旅游+农业"方面，可以结合贵州省的特色林业、种植业、渔业和畜牧业等众多形态的特色农产品，将特色农产品与旅游体验相融合，形成特色农产品和旅游一体经济链，实现各产业相互融合发展。比如黔东南州可以将茶和旅游一体化发展，以银球茶、清明茶、脚尧茶为主题，以市场化为导向，以一体化发展为目标，以茶叶种植基地为载体，以体验旅游为内容，形成黔东南州茶旅一体经济链，实现相关产业共融。

（三）促进贵州旅游产业纵向延伸发展

旅游产业纵向延伸发展是指通过上游产业的供给侧改革，提供更加优质的旅游装备、旅游要素、旅游服务，即"+旅游"延伸。结合装备制造业、食品加工业、文化产业、健康服务业、电子信息、生物医药等产业促进贵州旅游业向"装备制造业+旅游""文化产业+旅游""生物医药+旅游""食品加工业+旅游""健康服务业+旅游""电子信息+旅游"纵向延伸，打造旅游产业链。

六、构建多元化旅游开发模式，助推山地特色新型城镇化发展

依托贵州地区旅游资源，构建苗侗布依族等民族特色景区依托型、特色城镇美丽乡村依托型、生态功能区依托型、特色产业依托型开发模式，多种模式助推山地特色新型城镇化发展。

苗侗布依族等民族特色景区依托型旅游是指由苗族、布依族、侗族特色景区做大做强，从而带动周边区域旅游业的发展，最终带动周边形成全域品质旅游区。实施苗侗布依族等民族特色景区依托型品质旅游开发模式，要树立"高质量旅游"理念，坚持"苗侗布依族等民族特色文化+旅游"融合发展，充分挖掘苗族文化、布依族文化、毛南族文化、瑶族文化、农耕文化、侗族文化、彝族文化、非遗文化等资源优势，以西江千户苗寨、宰荡侗族大歌景区、朗洞苗寨景区、凯里苗侗风情园、季刀苗寨、黎平侗乡风景区、榕江苗山侗水风景名胜区、黎平肇兴侗文化旅游景区、三都百里水寨（务要寨、平报寨、高硐村、姑样寨、姑鲁村、坝街、怎雷村、扬拱大寨、朝寨、营上寨等）、贵定音寨、惠

水好花红布依寨、荔波拉片、瑶山古寨、赛葰寨、水䑳水寨等苗侗布依族民族特色景区重点项目为带动，完善景区旅游基础设施，推进景区与城市、景区与景区之间相互融合发展。

生态功能区依托型旅游是指依托贵州地区优美的生态环境发展生态型旅游区。打造雷公山生态型品质旅游区、月亮山生态型品质旅游区、云台山生态型品质旅游区、荔波樟江品质旅游度假区、茂兰生态型品质旅游区、龙架山生态型品质旅游区、朱家山生态型品质旅游区、万峰林生态型品质旅游区、云湖山生态型品质旅游区，依托丰厚的民族文化资源、山区优越的自然生态条件、世界自然遗产地品牌效应、高山梯田自然生态，推动山、田、水、城、房、林、路全方面、全域发展。

特色产业依托型旅游是指依托特色产业，以特色产业联动全产业共同发展，形成新的产业功能区和旅游区。以贵州地区民族文化产业、农文旅产业、特色饮食业、特色加工业、高端装备制造业、民族医药产业、运动康体产业、大数据产业等重点、特色产业为依托，促进特色、重点、支柱产业与其他产业联动发展，形成旅游产业联动发展，最终促进旅游与山地特色新型城镇化的发展。

特色城镇美丽乡村依托型旅游是指以特色文化、特色风貌、特色业态的城镇、美丽乡村为载体，进行就地城镇化、现代化的旅游新模式。强化镇远古镇、龙里双龙小镇、九州古镇、瓮安县猴场古镇、隆里古镇、惠水好花红镇、万达小镇、秦汉影视城、都匀毛尖小镇、惠水百鸟河数字小镇、龙里醒狮镇、兴仁县屯脚镇、荔波古镇、三都县都江古城、长顺广顺夜郎古镇、天柱县渡马镇共和村、三岔河运动休闲小镇、福泉古城、兴义市清水河镇、平塘天文小镇、贞丰县者相镇等现有特色城镇，黔东南岑巩县水尾镇白水村、天柱县凤城街道南康村、天柱县高酿镇地良村、从江县高增乡小黄村、黄平县旧州镇文峰村、黄平县重安镇何家寨村、丹寨县兴仁镇排佐村等21个乡村，发挥万峰林纳灰村、兴黔南州瓮安县果水村、江西坡镇细寨村、福泉市双谷村、福泉市黄丝村、义市南龙村南龙古寨、安龙县纳西古寨、普安县江西坡镇江西坡社区、义龙试验区郑屯镇民族村、兴仁县鲁础营回族乡鲁础营村、贞丰县永丰街道必克村、册亨县冗渡镇大寨村、贞丰县对门山村、纳福街道秧庆村、顶效镇楼纳村等美丽乡村的辐射带动作用，打造新型特色城镇和美丽乡村，以特色城镇和美丽乡村带动周边城镇发展。

七、打造一批重点旅游产业项目、旅游产业聚集区，推动山地特色新型城镇化发展

加快建成已有项目做优存量。指导推进全省列入"十四五"时期省级重点旅游产业项目的建设和运营，支持已建成的项目尽快投产见效，指导部分投入使用的项目既抓建设进度又抓生产经营，督促在建项目加快建设步伐。推动省属国有旅游企业聚焦主责主业。通过3~5年努力，建成20~50个具有较强影响力、引领力的重大项目，在推动全省旅游产业实现集约化、规模化和专业化发展上发挥明显的辐射带动作用。深入推进产业融合做大增量。鼓励引导各地各有关单位紧紧围绕"大数据""大扶贫""大生态"和全域旅游等重大战略部署，大力实施产业融合工程，因地因时因势谋划实施一大批与旅游相关产业深度融合发展的重大项目，用足用好资源，彰显特质特色，更好地服务全省经济社会发展大局。到2023年，在现有基础上至少再建成使用50个重大旅游项目，形成门类齐全、特色鲜明、优势互补、差异发展的重大项目发展格局。大力实施旅游产业招商提升质量。实施"大招商助推大发展"计划，充分借助国家级、省级相关平台，大力推动旅游产业项目引资引智，在项目合作、资金保障、技术支持、企业入驻、人才引进等方面积极拓展新平台、谋求新合作、取得新突破，为全省旅游"产品走出去、企业引进来"提供有力支撑。深化开展东西部扶贫协作工作，进一步加大各市州与对口帮扶城市对接，以项目形式布局设置若干旅游企业和产品展销推广窗口，常年常态推动旅游"走出去"和"引进来"。推动旅游产业集群发展，依托全省丰富的旅游资源，通过优化资源配置、推动机制创新、集聚生产要素、营造产业生态环境，推动相互有关联的旅游企业和项目集中布局，推动产业集群发展。重点打造长征国家文化公园重点建设区、省级"十三五"旅游产业重点项目等。积极鼓励支持各市州依托丰富的旅游资源优势，因地制宜谋划打造一批旅游产业聚集区。通过3~5年努力，至少打造形成30个具有较强代表性的重点旅游产业聚集区，各聚集区核心旅游资源突出、配套服务体系完善，且各区域之间合作紧密、优势互补、联动发展。

八、强化人才队伍建设，为旅游、山地特色新型城镇化发展提供智力支撑

依据《贵州省"十四五"文化和旅游发展规划》，结合贵州省旅游发展的实际，尽快制定贵州旅游人才培养专项规划和人才强旅发展战略，以培养具有全球经营能力、国际商业头脑的旅游企业家和旅游接待队伍以及具有涉外工作经验的复合型人才为目标，引进一批候鸟型的旅游专家复合型旅游人才，进一步完善旅游人才的培养和引进机制。加大旅游技能型人才、旅游技术型人才、旅游实用型人才、优秀全域旅游人才、旅游高层次经营管理人才、旅游创新人才的引进力度，支持引进高端复合型旅游人才。完善各个旅游景区、景点的就地培养制度，为旅游规划设计者、旅游管理者、旅游企业管理者、旅游相关设施的技术服务人员、旅游服务人员提供免费的培训，提高旅游相关人员的能力。建立人才激励机制，鼓励引进旅游领军型人才和团队，给予奖励、子女落户等方面的扶持，为贵州旅游持续、健康、快速发展提供智力支撑。建立、完善旅游人才评价体系，保证人才流通渠道顺畅。同时引进大量的应用型科技人才到旅游业中。充分发挥科技人才的作用，更新旅游集散系统、旅游综合服务系统。同时加强高等学校与旅游企业、旅游景区的合作，打造旅游产学研基地，建立旅游实习实践基地和人才教育培训基地，实施旅游人才订单式培养。通过领导申报课题、以重点课题、专项课题、横向课题的形式加大对旅游研究的支持力度。加快高等学校旅游管理博士、硕士、专业硕士点的申报和建设工作，培养本土化高水平的旅游管理人才。强化人才队伍建设，为旅游、山地特色新型城镇化发展提供智力支撑。

第六章　民族村寨旅游高质量发展研究

我国对少数民族特色村寨保护与发展正在进行试点工作，这些为我国特色民族村寨的发展指明了一条路径。本章以贵州省民族村寨旅游发展为研究对象，对岜沙苗寨和西江苗寨的发展进行深度分析和研究，提出贵州省民族村寨旅游实现高质量发展需要健全旅游产品体系实现产业融合发展、推动民族文化保护与传承实现传统文化融合发展、加大人才培养力度、加强基础设施建设，全面系统规划，引导各方资金参与等方面来努力，在脱贫攻坚与乡村振兴的有效衔接过程中，才能巩固脱贫攻坚，才能实现乡村振兴。

第一节　脱贫攻坚、乡村振兴和民族村寨旅游之间的内在机理

大力实施乡村振兴战略是党和国家作出的重大战略部署。我国的少数民族区域是实施乡村振兴战略的重点突出区域，也是面临困难最大的区域。这些地方比较偏僻、交通极为不便、基础设施比较欠缺、经济和社会各方面的发展比较滞后，因此这些地区的乡村振兴实施起来会面临很多挑战，但这些民族村寨拥有独具特色的民族传统文化、具有民族风情的建筑风格、具有优美的自然环境，这些又为旅游的开展带来很大机遇。特色村寨指的是在民族地区具有独特的原生态资源、比较浓厚的民族文化色彩并同时能够形成一定特色产业的民族村寨，而民族区域旅游的一个最重要的模式就是发展民族村寨旅游，同时也是这些地区能够实现乡村振兴的一个主要突破点。民族村寨旅游能够进行高质量发展是实现民族振兴的重要手段之一，同时也是民族地区能够实现脱贫和防止返贫的重要手段。

一、脱贫攻坚与乡村振兴的关系

在我们完成脱贫攻坚的任务以后,我国现阶段一个工作重点放在了"三农"工作上。"三农"工作的重点是大力实施乡村振兴战略。推动脱贫攻坚与乡村振兴的有效衔接,是"十四五"时期乃至以后的工作重点。而在这里要说的是,脱贫攻坚与乡村振兴的有效衔接并不是转换频道,而是进一步的提升与改造,两者的衔接是局部与全面的有效衔接,是承上和启下的有效衔接。脱贫攻坚的完成是我国决胜全面小康战役的最为重要的举措,而乡村振兴战略是我国目前迈向第二个百年奋斗目标的重要决策,那么脱贫攻坚与乡村振兴的有效衔接实际上就是转型升级的问题,或者可以说是一个重心转移的问题,这种升级和转移是我国全面的、全方位的问题,里面有路径与机制方面的问题,也有目标与任务方面的问题。因此我国不仅要完成脱贫攻坚的任务,更要大踏步、一心一意地朝着乡村振兴确定的目标前行。

在完成脱贫攻坚任务的进程中,我国创造了人类历史上最好的业绩,当然也累积了大量的经验,特别是创造性的形成了我国所特有的脱贫攻坚精神。这个过程中形成的经验和精神对人类来说特别珍贵,同时也是我国实施乡村振兴战略最重要的力量。这些经验、方法我们必须要继续坚持下去。

根据《关于实现巩固拓展脱贫攻坚成果同乡村振兴有效衔接的意见》的要求,我们要在帮扶政策方面确保总体上比较稳定的基础之上,分类别的进行优化调整,比较合理地把握好各种调整的节奏与时限,在一定程度上加强脱贫的稳定性。所以,在目前的过渡期内大家要全面地总结在脱贫过程中得来的经验,进一步巩固并扩展脱贫攻坚成果同乡村振兴进行有效衔接,还需要对现有的扶贫政策进行一些调整与优化,不仅需要确保帮扶政策的稳定,还需要保证脱贫得来的成果进行有效巩固和扩展,更需要在全国全面统筹脱贫攻坚与乡村振兴,为将我国建设成为现代化强国奠定一定的基础。

二、以乡村振兴战略助力民族村寨旅游实现高质量发展

我国 2018 年颁布的《关于促进乡村旅游可持续发展的指导意见》指出,要让乡村旅游的产业化、市场化得到发展,就必须在旅游环境、当地的基础设施、旅游相关产品方面下功夫,需要全方位的提高乡村的综合质量,为乡村振兴的

实施做贡献。我国经济已经步入新的阶段，现在的人们不仅只是在乎吃饱穿暖这些生理需求，而是重视精神方面的需求。随着人们生活质量的全面提高，游客对旅游方面的需求已从简单的观光到体验性的、浸泡式的深度旅游，大家更注重自身的体验，而目前的旅游产业在特色旅游产品、旅游人才培养等方面做得不是很理想，这些制约了民族村寨旅游的发展，使得后劲不足。现在已经步入新时期，民族村寨旅游接下来的发展要紧紧抓住乡村振兴这个机遇，它的提出不仅能为民族村寨旅游的发展带来机遇，更为重要的是，民族村寨旅游的高质量发展已经有了更高的标准与要求，大家要牢牢抓住这个机遇，最大限度地达到民族村寨旅游高质量发展的目的。

目前，民族村寨旅游的主要问题有很多，第一是在旅游开发过程中旅游项目的开发不是很足，使得各产业发展遇到了瓶颈，旅游业不能和第一产业、第二产业、第三产业融合发展；第二是在开发民族村寨旅游的过程中造成了当地的自然、生态环境的很大破坏；第三是由于大量游客的到来，寨民各种思想意识转变了，消费主义的思想使得原有的传统人情社会面临着很大的挑战，同时也产生了传统文化的保护和传承方面的问题。中央的一号文件对乡村振兴战略的实施作出了部署，在这里为我国的乡村旅游提供了很多方面的支持，如资金、政策、制度、人才等方面，这些为民族村寨旅游的发展提供一定的外生动力，同时也为遭遇到的瓶颈和各种问题提供一系列的指导。乡村旅游是广大农村地区各产业融合度很高、农民能近距离接触到的旅游形式。因此，乡村旅游和乡村振兴天然间有着很密切的联系。旅游产业的各种关联性和综合性在一定程度上决定了它与乡村振兴之间的互动是一种双向的、主动的交流，目前我国的民族村寨旅游的发展还处在初级阶段，旅游产品方面种类比较单一、产品档次比较低、产品规模比较小、产品同质化比较严重等，在大力实施乡村振兴的背景下我国的民族村寨要想实现高质量发展，必须主动地、积极地按照乡村振兴的总要求来实现全方位的转变。

三、民族村寨旅游发展撬动乡村振兴

1. 推进各产业融合发展，促使各产业发展兴旺

现阶段，新时期，要能实现乡村振兴则需要对农村产业结构进行优化，发

展方式方面需要转变。现阶段民族村寨旅游的高质量发展是乡村振兴的最主要力量,第一是在民族村寨旅游开发、发展的进程中,大量的游客进入村寨,这使得交易量增加了,并且大大地降低了交易成本,这样的发展同时也使得民族村寨地区的种植业、养殖业也得到了发展,一定程度上改善了农副产品和消费者之间的供求关系。第二是旅游产业拥有较强的关联和广大的辐射性的特点,旅游业和第一产业结合在一起的康养游、休闲游的进一步发展,和第二产业的融合发展带动相关加工业的发展和相关旅游产品的生产,和第三产业融合在一起一定程度上带动了运输业、商贸业等的发展。因此,旅游业与其他产业的融合发展优化了产业结构,同时还增加了更多活力,在一定程度上具有了"一业带百业,一业举而百业兴"的盛况,旅游业与其他产业间的融合发展也在一定程度上实现了"旅游+",这些不仅扩大了旅游业的产业链,更实现了农村产业的兴旺。

2. 改善寨民的生活环境,促进村寨的生态宜居

生态宜居指的是农村的人和自然之间的关系有了更大、更高的要求,既需要当地的农民对生活环境感到满意,更需要农村有青山绿水,使得农村的树木、建筑、溪流和处在其间的人全都以自身最好的、最舒适的状态来建设美丽的乡村。民族村寨因为自身优美的自然环境与独具特色的、浓厚的传统文化吸引了大量的游客前往旅游,一定程度上也促使民族村寨的自然、生态环境得到一定的保护与改进。民族村寨的保护应该与旅游开发共同推进,从传统的村寨保护、自然生态环境的保护、传统的人文环境的保护、当地基础设施的改善、旅游产品的开发等多角度、多方面共同促进村寨的发展,为寨民提供更多的就业机会,为寨民改善他们的居住环境,为寨民得到更多的经济效益,使得乡村的发展独具特色和更有生命力。民族村寨旅游的蓬勃发展自然而然建立起了村寨生活与良好的生态之间的桥梁关系,这些就是生态宜居的真实写照。

3. 带动寨民观念的改变,促进村寨的乡风文明

在村寨旅游发展的过程中,寨民是民族村寨旅游的主体,他们从很多方面和很多角度参与到了村寨旅游当中。在发展旅游的过程中,拥有保守思维的寨民开始学习怎样接待游客、怎样经商、怎样与游客进行交流沟通,随着游客不断涌入的还有他们的新思维、技术、现代文化、资金,这些使得寨民的思想认识、

价值观念、文化素养、技术技能等方面都有了很大的改变。同时，民族村寨旅游的发展也带来了很多问题：传统的乡村文化、技艺正面临着退化，因此需要对传统的文化与技艺进行保护与传承，特别是对村寨里的良好的思想观念、人文精神、道德准则进行更为深入的挖掘来凝聚人心。大量的城市游客涌入村寨，在一定程度上促进了城市与农村的文化交流，游客在村寨体验传统的文化、释放他们压力的同时，也为我们的寨民带来了良好的生活习惯与比较先进的文化素养等，对村寨的乡风文明产生了积极的影响。民族村寨旅游推动了村寨的经济、社会发展，提升了寨民的生活质量，同样也推进了乡风文明有秩序的发展，同时村寨风貌的循序渐进的改变也使得村寨旅游的质量提高了，两者之间共同形成了很好的循环，从整体上提高了村寨的乡村文明水平。

第二节　贵州省民族村寨旅游基本情况介绍

一、贵州的少数民族及其分布

贵州省目前是一个多民族混居的省份，有苗、侗、布依、土家、回、壮、满、瑶、水、白等48个少数民族。人口达到或超过百万的有苗、布依族；在10万~100万的民族有土家、侗、回、水、仡佬族；其他民族人口相对来说比较少。少数民族人口占据总人口的1/3以上。贵州省在民族分布方面有着"大杂居，小聚居"等特点，这些少数民族居住都具有自己的规律，"水布依，高山苗，仡佬住在山旮旯""侗族住水边，苗族住中间，瑶族住山巅"，这些民谣充分反映了这一居住规律。

二、贵州的民族旅游资源及其特征

（一）贵州省民族旅游资源的基本构成因素

1. 生活环境与民居建筑

喀斯特地貌以及常态地貌成为贵州各少数民族的基本地貌，在贵州这些少数民族聚居或者是散居，或者是依山傍水，或者是在群山怀抱的峡谷里，或者是山坳里，或者是小溪旁，总之不拘一格。他们或者绿树环绕，或者是近峰青幽，或者是屹立在坝子上，这些都构成了独具特色的民族资源，其中黔东南被联合国列为"返璞归真、重返大自然"的世界十大景区之一。他们的民居、建筑同他们的生活及环境相得益彰，这些少数民族的建筑具有非常明显的地区特点，同时也具有自己民族独特的内涵，各民族具有自己独特的民族建筑，贵州东部地区的建筑大部分是木结构的，黔中和黔西大多由竹木结构向砖混结构转变，西北地区喜欢用生土为墙体的土木结构，很典型也很著名的是黔东南州的苗家吊脚楼和侗家吊脚楼，独具特色的侗族花桥鼓楼、布依族的石头房，总之，各民族的建筑结构非常质朴、自然。这些共同构成了贵州独具民族特色的建筑，同时也成为贵州省民族村寨旅游最吸引游客的独特之处。

2. 生活习俗及民族服饰

贵州省的少数民族受他们的生存环境的限制和影响，大多是以山为伍，以水为伴，他们自古以来都是日出而作，日落而息，过着自给自足、自由自在的生活，因此各民族在很长的发展进程中形成了自己独具特色的饮食、节庆、居住、歌舞文化，贵州有些地方现在还留有从芭蕉干、树皮等植物中提取纤维的原始技术，有的还在使用原始的织机，有的仍然用野生植物汁液去染布料。对于贵州人来说酸菜与辣椒是每餐必不可少的，自己酿的酒是民族节日庆典最好的佳酿，酸汤鱼、腌肉腌鱼这些是用来招待客人的美味。其中服饰是一个民族的精神象征，是自己民族的历史代码，是这个民族的标识，世居17个民族的服饰都具有自己的特色，他们相互欣赏、相互借鉴，同时又保持自己民族的特色。在服饰中，婚前服饰与婚后不同，不同年龄的服饰迥异，服饰的种类非常丰富，款式和质地也不同，在一定程度上揭示了他们对美的追求与向往，也充分向世人展示出了他们对艺术的追求、继承与创新。因此贵州省的少数民族在生活习俗、民族服饰等方面具有自己的特色，这些对于游客来说是非常具有吸引力的。

3. 民族工艺、民族节日与祭祀

日常的用具、刺绣、蜡染、银饰、木雕等构成了民族工艺品，这些工艺品他们随地取材，在民族的日常生活中制造出了图案生动、别致又实用并且具有装饰作用的手工艺品，他们是开展民族村寨旅游的产品基础。独具特色而且具有多元的民族文化与民族风情可以集中地在各民族盛大的节日庆典里表现出来，如非常神秘的祭祀大典、非常庄重的婚丧仪式以及各民族传统的青年活动。贵州的节日非常多，达1030多个，节日的规模可大可小，意义也不相同。节日的表现形式也五花八门，有斗牛的、舞草龙的、踩铜鼓的、吹芦笙的、斗雀的，等等，这时候的苗乡侗寨、布依村落对于世人来说就是一个古老的、神秘的神话世界，是一座天然的艺术博物馆。祭祀对大家来说是一种神秘的事物，它是对祖先的崇拜，对大自然的祈福，祭祀的规仪主要表现在祝祷礼拜和祭献上面，祭祀行为往往凝聚着这个民族的自己的精神与理想。在贵州，大多数民族现在还依然保留着最古老的祭祀文化，因此祭祀是一个民族的重要内容，在这个民族中占有重要的地位，人们以此来祈求祖先的保佑，在这些民族祭祀中，比较出名的有彝族的"撮泰吉"祭祀、土家族的"傩戏"祭祀、苗族的"招龙引龙"祭祀等，这些祭祀构成了这个民族独特的民族风俗，推动了民族村寨旅游的发展。

（二）贵州民族村寨旅游的资源特征

1. 原始性

贵州的大部分民族村寨的风俗习惯保留了其原有的风貌，景观也非常独特，很具有神秘感，给予世人与自己生活的强烈对比和新奇方面的刺激感，如水城海发苗寨。

2. 独特性

贵州的很多民族都有自己独特的民风，长时期的发展形成了自己独特的民俗。苗族、侗族的节庆服饰、建筑都很有自己的特色，在全国范围内甚至全世界都很有自己的独特性。

3. 垄断性

在贵州众多的旅游宝库中，不论是在山水还是人文古迹方面，具有很多神秘性强的、很有奇特性的、垄断性方面的景观，这些都构成了我国民族资源方面的极品，比如肇兴的侗寨、雷山的很多苗寨等。

4. 互补性与组合性

在贵州，很多民族资源与它们所在的森林、自然景观紧紧地融合在一起，有很强的互补性，特别是自然景观和民族风情融合在一起，避免了景观的同质性与单一性，这些地方的自然景观、民族风情与历史文化方面的资源集中在一起构成了一幅幅优美的画卷。还有就是这些地方的森林公园、地质公园、水利旅游方面的资源、千面的自然景观、民族聚集区域融合在一起，形成了良好的组合性与互补性。

三、贵州省民族村寨发展旅游的优势

（一）具有优势的资源

我国历经了40多年改革开放的经济发展，在经济发展方面取得了举世瞩目的成绩。对于贵州来说，有着丰富的民族旅游资源，有浓厚的民族文化，所以有很大的资源优势，这些都为民族村寨发展旅游提供了经济的、资源的保障。尽管贵州改革开放也已经有40多年的历史，但是在发展经济的同时，民族的各种资源很完好地保存了下来，这些有着很丰富的文化内涵，同时也能为游客呈现出少数民族所独特的文化大餐，吸引大量的游客进入贵州，推动了贵州省的民族村寨旅游的发展。从自然资源的角度来看，贵州省的民族村寨都在偏远地区，那里风景优美，有着各种原始的风貌，自然资源也非常的丰富，这些同样也推动了民族村寨旅游的发展。从人文资源的角度来看，贵州省的少数民族众多，民族资源尤为丰富，各民族在贵州地区竞相开放，为民族村寨旅游的发展奠定了坚实的基础。

（二）很好的自然气候

贵州省位于我国的西南地区，它的气候属于亚热带季风气候，在这里，不仅没有严冬，更没有酷暑，这些都使得贵州的气候具有得天独厚的优势，即使在非常热的7月，它的平均温度最高也就是28℃，不仅气候非常适宜居住，而且整个贵州省的空气都很好，这些都是最适合人类生活的区域，这些也都成为全国旅游的首选地。近些年来，经济发展了，人们的生活水平提高了，大家对生态方面的要求提高了，而我们贵州省完全可以凭借自己的气候优势，成为全国乃至全世界的旅游首选地，实现经济的快速发展。

（三）良好的区位优势

我们是一个多民族的国家，每个民族的民俗都不一样，所以形成了非常丰富多彩的民族文化。拿贵州省来讲，这里有49个民族，有着非常淳朴的民俗民风，有着非常浓厚的民族文化，有着不一样的乡土气息，这些都成为吸引游客的重要资源。贵州省尽管经济不是很发达，但是在党的领导和国家的重视下，在国家政策的支持下，交通方面的建设取得了非常好的成绩，基本上是县县通高速、村村

四、贵州省民族村寨旅游的发展现状

现阶段民族村寨旅游已经是各省发展旅游业的很重要的形式之一，贵州世居的少数民族有17个，少数民族占总人口的1/3以上，其中有3个民族自治州，11个民族自治县，254个民族乡。贵州的民族文化是非常丰富而且是非常独特的，村寨里的景色优美而且非常迷人，村寨的自然、生态和人文资源具有异质性、独特性、多样性的特点，这些拥有很强的观赏价值、文化价值与体验价值，贵州原生态的自然资源和文化资源保存得比较好，这些使贵州拥有别具一格的、与众不同的、能给旅客带来全新体验的民族村寨，这些使贵州拥有国家级甚至是世界性的旅游市场的潜力，这些能为贵州开发具有世界性的民族旅游产品提供很好的条件。贵州在20世纪80年代初，在黔东南、安顺等地选取了8个民族村寨进行村寨旅游的实践同时得到了非常不错的成绩。贵州于1991年首先提出了"旅游扶贫"的观念，选取了126个村寨开展民族村寨旅游，通过旅游给这些贫困地区提供就业。通过将近30年的发展，贵州省的民族村寨旅游从边缘走向了旅游市场的中心位置。到目前为止，贵州省开展民族村寨旅游的村寨已经多达4000多个，其中100多个民族村寨发展得非常好，比较出名的有雷山县的西江千户苗寨、朗德苗寨、黎平县的肇兴侗寨等，这些村寨每年创造大量的收入，并且提供了大量的就业，可以这样说，"以旅促农""以旅富农"的旅游方面的效应在这些村寨已经具备了很大的成效，贵州地区已经成为全国旅游方面的热点区域，可以说旅游产业已经成为贵州省的支柱产业。

第三节 贵州省民族村寨旅游个案研究

一、岜沙苗寨开展村寨旅游的基本情况

（一）岜沙苗寨的基本情况

岜沙苗寨坐落在贵州省黔东南州从江县丙妹镇境内，地处月亮山山脉，与

县城的距离为 7.5 公里，它的平均海拔为 500 米，岜沙苗寨已经具有将近 1000 年的历史了，是由 5 个自然村寨组成，村寨有村民 513 户，有 2458 人。岜沙苗寨具有优美的生态环境，寨内有很多参天大树，这些大树遮住了刺眼的阳光，行走在寨内的乡间小路上就像是走在原始森林里，这里随处可以看见瓜果菜蔬，土地也没有进行规整的处理，这是属于岜沙苗寨独特的生态观。岜沙苗寨的汉子头顶很独特的"户棍"发型，刀不离身，就像是守卫苗寨的战士，因此世人们喜欢将岜沙苗寨和神秘、孤岛文化联系起来，岜沙苗寨已经成为当今非常具有神秘色彩的苗族村寨，甚至被称为苗族文化的"活化石"。

岜沙苗寨被认为是"最后的枪手部落"。苗寨里面的男性一般都有定制的猎枪并且随身佩带，他们还有一个传统的习惯就是头顶蓄发，叫"户棍"，这种蓄发会伴随这个男性的一生，并且不能轻易地剃除。岜沙苗寨还保留有成人礼的习惯，被称为"补荡"，男女到十五岁就可以搞"补荡"，这对于岜沙人来说是不可缺少的最为重大的仪式，这是标志着他们已经成人了，要独立了。猎枪从以前用来打猎变成了现在的饰物，成了迎宾送客的"礼枪"，猎枪虽然对于岜沙人来说没有以前的作用了，但仍然是他们的一种精神寄托。相对于岜沙人来说，他们具有一套自己的村规来对触犯规则的人进行惩处。他们将树木当成神灵，认为人的生死是灵魂和肉体在现实世界与远古世界的一种互换与交替，因此岜沙人对林木供奉而且不允许乱砍滥伐，只有保护林木才能获得神灵的护佑。他们把"天人合一"的观念深深地刻在自己的骨子里，这些为他们苗寨得来了中国"最后的枪手部落""苗族文化的活化石"等这样的赞誉，同时还有"全国历史文化名村""中国乡村旅游模范村"这样的称号，岜沙苗寨已经成为贵州旅游一道亮丽的风景线。

（二）岜沙苗寨旅游的发展状况

岜沙苗寨在旅游资源方面是非常丰富的，不仅表现在自然、生态资源方面，还表现在人文资源方面，如自然、生态资源、珍贵的药材、大面积的森林、古树、特色代表文化、建筑方面的文化、服饰方面的文化等。园林与药材资源保存得很完好是因为岜沙人非常崇尚大自然，非常敬畏生命，他们认为珍贵的各种药材、山上的野生菌、大面积的森林，这些都是大自然对他们的馈赠。特色代表文化主要讲的是前面讲过的"户棍"、鸣枪迎宾与树葬文化；服饰方面的文化则

第六章 民族村寨旅游高质量发展研究

是岜沙女性穿着的一种手工百褶裙，这是一种从纺、织、染、缝纫到绣花都是自己手工做的；建筑方面的文化则是岜沙苗寨很独具特色的，吊脚楼与干栏式建筑非常错落有致。民族文化方面的资源有工艺品、传统艺术、节日、自己的语言，传统艺术方面的代表就是非常出名的芦笙舞；传统工艺品就是他们自己的苗绣、独特的染布、非常独特的银饰锻造技艺以及具有民族特色的芦笙制作技艺；传统的节日很多，前面已经提过了；语言就是他们自己独有的苗语。

岜沙苗寨的第一支考察队伍始于1995年的日本考察团，他们对岜沙文化及其"户棍"发型进行了解，开启了岜沙的第一次群体表演。在2004年政府修建了从县城到岜沙的柏油马路，至2013年各项基础设施的建设已经初步完成，而旅游发展也有了一定的规模，2014年从江旅游公司正式进入岜沙，这些都为岜沙村寨旅游的发展带来了机遇，这里的游客数量逐年增长，旅游收入不断增长，旅游发展得如火如荼。

在旅游接待上，岜沙苗寨景区的农家乐和住宿联体营业的有7家，床位有近100多个，这些可以满足游客餐饮和住宿的需要。同时景区内设有一个文化方面的陈列室，陈列室里面展示的人文方面的图片主要是由著名摄影家卢献艺拍摄的，名字叫《一个枪手的葬礼》，向世人展示了岜沙苗寨关于猎枪的文化，充满了民族风情。岜沙苗寨旅游和其他村寨不一样，是属于集体所有制，发展旅游的目标是扶贫。苗寨的收入主要由三块构成，分别是门票收入、文艺表演收入和商业性的开发收入，其中门票收入和文艺表演的收入都是由旅游局收取，到年终的时候把收取的年收入的1/10分给村里，由村里进行统一分配，同时苗寨的表演方面每天有3场表演，其中不论有多少寨民参加，2017表演队每天的收入为5000元，由表演参与者进行分配，节假日另外按照合同进行分配。

随着旅游的发展，寨民参与旅游工作的人数不断增加，当然游客也不断增加，旅游带来的收入也不断增加，比如，表演队由2003年的每人每天固定的收入50元增加到70元左右；到现在的分配有了改变，2016年表演队每天4 000元进行分配，2017年的5 000元进行分配，不论表演队有多少人。当然直接参与到苗寨旅游的人数也大幅增加了，由开始的80人左右到现在的570人左右，人数占到全寨人数的23%左右，他们分别是景区需要的工作人员、餐饮食宿接待、表演队演出人员、民族旅游工艺品的销售人员等，这些都参与到苗寨的旅游中来，同时也带来了寨民收入的增加。

（三）岜沙苗寨发展民族旅游存在的问题

1. 产品体系不太健全，产业要素未能整治

一个旅游区，旅游产品的质量是影响旅游发展的重要因素之一。如果旅游产品的体系不太健全的话就会使得旅游缺乏趣味性，影响游客的体验性，大大降低了民族村寨旅游的魅力。经过实地走访得知，岜沙苗寨的旅游资源没有进行有效的开发，已开发的旅游产品有附加值低、同质化严重的缺点，这种属于初级阶段旅游产品的开发在现阶段的旅游已经无法在市场竞争中取得优势，更无法构建强有力的旅游品牌。岜沙苗寨中的产业带动效应和融合效益做得不是很好，使得苗寨的产业单一而且不是很完整，从而不能拉动民生效应和就业，苗寨里的各种生产要素没有得到合理的配置，一定程度上造成了资源的浪费。关于旅游六要素是指食、住、行、游、购、娱，但是当前苗寨旅游六要素能够涉及的要素的基础比较薄弱，从而缺乏核心竞争力。岜沙苗寨的旅游项目主要是让游客有原汁原味的民族体验，因此在项目的各方面都有比较高的要求，如种类、质量及数量方面，但是游客在岜沙苗寨中观看的节目少、体验的项目少，没有什么新意，这些都会造成旅游没有体验性、趣味性、参与性等，在一定程度上影响了岜沙苗寨旅游的可持续发展。以民族文化体验为例，在苗寨的表演上，节目数量比较少同时经常缺乏更新，只是芦笙舞、寨门迎宾、枪舞、苗族婚俗这几个，有时候因没有经过专业方面的培训，大大影响了游客的观赏性需求和体验性需求。苗寨内严重缺乏娱乐性体验项目、参与性体验项目以及休闲性体验项目。这些项目，如果游客没有深入去体验、去参与、去感受，这些都会影响游客的感受，这样苗寨的可持续发展就会受到影响，所以，民族村寨旅游的转型升级已经迫在眉睫。同时旅游产业并不是独立的产业，它是一个具有很强关联性的产业，仅仅靠目前单独的旅游项目根本不能推进整个村寨的经济发展，更不用说对它周边地区的经济辐射作用了，因此，必须将旅游业与村寨相关联的其他产业结合起来，如种植业、手工业、养殖业、加工业等，在村寨里形成一个旅游业带动相关的产业一起发展，实现多赢的局面，在一定程度上改变岜沙苗寨旅游的生命周期所处的阶段，从而打造自身独有的旅游模式。

2. 村寨旅游寨民参与度不高，缺少一定的话语权

随着经济的高度发展，对人的主观能动性的要求也越来越高，在发展村寨旅游的过程中形成的民族风情也好、景观也罢，这些都是其中的人有意或者是无意活动的产物。社区参与指的是其中的权利人经过一些合法的程序打开正常利益诉求的一个途径，能在一定程度上壮大旅游的经营规模、保持自身文化的特色、增加旅游方面的效益，同时能推进经济和社会的和谐发展，而社区的乡土性这个特点从而决定了社区参与对于利益分配的公平性更加有利。目前限制岜沙苗寨旅游发展的一个很重要的因素就是社区居民参与度不高，在苗寨旅游中,景区的经营管理主要是由政府与企业共同完成的,当然企业占据主要的地位,而寨民已经逐渐被边缘化了。苗寨的寨民开始不太愿意当然也缺少参与的机会，因此对于苗寨的旅游规划、旅游的接待等各个方面都处于比较被动的位置，寨民没有主动地、积极地参与到苗寨旅游各个项目中，这些都会影响游客的体验。社区参与度高可以起到增加寨民收入、提升村寨旅游质量、达到旅游的和谐发展、形成旅游资源与环境保护方面的一道屏障。要让寨民参与到村寨旅游的各个项目中，岜沙苗寨的村委会应该加大这方面的教育力度，协调好寨民、企业与政府之间的关系,努力化解已经存在的各种矛盾和冲突,因为只有寨民感到满意了，他们的收入提高了，我们的村寨旅游才能有一个和谐的环境，才能真真正正地达到岜沙苗寨旅游的经济、社会、文化环境相统一。

3. 苗寨传统文化功能弱化，亟待深入挖掘

岜沙苗寨的民族文化在整个生活中对这个社会有协调方面的功能、对寨民来说有很大的向心力与教化方面的功能、对整个村寨有凝聚、组织方面的功能与创新方面的功能。人对于文化的创造不仅仅是满足精神方面的需要，还需要满足物质生活方面的需要。岜沙苗寨虽然开发得比较早，但是岜沙文化的保留的比较完整，比如"树葬"文化、"带枪"文化，或者是岜沙苗寨自己所独有的寨规，这些都形成了岜沙苗寨所特有的魅力。人才是文化的创造的主体，同时也是传承文化的载体，在长期的整个旅游开发中岜沙苗寨的文化必然会遭遇到外来强势文化的影响，寨民们可能会渐渐地对自己的文化失去自信，因此大大地降低了自身文化的约束力。目前，岜沙苗寨旅游还是缺乏对自身传统文化的深度挖掘，只是停留在一些表面的层次，如节目表演与导游的解说等，文化和

其他的相关产业与活动融合度都很低，这些总是缺少文化性与深刻性，从而使得文化没有很好地体现出它的经济价值、历史价值与艺术价值，更没有办法实现它的创新方面与拓展方面的功能。在民族村寨文化振兴方面，不仅需要加强自身传统文化的生命力，而且还需要适当地吸收外来文化的好的地方，在一定程度上推动自身传统文化的保护和传承的同时推动人文价值方面向经济价值方面的转变，从而达到经济、社会和文化的多方面发展，打造出岜沙苗寨文化的精品，进而实现巩固脱贫攻坚和乡村振兴。

4. 苗寨专业人才紧缺，服务水平比较低

随着经济的发展、人们生活水平的提高，旅游的需求市场也在不断地变化，现阶段的游客已经不仅只是满足于单一的观光、走马观花式的旅游方式，他们需要的是回归大自然、求新、求变、求异、求奇、求知、求体验以及求参与等旅游方式。而旅游经营管理方面的人才质量决定了旅客旅游的参与度、体验度、心理方面的认同度与整个景区的口碑，在岜沙苗寨旅游的过程中，存在人才短缺的问题，第一是因为岜沙苗寨的服务人员以当地的寨民为主，他们没有经过很系统、专业的培训，旅游开发商由于人才的缺乏没有很敏锐的市场辨识能力，无法实现企业管理理念规范化、标准化经营。岜沙苗寨寨民的生活环境比较闭塞、信息的沟通交流不是很畅顺，从而使得他们的观念认识不是很到位，在整个工作中缺乏主动意识、主导意识、长远意识、创新方面的意识，他们习惯了依赖政府与一味地等待，无法抓住发展的机遇让村寨旅游及时转型，从而导致岜沙苗寨的旅游吸引力的下降。第二是岜沙苗寨的旅游是一种自上而下的经营管理模式，在这个旅游管理的过程中忽视了寨民的主动参与、学习、培训，又没有去外面引进相关人才，使得旅游方面的人才紧缺，他们没有能够意识到游客需求的转变，也没有进行比较系统的营销管理的培训，根本没有办法进行市场方面的运作。在一定程度上来说，寨民的参与度与景区的管理直接影响着村寨旅游的发展，因此提升旅游管理方面的人才质量与人才素养才是发展旅游的关键之处。

5. 苗寨旅游基础设施不完善，旅游接待能力不足

经济的快速发展与日益丰富的物质条件在一定程度上加大了人们的精神方面的需求，而现阶段全民旅游已经日渐成为旅游产业的大趋势。关于对旅游业六大要素中住、游、食中的关联性方面以及它们的质量要求方面日渐提高，民

族村寨游的基础设施方面的好坏也已经成为竞争力和吸引力的一部分,在基础设施方面,岜沙苗寨做得不是很好,尽管游客的数量每年都在增加,但是很多问题制约着苗寨旅游的发展:第一是餐馆、住宿少且质量也不是很高;第二是公共厕所少,景区只有一处比较标准的公厕,而且还远离中心旅游区域;第三是整个村寨很大,但是景区开发的区域比较小,旅客没有比较大的休息和活动场地;第四是景区的自来水很难进行持续供应,人饮工程基本上能满足,但是没有办法加大供应,因此制约着景区的扩大;第五就是岜沙苗寨的建筑属于木质结构并且排列得比较密,存在很大的安全隐患。因此岜沙苗寨的不完善的基础设施在一定程度上会降低旅游的接待能力,还会影响游客的体验感,还会降低岜沙苗寨的吸引力,甚至还会影响游客对景区的评价,这些都限制了岜沙苗寨旅游的发展。旅游产业是一个产业关联性强、市场需求弹性比较大、旅客感受敏感度比较高的综合性的产业,牵一发而动全身,旅游当地的基础设施方面的建设既可以提升当地寨民的生活质量,又是村寨旅游高质量发展不可或缺的最为重要的因素。

6.苗寨的资金投入有限,景区规划有待提升

一个旅游景区的规划与开发包括景区景点开发、对现有资源的保护、基础设施改善、相关从业人员培训、市场营销等很多因素,所以,民族村寨的旅游要想发展得好,就必须有足够的资金的支持,如果没有足够的资金支持,民族村寨旅游在发展过程中就会面临很多问题。在岜沙苗寨旅游的发展过程中,一直有资金不足的问题,因为资金不足使得岜沙苗寨的旅游开发过程中缺少一定的内涵与深度,根本没有办法对旅客形成持续性的吸引力。在景点和景区的宣传与营销方面一直后劲不足,在基础设施方面也跟不上苗寨旅游的发展速度,对旅游从业人员的培训也不足,这些都使得岜沙苗寨的旅游供给一直停留在初级的阶段。总而言之,在整个景区的开发、规划与经营管理上,首先应分析自身所处的旅游的哪个阶段,然后对症下药。岜沙苗寨应该鼓励社会资本参与到村寨的旅游开发中来,要有大局观,在资金使用方面一定要有重点和针对性。

二、西江苗寨开展村寨旅游的基本情况

西江千户苗寨地处贵州省黔东南州雷山县境内,离雷山县城 36 公里左右,

离凯里市 35 公里左右，离省会贵阳 260 公里左右。整个西江苗寨主要是由 10 多个自然村寨构成的，是当前国内最大的苗寨，有 1 460 户左右，6 000 多人，整个苗族人口占 99.5%。西江苗寨境内有白水河，上游地区有大量的梯田，因为受到地形的制约，当地的建筑主要是以木质结构的吊脚楼为主，有近千户吊脚楼此起彼伏，非常壮观。寨民依照自身的信仰和习俗，每个村寨的坡头基本上种了很多枫树作为这个寨子的护寨树，这些已经是西江很出名的自然景观了。西江苗寨有很浓厚的文化底蕴，很多传统的文化保存得比较完好，比如苗族服饰、饮食、建筑、语言等。西江苗寨优美的自然环境、独具特色的苗族文化、比较传统的农耕文化吸引了全世界的游客前来。那么，西江苗寨开展旅游过程中存在哪些问题呢？

1. 苗寨的旅游产品结构过于单一

目前，西江苗寨的旅游依然是停留在走马观花式的观光游为主，旅游产品的结构过于单一，并且产品的层次不是很高。旅游公司的开发就是在景区开酒店、开餐厅、进行特色歌舞表演等，根本没有形成自己的产业链，产品严重缺乏创新。旅客来景区旅游感受到的并不是他们认为的原汁原味的苗族当地特色，这些是通过公司进行包装的，因此对游客的吸引力大大降低了。

2. 景区内部形成同业恶性竞争

西江苗寨旅游的迅猛发展拉动了苗寨的经济增长，有一部分寨民在景区内开设农家乐、开设旅馆、售卖纪念品等。因为同类型的店铺越来越多，在整个景区内就形成了恶性竞争。依据一些走访得知，景区的旅馆从开始的几十家到 2019 年的 200 多家，因为旅客同类型的选择多，大量的店铺生意不像以前那么好，淡季更加不好，大部分店铺选择的是以旺季养淡季。

3. 当地居民参与度不高

西江苗寨景区的开发、规划、经营与管理都是通过当地政府与旅游公司来进行的。这个景区的主体、民族文化的载体是本地寨民，他们根本没有参与到景区的开发与经营管理中来。通过走访得知，大部分寨民，特别是年龄超过 45 岁的基本上都认为开发与管理景区是政府与公司的事情，跟他们没有的关系。20~45 岁的寨民日渐认识到自身的主体作用，但不知道怎么去做。西江苗寨的居民参与度比较低，在游客前来旅游的时候，寨民和游客之间沟通交流比较少，没有把苗家热情的一面充分展现出来。

4.苗寨环境破坏比较严重

很多传统村寨进行旅游开发的时候存在只追求经济利益的情况，因为寨民自身的保护意识不强，许多苗寨可能存在先开发后保护的情况，由于后面的保护资金没有到位，保护方面的工作做得不是很好，因此使得有些传统村寨经过旅游开发后受到严重的破坏。由于我国经济的发展，人们的生活水平日益提升，目前旅游业开展得如火如荼，因此到村寨来旅游的人一天比一天多，但是随之而来的是他们也确实对村寨进行了严重的破坏，而且情况越来越严重。根据走访得知，很多寨民也认为西江苗寨进行旅游开发之后对他们有很大的影响：第一是经济发展了，互联网普及了，外面的人进来以后，沟通交流多了，他们的视野也扩展了。第二是外来文化对寨民产生了非常大的冲击。随着西江苗寨的知名度不断上升，游客量暴增，他们的白水河不像以往那么清澈了，以前的白水河里有很多当地来游泳的寨民，现在的白水河里有很多垃圾，当然现在河水污染也日渐引起了当地寨民和政府的重视，对污染的整治也提上日程。第三是景区的不当规划、管理，普遍存在乱搭乱建的现象，特别是很多新建的房子太高，遮住了后面的建筑，在一定程度上破坏了整体环境的协调与美观。

第四节　贵州省民族村寨旅游高质量发展路径选择

一、健全旅游产品体系，实现产业融合发展

现阶段民族村寨旅游高质量发展的目标主要是对旅游产业和产品进行升级换代。当前贵州省的村寨旅游产品的开发并不是很足，旅游项目的数量也是不多，在旅游产业融合方面做得也不是很好，对其他产业的带动后劲明显不足。要想实现贵州省民族村寨旅游高质量发展，对民族村寨旅游进行升级是使村寨旅游快速发展的动力，要从以下几个方面入手：第一是健全旅游产品体系，加大力量开发本土自身的产品。在开发整个旅游产品的时候比较重视原生性与和谐性，要增加这些产品的文化方面的内涵，从而来提高产品自身的本土性和独特性。在确保旅游产品本土性的前提下统一规划，在现在已有资源的整合下开

发产品，这样才会表现出独特性，通过实行差异化的生产方面的战略，同时加大产品的数量，提高产品的质量，实施旅游产品多层次化、精品化与多元化发展，在一定程度上优化了旅游产品的结构。第二是整合产业的要素发展，实施产业间的融合发展。在发展村寨旅游的过程中要实施产业各要素的整合来推动经济发展，增加就业，带动民生，让村寨的各种生产力与各种资源得到合理的配置，从横向和纵向不断的延长和扩开产业链，从而使产业链从低端产业走向高端产业。这里要实施旅游产业和农业之间的融合发展，生产并且创造出多样性的旅游产品，其中可以通过利用农业方面的生产与闲置的资源开展一些项目，从而达到旅游产业与农业的融合。还要根据村寨当地的实际情况推动旅游商品的开发，比如刺绣工艺、蜡染制作等，在有些景区可以适当地开展现场制作与销售，增强游客体验性。通过这些工作推动贵州省的村寨旅游的高质量发展，在脱贫攻坚与乡村振兴的有效衔接过程中，巩固脱贫攻坚成果，实现乡村振兴。

二、推动民族文化保护与传承，实现传统文化融合发展

民族村寨文化能够使旅游产业得到发展，经济效应得到一定程度的提高，是一种优势资源。而乡村振兴不仅需要实现物质的文明，更需要实现精神的文明，对于民族村寨来说它们的精神文明主要是在村寨所特有的传统文化、风情、习俗方面，怎么才能实现民族村寨文化的振兴，需要把乡村振兴和传统的文化相融合。随着村寨旅游的快速发展，村寨的传统的乡土文化和它原有的自身的社会伦理道德遭遇到一些挑战，现在社会上经济至上、消费主义等理念模糊了村寨的传统文化的教化方面的功能，比如说：村寨的人情社会日渐瓦解，自身的乡土文化逐渐萎缩。所以需要进一步审视村寨的民族文化价值，需要从村寨民族文化保护和传承、传统文化融合等方面入手：第一是推动民族文化的保护和传承。现在的民族村寨是一个活着的民族文化的基因库，贵州省有很多民族村寨，这些都需要需要保护和传承。对于里面的传统的建筑文化，需要在不损坏原有的建筑景观的情况下还要改进现在的居住条件。民族村寨的非物质文化遗产有传统的舞蹈、传统的音乐与传统的节日等，在不影响寨民生活与发展的情况下去保护和传承它。第二是推进村寨传统文化的融合发展。贵州省在发展民族村寨旅游时不仅需要保留文化的乡土性与民族性，还需要加大传统文化的包容性

和开放性，在旅游开发过程中会与其他地方的文化、主流文化进行强烈碰撞的时候适当地吸收有利的因子进入村寨的文化里面，让村寨文化得到更好的发展。通过对乡村文化的价值进一步认识实行保护与传承的重要性，在一定程度上推进文化的融合发展，巩固脱贫攻坚成果，实现乡村振兴。

三、加大人才培养力度

人才是发展民族村寨旅游的很重要的一个点，人才素养和质量的高低与否可以在一定程度上决定旅游业的发展能否进行横向拉长与纵向扩宽。贵州省的大部分民族村寨在人才方面都是极度紧缺的，贵州省要实现民族村寨高质量发展就必须立意深远，有目的的、有计划的、有重点的实施人才培养机制，应该从以下几个方面着手：第一是经过内部的培训激发内生人才动力。在贵州省各大村寨很多寨民为游客提供各种旅游服务，他们与游客直接接触，所以应该从村寨内部出发，提高这些寨民的文化素质，其中可以发挥寨内领头人的作用，由政府或者旅游公司组织村寨精英人士来对寨民进行定期培训或者谈心交流，选拔其中文化程度比较高的寨内人士负责相关工作，因为可以解决语言不通的问题，更加容易了解寨民的想法，更加能够精确地实施教育，激发他们的热情。第二是通过外部引进人才。贵州省要实现村寨旅游高质量发展还需要从外部引进经营管理类人才、市场营销类人才、各种相关类技术人才，可以与高校合作，适当地开展相关的产学研服务。贵州有很多高校，高校开设的很多专业都符合与村寨游开展产学研服务。可以通过高校的相关专业的学生到村寨中进行实习，这样可以增加学生的实践方面的经验，也可以为村寨培养很多预备人才。还可以直接引进和招聘所需要的各种人才，给他们提供不错的待遇和福利，留住所需要的人才。第三是双管齐下共同努力人才振兴。发展民族村寨旅游，建设自身的美丽家园，让乡村更加有吸引力，让农村的各产业能够吸引农民返乡创业、大学生回乡创业，可以通过内部培养和外部引进两种方式增加人才，来确保村寨旅游产业的可持续发展，推进村寨建设成果。

四、加强基础设施建设

基础设施的建设关系到能否吸引游客过来消费，能否提高游客的体验度与满意度，因此基础设施的建设非常重要。现阶段贵州省的民族村寨旅游发展得如火如荼，但是基础设施的发展跟民族村寨旅游的发展速度不匹配，所以还是需要大力发展基础设施。通过改善基础设施的建设，提高村寨旅游的服务质量。村寨的基础设施既可以成为旅游景点，还可以为寨民提供一些社会服务，因此村寨的基础设施建设的好坏能影响游客的接待与后期旅游产业的发展。所以村寨旅游的基础设施对村寨旅游的发展非常重要，一是利用政府的相关政策和资金来发展村寨的基础设施，还要引进外面的资源，让社会资本参与到村寨建设。二是在有些发展得比较好的村寨对村寨的酒店、饭店等进行星级评级，鼓励它们实行标准化的建设提高服务水平。三是要做好基本设施，停车场、公厕、路灯、指示牌、步道等基本设施要体现民族特色。

五、全面系统规划，引导各方资金参与

现阶段市场对旅游有非常大的需求，国家政策也对乡村旅游有很大的倾斜，所以各省市都掀起了一股乡村旅游热潮，但是在这么多的竞争中，急功近利并不是长久之计，可能会导致人民生活的恶化与环境的破坏，所以贵州省想要实现民族村寨旅游高质量发展需要事先做规划，这样民族村寨旅游的发展才能可持续。

1. 全面系统规划，合理实施

首先，需要对村寨的各种资源进行整合，做到心中有数，对村寨的各产业的现状、土地利用方面、山水人文方面、基础设施方面等进行统一的协调规划，需做到因地制宜。其次，要不断强调规划的可行性和可操作性。将整体的规划进行细化，把它变成确定性的、可执行的计划。

2. 适时引导各方资金参与

贵州省的民族村寨旅游要想实现高质量发展需要投入大量的资金，首先，要得到政府的支持得到资金。其次通过招商引资，指引企业与村寨合作，投入有潜力的项目。最后，扩宽融资渠道，鼓励社会资本参与民族村寨建设，在一定程度上构成多元化的资金投入制度，鼓励和引导企事业单位、社会团体、社会捐款与PPP融资模式等，实行多主体参与村寨建设，为贵州省的民族村寨旅游实现高质量发展提供充足的资金保证，这样才能巩固脱贫攻坚成果，才能实现乡村振兴。

下 篇
乡村振兴解难题

第七章　易地扶贫搬迁居民社会适应相关问题研究

在实施精准扶贫进程中，易地扶贫搬迁作为重要的抓手，是重要的脱贫措施，是"五个一批"工程里的重要一环，是一项重大的民生工程。《全国"十三五"易地扶贫搬迁规划》中提出：为了使由于"一方水土养不起一方人"而致贫的地区能顺利脱贫，要对贫困人口进行易地扶贫搬迁工作。

贵州易地扶贫搬迁工程的目标是推进农户精准脱贫，而搬迁后的居民社会适应问题关乎该项工程的成败，对于贵州易地扶贫搬迁居民适应问题开展的研究，与易地扶贫搬迁"后半篇"的现实需求相呼应。易地扶贫搬迁居民的社会适应是个系统工程，需要从总体到部分再到总体的剖析思路，故而如何从居民需求出发系统地建构社会工作服务体系应作为新的突破口。本章旨在就此作出改进，指明应予关注和介入的现实根据，给出社会适应问题的具体表现，分析其原因所在，提供保障满足居民需求的工作机制与服务措施，从而在研究易地扶贫搬迁领域作出应有贡献。

第一节　贵州省易地扶贫搬迁居民的社会适应状况

居民从农村搬迁到城镇，原有的生活方式、社会交往等发生改变，所处的社区环境发生改变，搬迁居民在新的环境中必定会经历生理、心理和社会的适应阶段，会经历由于易地扶贫搬迁而带来的特殊再社会化过程，急需在搬迁社区建构新的社会支持体系。在个体个性特征的基础上，各个群体也会凸显出一些共性特征，在被动改变生活环境的过程中，需要在生活方式、生产方式、心理和人际等方面进行调适，以便能与新的环境相融合，真正实现"搬得出、稳得住、可发展、能致富"。本研究选取均属易地扶贫搬迁新设街道并均已有社工站服务的 64 个街道为调查对象，结合已有文献资料，从设计专业社会服务的角度出发，厘清以儿童、老人和妇女为典型代表的弱势群体的突出的社会适应问题。

一、易地扶贫搬迁儿童突出的社会适应问题

相比成年人，儿童跟随父母搬迁到新社区后，由于其处于不成熟的发展阶段，对于搬迁带来的变化缺乏预见性和计划性，其社会适应的问题相较于其他群体有一定的特殊性。

（一）适应休闲娱乐方式转变的现实困境

从原本生活的农村搬迁到集中安置的城镇社区，社区配备了相应的娱乐设施设备和场所，对比农村原有的休闲娱乐，搬迁社区的儿童娱乐方式变得多样化，但也相应地对儿童适应新的休闲娱乐场所和方式带来了挑战。一方面是需要学习搬迁社区新的休闲娱乐方式，从儿童群体来看，学习新的娱乐方式对儿童来说不会有太大的困难，只是在学习速度和喜好方面存在个体差异；另一方面是原本在农村使用的休闲娱乐方式与搬迁社区公共空间使用要求之间的冲突。如某搬迁社区社工提到，该社区是新入住社区，经常发现社区儿童会攀爬社区的绿化树、折树枝作为游戏的工具等情况，出现部分沿用原有在农村的游戏方式破坏社区公共空间规则的情况。搬迁儿童的休闲娱乐方式需要及时调适以适应新的环境。

（二）适应公共空间规则对行为的规范要求

儿童脱离原来公共空间意义不明显的农村生活环境，原有的一套生活行为方式来到城镇集中安置社区后，出现明显的适应不良。在城镇集中安置社区，有着明显的公共空间规则，对生活在其中的人群有相较统一的规范要求，而搬迁儿童住进城镇社区后，公共空间的意义愈加明显，儿童原本的行为习惯难免会出现"水土不服"，公共规则意识还未完全建立起来，出现滥用公共物品、破坏公共设施等情况，行为习惯与新的规则出现冲突，不仅容易引发各种矛盾纠纷，也对儿童适应城镇社区生活带来阻碍。

（三）搬迁社区留守状态带来新的心理适应挑战

贫困户家庭搬迁到城镇，脱离了在农村可以提供一定生计的土地，必须寻找其他途径维持生计。在就业扶持政策下，迁入地虽有解决搬迁居民就业问题

的工作岗位，但数量有限，并且因为文化水平、劳动技能等因素的限制，搬迁居民在迁入地很难找到合适的工作，致使搬迁居民选择外出务工，出现大量留守儿童。一方面，留守状态导致儿童缺少父母的陪伴和关爱、面临隔代教育带来的挑战；另一方面，搬迁的现实使儿童需要从内而外进行调适以适应新的生活环境。搬迁和留守的双重外在环境压力必然给儿童的心理带来一定的压力，搬迁社区留守儿童的心理适应问题较为突出。

二、易地扶贫搬迁老人突出的社会适应问题

相比其他群体，搬迁带给老年人的冲击更大。由于老年人老化的特点，尤其是心理的老化，老年人理解问题、解决问题、学习与再学习、情绪调节等方面的能力都呈下降趋势，并产生明显的反应迟缓的现象。故而，在面对易地搬迁时，老年人的社会适应过程显得更加困难。

（一）失去土地带来生计适应的困境

易地搬迁的老年人，失去了赖以生存的土地，造成了"自己虽是农民，但无地可种，导致无事可做"的尴尬困境，尤其是低龄老年人，在农村时，劳动能力可以得到充分发挥，但是，搬迁到城镇后，有劳动能力但不符合城镇就业的条件，老年人的生计出现严重缺失。易地扶贫搬迁的老年人在搬迁前多数以种地为生，搬迁后少数可以打工，绝大多数都是待业在家，靠政府补贴、子女供养。易地扶贫搬迁的老年人从几十年如一日的农民转换成无事可做的"城里人"，面临生计方式的不适应。

（二）生产角色的突变造成生计效能感低

老年人搬入安置社区后，由原来的农村型消费被迫转变成城市型消费，由原本衣食住行基本能自给自足变成"处处要花钱"，对比以前在农村的生活，搬入社区后水电费、物业费、买菜买米等支出急剧增加，老年人的生活成本明显提高，老年人的经济支出负担加重。对照生计来源的缺失，搬迁老年人的消费方式也发生了变化，原本生计来源的缺失和外在经济支出的压力增加，内外的双重压力，搬迁老年人的生计效能感极大降低，老年人的生计无力感加重。

（三）重建关系的人际交往压力大

原本在农村由于地缘、血缘带来的人际关系网络被打破，搬迁到新社区后

需要重组人际关系。由于居住空间和活动方式的变化,人际交往的方式也发生了变化,老年人会出现诸多不适。由于居住环境的改变,老人要出门找人交流互动,需要主动走出家门,到小区公共空间或跟社区居民生活有重叠的空间,才有人际交往的机会,对老年人来说,人际交往的成本增加了。同时,由于搬迁社区是统一规划设计,外形很相似,加之大部分搬迁社区是电梯房,老年人觉得外出存在一定挑战,害怕走错,会认为外出社交的风险增加。

(四)搬迁老年人社区认同感低

由于生产、生活方式和生活环境较以往发生了巨大变化,搬迁老年人原本在农村的人际关系网络被打破。来到搬迁社区后,搬迁老人缺乏亲人的陪伴,得到的情感支持较少,加之重建人际关系的压力和挑战较大,老年人在身体和心理等方面都处于弱势,对变化的反应较迟缓。当生活环境出现较为激烈的变化时,他们面对问题往往表现得更加无所适从。老年人在搬迁社区适应过程中产生消极抵抗情绪,孤独感较强,甚至一些老年人产生搬回老家的想法,对社区缺乏认同感。

三、易地扶贫搬迁妇女突出的社会适应问题

(一)搬迁妇女对家庭生计贡献的压力增大

受传统"男主外女主内"观念的影响,妇女在搬迁之前多承担照顾家庭的主要角色,也包括家庭的农业生产。但搬迁后,农民变市民,脱离了土地,妇女在家中的事务减少了农业生产这部分内容,看起来比在农村时"闲"了很多。同时由于搬迁家庭生计来源减少,出于增加家庭收入的考虑,家庭对搬迁妇女生计贡献的期待发生了改变,部分妇女需要从家庭收入结构中被忽视的一部分向能为家庭增加收入的方向转变。由于生计模式的完全改变,需要重新习得新的生计方式,而搬迁妇女受文化水平、生产技能等因素的限制,要接受新的生计模式,对比搬迁之前,搬迁妇女的生计适应面临巨大的挑战,后续自我发展和自我提升的压力增大。

(二)搬迁妇女生计与照顾家庭的冲突明显

搬迁妇女在生计适应方面较为弱势,尤其是搬迁之前以务农为主的妇女,由于易地扶贫搬迁失去了土地,又苦于缺乏职业技能,大部分搬迁妇女会选择

在家附近打零工，部分留在家里全职照顾家庭等。故而，搬迁妇女面临没有稳定收入来源的困境。

在对居民搬迁前后职业的调查中发现，职业状况变化较大的是不工作的居民比例，搬迁之前不工作的占比为13.69%，而搬迁后不工作的占比增至40.95%。搬迁之前部分原本外出务工的妇女在搬迁之后，会出于照顾孩子和家庭的需要而不能外出务工，这部分妇女也便成为不工作的人群。搬迁妇女在生计和照顾家庭之间被迫选择照顾家庭，由此带来的冲突在搬迁妇女身上体现尤为明显。

四、易地扶贫搬迁家庭突出的社会适应问题

（一）生计困难

搬迁居民的就业情况极大地影响着个人以及家庭的经济来源。在受调查者中，居民搬迁前有61.19%的收入来源于打工，其次为粮食种植和蔬菜种植。搬迁后，依靠打工实现家庭经济来源的占比为77.17%，其次为粮食种植和其他，将打工作为主要的收入来源的情况基本没有改变。在搬迁后，打工获取经济来源的比例在搬迁群众家庭收入中的占比呈上升的趋势，这源于原本在农村还有可以依靠的土地。整体上来看，搬迁群众的收入来源途径较少，而所从事的行业里，搬迁前后均是从事劳动密集型行业，而且搬迁对其工作类型的影响较小，在受调查者中，搬迁前后收入来源其他类型的比例有所上升，被调查者对"其他"收入来源的内容解释为：除调查问题所列的类型之外的其他不稳定的、零散、非持续性的收入来源。在搬迁后，这一收入来源在居民的占比增加，一定程度体现出搬迁群众经济收入来源不稳定性增加。

家庭经济收入来源的变化必然导致家庭经济情况的变化，而搬迁居民对于家庭经济情况的变化是如何看待的，这也是搬迁家庭社会适应的一个重要内容。被调查者中，对家庭经济情况满意程度调查表示，"一般"的占比为58.88%，"不满意"占比为16.82%。从调查数据来看，搬迁家庭经济情况的满意程度状况不佳。而在调查中，成年被调查者均提出搬迁后面临最大的困难就是经济困难，并且是最核心的困难。

（二）搬迁家庭消费结构转变的挑战

搬迁前，农民可以种植粮食、蔬菜，饲养家禽等，粮食、蔬菜和肉类等方面能自给自足，饮食消费的开支较少，尤其是老年人家庭，生活比较节俭，饮食消费支出更是少之又少。在出行消费方面，搬迁前亲戚、朋友大多在本村寨或临近的村寨，出行的机会较少，故而出行消费的支出也较少。

搬迁后，搬迁家庭的饮食消费和出行消费均有明显的改变，饮食消费和出行消费成为家庭日常开支最主要的部分。搬迁居民脱离了原本赖以生存的土地，原有自给自足的基础条件没有了，家庭的粮食、蔬菜、肉、油等均需要花钱购买，消费支出成为家庭必要开支。同时，由于搬迁打破了原本在农村的关系体系，走亲访友大多需要乘坐公共交通工具，出行消费对比搬迁前也有了大幅增长。

由于搬迁带来的家庭消费结构的变化，一方面是消费结构中饮食、出行消费支出的明显增加，另一方面是部分新的开支种类增加，如水电费、物业费。搬迁前，农村的水费仅花费设备费用和较低的维修费等，甚至不花钱；搬迁后，搬迁家庭不能再像以前可以将不花钱的干柴等作为燃料，电费的开支大幅增加，或会增加燃气费用。另外，在搬迁前完全不会涉及的物业费是完全新增的家庭消费种类，对于部分搬迁居民来说，心理上很难接受。总体来看，搬迁家庭的消费结构向多元化方向发展，家庭消费向"城镇型"转变，但由于搬迁家庭的收入还在适应城镇的转变过程中，收入与消费转型未完全一致，一定程度上导致搬迁家庭生计和生活适应的困境。

（三）搬迁家庭原本的关系体系被打破

搬迁之前，农村的关系以血缘关系及以其为纽带建立起的亲缘关系为主，加上地缘而建立起来的以亲戚、邻居为基础的农村社会关系体系。搬迁后，农民搬离世代生活的环境，地域环境发生变化，必然带来亲戚之间的疏离，打破了原本以农村血缘关系而建立起来的亲缘关系。同时，由于居住环境和居住方式的改变，也给搬迁家庭的地缘关系建立提出了新的挑战，需要以新的方式与邻里建立不同于原本在农村的地缘关系。由于搬迁带来的社会流动，搬迁居民的业缘关系也相应发生改变，业缘关系成为家庭关系体系中新的内容，搬迁家庭需要面对新的关系建立和互动方式。

根据调查数据,搬迁居民平日里接触最多的是新认识的朋友,占比为 33.95%,其次是邻居,占比为 30.23%,然后是原来的朋友和亲戚,不经常与他人来往的占 14.42%。

(四)物理空间变化带来家庭关系变化的挑战

搬迁前后对比,最直观的便是家庭物理空间的变化,搬迁前多是"独门独院",一个家庭自成一片天地,不管房间面积大或是小,但整体来看,家庭的活动空间相对比较宽松,比如有供家人活动的院子。但搬迁后,住进楼房,整个家庭的活动空间被压缩在大约人均 20 平方米的楼房里,家庭可活动的空间极大缩减。物理空间的压缩可能会引起心理空间的紧张,尤其是有代际关系的家庭中,由于公共空间的压缩以及家庭活动空间有限,极易引起家庭关系紧张,从而引发家庭矛盾。

(五)社会身份适应困境

搬迁居民变成城镇社区的人,身份快速发生转换,但现实是其内在心理或身份认同很难跟上外在的身份转变。在调查中,对"是否怀念搬迁前居住的地方"这一问题进行调查,42.92% 的被调查者选择"怀念搬迁前居住的地方",有 15.71% 的搬迁居民仍认为自己是农民。虽然搬离了农村,脱离了赖以生存的土地,不再从事农业生产,但已习得的生活方式和价值观念等在搬迁居民身上留下深深的"烙印",加之搬迁居民的特殊身份,他们在城镇的现实处境是还未完全融入城镇生活。尤其是本研究调查的 64 个集中安置社区均在城市周边,与城市有一定距离,空间距离必然带来心理距离,搬迁居民始终认为自己与当地居民有区别。搬迁居民处于两难的处境:搬迁前的身份"烙印"根深蒂固,来到搬迁社区后受到极大冲击;搬迁后新的社会适应还未完全形成,搬迁居民社会身份适应冲突明显。

第二节 贵州省易地扶贫搬迁居民适应的影响因素

本研究以生态系统理论为基础,认为个体受其所处的微观系统、中观系统和宏观系统的综合影响。良好的外在环境系统对个体的发展具有促进作用;反之,不良环境系统会对个体的发展带来阻碍。基于此,本研究强调以个体的发展需求为中心建构起互动良好的生态环境系统。同时，本研究从社会支持理论的视角，审视搬迁个体及其家庭或搬迁群体生态系统中社会支持网络的搭建和利用情况，也将从社会支持视角嵌入搬迁居民生态系统的框架出发，探索搬迁居民支持性生态系统的建构。

易地搬迁后，以搬迁儿童、搬迁老人和搬迁妇女为典型的个体及其家庭脱离原来的农村生活环境，搬迁到集中安置的城镇社区，原本的生态系统完全被打乱或打破。面对全新的生态系统，搬迁居民的社会支持极其单一，大部分仅与家人或搬迁到同一社区的亲戚保持较强联系，而其他正式支持或非正式支持体系还未完整搭建起来，各支持系统之间还未连接起来。在全新的环境系统中，搬迁居民必然面对很多困境和阻碍。

微观系统中个体面对生活场域的变化，个体之间的差异也相应地产生不同反应；中观系统工作生产场域的变化、社会交往的变化、社区环境的变化等是除家庭外对搬迁居民个体影响最直接的要素；宏观系统中的政策、文化等因素以全新的姿态出现在搬迁居民面前，宏观系统对搬迁居民的影响也发生了变化。因此，为促进搬迁居民的社会适应，构建良好的环境系统非常重要。良好的环境系统需要微观、中观、宏观三个系统达到协调平衡，通过调研，整理出各个系统中的几个突出的影响要素，为将各系统对搬迁居民的支持效能激活及将各系统有效联动起来提供干预导向。

一、易地扶贫搬迁居民社会适应的微观系统分析

（一）个体的移民指向

个体因素对搬迁居民社会适应的影响非常大，个体因素的差别是造就千差万别的搬迁社会适应状况的根本性因素，此次调查中发现了一个影响个体社会适应的内在核心要素——移民指向。移民指向是从移民的自我认知上进行分类，对他们从个体出发认为驱使他们搬迁的动机的认知分类：一种是移民搬迁是为了能在生态条件更好的地方生活，搬迁进入环境更适宜人类发展的地方能够更好更快地脱贫致富，这一类搬迁动机趋向于"利己（移民自己）"；另一种是认为搬迁是为了"国家"，例如三峡库区移民搬迁，为了工程或项目的建设或开展而开展的移民搬迁，虽然是将农民搬迁到生活和生产体条件更好的地方，但

在他们看来搬迁仍然是一种"利他"（国家发展或地区发展）的行动。移民指向的差异体现出移民个体对搬迁的认知，"利己"还是"利他"，这一指向判断明显会影响搬迁居民在搬迁社区的生活状态。对搬迁的认知在一定程度上决定了移民是否会主动采取行动适应搬迁的现状。

"利他"指向的搬迁居民更容易出现"等靠要"思想，调查中发现存在部分搬迁居民仍然争当贫困户、低保户的情况。搬迁后，面对扶贫部门为搬迁居民提供的发展生产、就业机会和平台，主观能动性较差，对新环境的抵触心理较强，缺乏自我发展的内在动力。从而，从基础的生计适应到心理适应直至家庭的整体适应均处于被动状态，面对困难更容易退缩和胆怯，对搬迁后的新环境更容易出现不适应甚至抵触的心理，导致个人及其家庭缺失社会适应的内核。

"利己"指向的搬迁居民在面对就业扶持、经济发展支持时，能主动适应具体的政策支持方式的调整，能发挥主观能动性面对搬迁后的挑战和困难，并能从自我调整出发，主动寻求支持，以更加乐观的心态面对发展和未来，因而对搬迁后的新环境表现得更加适应。

（二）个体的受教育程度

个体接受教育是进行社会化的重要途径之一，对个体的社会适应具有非常大的影响力。教育程度的差异对个体的影响在搬迁后表现得更明显，搬迁后，面对城镇化的生产方式和生活方式，文化程度低或对新知识的吸收和学习能力较弱的个体在职业选择和社会参与等方面受限程度较高，对个人的发展和新的适应均会产生影响。受教育水平或学习能力较强的个体在搬迁后，更容易做出合适的自我调整以适应环境，对新的环境的认知和变化也更能找到适应的方式，对搬迁后的新生活表现得更容易接受和适应。

（三）老年个体特殊的归属情感

走访调研中，许多老年人对国家的利好扶贫搬迁政策和措施均表示肯定，对搬迁后更好的生活条件和环境也比较满意。但由于面对自己各方面均"老化"的现实困境，在搬迁后的新社区生活面对诸多不便和不习惯，在适应新环境过程中也存在较大挑战。另外，老年个体对搬迁前老家的情感依赖更强，对搬迁前的居住地有更深的情感依托，对故土有更深的眷恋，加之传统叶落归根的观念，老年个体对搬迁后的社区的归属感较低。老年人的这种反差和矛盾的心理状态必然会影响搬迁后的社会适应。

二、易地扶贫搬迁居民社会适应的中观系统分析

（一）邻里关系

中国有句古话"远亲不如近邻"，特别是在以差序格局为主要特征的农村地区，邻里关系对于农民的社会关系体系和情感寄托具有举足轻重的作用。生活空间对个人及家庭的意义非常重大，但易地搬迁后，搬迁居民原本的邻里空间被打破，面对的是全新的社区管理体系，这必然给搬迁居民的生活带来影响，需要改变原有的生活方式以适应新环境。同时，也急需建构新的关系网络，以适应搬迁后的新生活。

（二）配套基础设施及服务

在中观系统中还存在一个客观的因素对搬迁居民的社会适应有直接的影响——社区配套基础设施。居住条件的好坏会直接影响搬迁居民的生活水平。一方面，搬迁后相比搬迁前居住条件更好、环境更宜居，但搬迁进入新社区后，基本的生活条件得到满足，如水、电、道路、绿化等基础设施的完善，对搬迁居民的新生活保持在一定的水平，具有保障作用，能将搬迁居民的基本生活条件保持在一个相对之前的生活环境更优的水平，从实际作用和心理作用两方面均对搬迁居民的社会适应有促进功能。另一方面，搬迁新社区完善的配套设施除了满足搬迁居民的基本生活需求外，对丰富搬迁居民的精神文化生活也有促进作用，配套基础设施后续服务的跟进，为搬迁居民在新环境中的生活增加新的符合需求的内容，更利于提升搬迁居民的满意度和幸福感。配套基础设施的完善和后续服务的跟进对搬迁居民社会适应有直接的促进作用。故而，在搬迁社区建设过程中，要避免将规划完善的配套设施沦为形象工程，以免对搬迁居民的社会适应带来负面的影响。

（三）搬迁后配套产业的发展

聚焦易地扶贫搬迁"搬得出、稳得住、可发展、能致富"的四大目标，其中，"稳得住、可发展、能致富"是搬迁后搬迁居民社会适应成果的直接体现，而这三个目标的实现都与产业发展分不开，需要易地扶贫搬迁集中安置地发展配套产业以支持搬迁居民增收减贫。要让搬迁居民安心住下来，就业和经济发展是

底气。故而，如何发展产业，增加搬迁居民收入，增加搬迁居民脱贫的动力和对搬迁生活的信心，是促进搬迁居民社会适应的关键。

（四）社区治理

搬迁居民搬迁之前居住在村寨里，除了有现代社会管理的规则和秩序外，仍有适用的一些乡规民约在运转，这些都与村民的生活融为一体，民间的代表公平和正义的权威对村民生活中出现的矛盾、冲突有实际的调解功能。而且，村寨中的各家基本都存在或近或远的亲戚关系，村民在村寨里生活已形成一套既有的共同利益、共同条约，村民们对此非常熟悉并能熟练运用。而易地搬迁后，搬迁居民对搬迁社区的一切都是陌生的，社区治理有一套基于理论的科学体系，有明确的权利和义务之划分，对社区事务都有明文规定，对搬迁居民的行为有成文的规范。但搬迁到集中安置社区的搬迁居民由于受教育水平的影响及对现代化的社区治理的认知有限，要重新学习成文的、理性化的社区治理规范等必然存在挑战和困难。另外，搬迁居民在面对全新的社区治理规范时，也需要时间接受和适应新的规定和习得新的习惯。再结合情感连接的因素，在搬迁社区，搬迁居民没有了以往在农村的"熟人"环境，会认为在陌生的关系体系中不利于自己办事。综合来看，搬迁社区的治理路径和方式需从搬迁居民对规范、制度的接受程度、情感上的寄托等方面考虑搬迁居民的新适应。

三、易地扶贫搬迁居民社会适应的宏观系统分析

宏观的正式的政策支持是搬迁居民目前最强有力的支持力量，各项政策的出台，对搬迁居民"住得下""稳得住""能致富"是关键的外在因素。

（一）政策因素

易地扶贫搬迁为了实现脱贫的一项制度安排，具有脱贫减贫、促进地区均衡发展等多重功能，是贵州省脱贫减贫的关键之举。因而在易地扶贫搬迁，尤其是后续跟进工作中，相关政策的制定和实施对于搬迁居民对新环境的社会适应性有相当大的影响。

（二）资源分配

搬迁居民搬入新的集中安置社区，原有的社会关系体系被打破，面对全新的社会支持体系，尤其是正式支持体系，搬迁居民的安全感和归属感会变得很

低。由于易地扶贫搬迁的政策支持,搬迁居民对正式支持体系的资源分配有较大的依赖性,故而,在对易地扶贫搬迁居民的各项资源分配工作中,要慎重考量公平性和差异性。

第三节 贵州省易地扶贫搬迁居民的需求评估

社会工作秉持服务对象需求为本的专业理念,因此,我们在开展服务之前必须考虑服务对象有何需求,进而进一步考量我们如何提供社会工作服务来回应服务对象存在的需求。此次调研就搬迁居民中的几大典型弱势群体存在的典型需求进行总结归类,以为解决后续搬迁居民社会适应问题奠定目标基础。

一、易地扶贫搬迁儿童的典型需求

(一)生存的需要

儿童拥有生命存在和社会存在的需要,在生命存在的需要中,需要得到成年人基本的生活照料。调研数据显示,有17%的搬迁儿童是与爷爷奶奶一起生活,父母在外打工,隔代养育的现象比较普遍,隔代养育给儿童的基本生活照顾和情感关怀带来一定的挑战。隔代养育一定程度上能保障儿童的基本的生活照料需求,但由于养育观念、生活习惯的影响,老年人的养育观念和方式可能不能完全满足儿童得到科学养育照料的需求。

(二)发展的需要

儿童需要得到关爱,受到成年人的教育和引导,拥有促进身心全面发展的外在调教。儿童拥有受教育的权利,能在良好的学习环境中拥有探索世界、认知世界的学习条件。除此之外,儿童也需要父母的关爱和适当的管教,拥有良好的亲子关系和美好的家庭生活。为了儿童的身心全面发展,还需要为儿童提供安全的娱乐场所,帮助儿童形成良好的休闲娱乐观。

本次调研的64个易地扶贫搬迁新设街道辖区内,均配套了相应的教育设施,搬迁后儿童从教育资源相对匮乏的乡村学校搬入新设的城镇学校,教育条件有了较大改善。对于搬入地学校条件的变化,67.28%的搬迁居民认为现在学校的条件比搬迁之前所在的学校条件更好了。在对搬迁后学校的具体评价方面,

46.26%的被调查者认为学校的距离远近是变化最大的，24.94%的被调查者关注到学校的教学水平的变化，然后是学校设施、学校管理和其他。搬迁社区附近新建配套了幼儿园、小学及中学，就近解决搬迁群众关注的教育问题，故而对于学校的配套建设，搬迁居民均表示肯定。但搬迁前存在、搬迁后更加突出的儿童课业辅导需求仍然存在，搬迁后这一需求反应更加强烈。由于搬迁后面对新的学校环境、教学方式等，儿童在学习适应过程中急需外在支持。调查数据显示，"比较需要"儿童课业辅导的占32%，选择"非常需要"的有17.5%。从调查数据可见，儿童课业辅导的需求突出。

调查数据显示，搬迁儿童对兴趣爱好培养的需求"非常需要"的达20%，"比较需要"的占24.5%，"一般需要"的占22%。搬迁儿童搬入新的生活环境，原有的课余活动或休闲娱乐方式被打破，急需在搬迁社区找到新的休闲娱乐方式，故而在面对是否有兴趣爱好培养需求时，儿童的需求意愿较强。

（三）受保护的需要

儿童在成长的过程中需要得到安全的身心保障，需要安全的成长环境使儿童免遭伤害。在对搬迁儿童直接询问对安全知识教育的需要情况时，"非常需要"的达21%，"比较需要"的占26.5%，"一般"程度的占23.5%。从儿童的回答数据来看，对于受保护的需要敏感度也是较高的。

（四）社会化的需要

儿童的社会化是指通过与社会的交互作用，在语言、情感、思维等能力方面得到训练，逐步掌握基本生存技能的过程。搬迁儿童面对生活环境的完全改变，新的社区环境、学校环境，故在养成适应新的环境的良好生活习惯显得尤为重要。儿童需要学习新的社会规范或行为准则以调整自己与其他个人、家庭、学校及社会等方面的关系。在培养良好的道德品质尤其是具备社会公德方面，儿童有必要学习新的游戏角色、学校角色等，以适应新环境的要求。

二、易地扶贫搬迁老人的典型需求

（一）提升现代化日常生活技能

老年人在搬迁到新社区后，在衣食住行方面均需要学习一些新的日常生活技能，如出行要坐公交车、公交站台识别、公交卡办理使用等；如日常家用电器的使用、电梯使用、智能手机使用等。这些均是现代化生活所必需的技能，在城镇生活显得更加重要。在对搬迁老年人进行访谈中了解到，搬迁老年人对于使用现代化日常生活工具急需外在的支持，如搬迁老人提出平常手机的使用出现了问题非常需要有人能帮忙看一看，家电经常会忘记使用流程等。

（二）健康维护

调研数据显示，有64.17%的居民希望提供养生健康类活动。随着老年人健康意识的提升及受到城镇老年人养老观念的影响，搬迁老年人对于健康维护的需求也日渐提高，但由于获取信息途径有限及相较陌生的搬迁社区环境，老年人对健康维护的外在支持的需求也较高。

（三）休闲娱乐需求

根据调查结果显示，70.0%的搬迁老年人希望能够提供一些娱乐文化类活动。由于搬迁进入新的居住环境，邻里关系发生改变等因素的影响，搬迁之前在农村的休闲娱乐活动失去继续维持的可能性。如搬迁之前，在农村串门聊天是老年人非常普遍的休闲活动，闲暇时可以到邻居家、亲戚家串串门、聊聊天。但搬迁到集中安置社区后，邻居之间互相不认识，并且基本都是房门紧闭，邻居彼此之间不再是以前在农村的熟人关系，原有的串门聊天等对老年人来说可及性较高的休闲活动没有了，故而急需新的符合搬迁老人的休闲娱乐活动。

（四）建立社交网络的需求

易地扶贫搬迁老年人原有的社交网络大大缩减，搬迁老年人表示不能像在老家时候还串门聊天，现在只能在自己家里活动。老年人也想交几个老伙伴一起跳跳舞、唱唱歌，能打发一下时间。而现代化生活中，建立新的社交网络更多会依赖电子产品，但由于老年人习惯传统的社交方式，而在搬迁社区新的社交网络尚未建立，故而搬迁老人对建立社交网络也有突出的需求。

三、易地扶贫搬迁妇女的典型需求

（一）获取教养孩子知识、方法的需要

调查中30%的受访搬迁妇女表示面临的一大困境便是子女教育的问题，由于大部分搬迁妇女的文化程度较低，高中及高中以上学历的占比仅15%，因此对子女的作业辅导有困难，对此感到无助。面对亲子关系问题，搬迁妇女表示

仅能从传统教育方式作为参考，虽然觉得粗暴的教育方式不对，但是自己没有更好的方式选择，也找不到更多的教养方式参考。

（二）丰富精神文化生活的需求

被调查的搬迁妇女中家庭主妇占一半左右，搬迁妇女的休闲娱乐方式以看电视、刷手机为主。大部分搬迁妇女的闲暇时间主要与家人在一起，尤其是家庭主妇较少外出与人互动。而部分有唱歌、跳舞等兴趣爱好的搬迁妇女，由于搬迁到新的环境，未能找到合适的空间或平台展示自己的兴趣爱好，已有的兴趣爱好被搁置。

（三）拥有稳定经济来源的需要

搬迁妇女面临突出的生计与照顾家庭的冲突，由于受文化水平等因素影响，留在搬迁集中安置地的部分妇女工作不固定，多数在照顾孩子和家庭之余以打零工增加收入，经济收入不稳定。留在家里做全职家庭主妇的搬迁妇女，没有经济收入，但面对家庭经济状况时，对增加经济收入有迫切的需求，故而搬迁妇女均对有稳定的经济来源有强烈的需求。

（四）搬迁妇女生殖健康保障的需要

妇女的生殖健康会对妇女本身、整个家庭甚至整个社会的健康水平带来影响，而搬迁妇女由于长期生活在农村，对生殖健康关注的意识不强、能力不足，并受传统观念的影响，对于生殖健康羞于启齿，也会影响对于生殖健康问题的关注。在调查中，超过50%的搬迁妇女认为生殖健康"非常重要"，但是受限于传统观念、认知学习能力、经济条件以及获取信息的渠道，搬迁妇女保障生殖健康的措施极其有限。一方面，搬迁妇女主观意识上能认识到生殖健康的重要性；另一方面，搬迁妇女对于如何保障生殖健康却缺少认知途径和方法以及外在的支持资源。

第四节 社会生态系统理论视角下社会工作介入易地扶贫搬迁居民社会适应问题的策略分析

结合社会生态系统理论的观点，我们认为易地扶贫搬迁居民的社会适应问题受搬迁居民自身因素及整个社会生态系统的交互影响，各个层面的系统交互对易地扶贫搬迁居民的社会适应产生影响。故而，在应对搬迁居民产生的社会适应问题及回应搬迁居民的需求时，本书从易地扶贫搬迁居民的社会生态系统出发，从易地扶贫搬迁居民自身、搬迁居民家庭以及其同辈群体、学校和社区、社会等不同层面的系统入手，总结出具体的社会工作介入策略。探究搬迁居民社会适应的社会工作服务体系建构。通过对已有的社会工作介入易地扶贫搬迁居民社会适应的实务研究发现，运用社会生态系统理论搭建服务介入的系统，再结合社会工作的专业方法，能更有效地发掘影响易地扶贫搬迁居民社会适应的因素，介入并促进各个系统对促进搬迁居民社会适应功能的发挥。在各系统层面充实对各典型搬迁群体提供针对性的服务，介入易地扶贫搬迁居民社会适应问题，促进易地扶贫搬迁居民的社会适应的稳步实现。

一、微观系统精准对接个性化需求

（一）提升搬迁居民自我调适能力

易地扶贫搬迁居民搬迁进入集中安置的城镇社区，原有已经形成的生活习惯、思想观念等在新环境中难免会受到挑战，出现社会适应不良，给搬迁居民的自我的认知、与社区的融入等产生消极的影响，搬迁居民产生消极的情感和情绪。

针对搬迁居民个体的社会适应问题，社会工作可从个案工作的角度，将搬迁居民个体或者其家庭作为服务对象，运用个案工作专业方法，采取一对一的服务方式，帮助搬迁居民消除因社会适应不良而带来的消极情绪，以促进搬迁居民个体积极面对搬迁生活的挑战，才能为适应搬迁生活主动做出努力和调整。

（二）提升搬迁居民适应新生活的信心

搬迁居民到了新的环境,尤其是儿童和老年人,在搬迁社区接触不熟悉的人、面对不熟悉的环境，给社会适应带来巨大的挑战，处理搬迁生活中的困难时容易受打击，影响搬迁居民个体应对社会适应的信心。要提升以老人和儿童为主要服务对象的搬迁居民的社会适应自信心，可通过以提升自信心为目标的小组社会工作方法进行介入，通过组建具有同样需求或面对相似问题的搬迁居民小组，围绕提升应对社会适应问题的自信心，组织一系列活动。比如，在小组中可通过分享自己在适应易地扶贫搬迁生活中面临的困难和挑战，参与小组的成员能互相支持和理解，以形成同理的心理氛围，从而也降低社会适应问题给个人带来的压迫感；通过组内形成的同理氛围，鼓励参与小组的成员分享自己应对社会适应采取的方法或尝试，在小组内给予及时的鼓励和支持，使搬迁居民个体的优势得到发挥和展示。通过此类小组工作的开展，使得参与的搬迁居民个体对社会适应问题的认识和了解更加全面，能从更加客观的角度看待面对的新环境和新问题，并加以对其能力和优势的展示，挖掘搬迁居民个体身上的优良品质，通过活动体验，感受做出尝试和挑战的成就感和自信。

（三）提升搬迁居民解决社会适应问题的能力

从社会工作优势视角出发，看到虽然处于不利或适应不良处境的搬迁居民的潜能和优势，任何状况下的个体都是有优势和改变的能力的。在社会实务过程中，可通过搬迁生活主题座谈会、个体搬迁适应问题辅导等方式，着眼于搬迁居民个体应对搬迁适应的具体问题，从能力提升的角度，结合优势视角，为搬迁居民提供辅导和支持服务。如针对老年人掌握现代化日常生活技能的需求，这是老年人面对的突出的实际适应问题，结合老年人社会适应的困境，社会工作实务需从人类行为发展的阶段特征出发，从老年人所处的老化特征出发，有针对性地帮助老年人提升解决学习、掌握现代化日常生活技能的问题的能力，从具体的需求出发，消除老年人社会适应的问题，提升其社会适应的能力。

（四）以促进家庭互动提升搬迁家庭的社会适应能力

家庭是我们最熟悉的一个初级群体，对身处其中的人来说都至关重要，是给予个人成长发展支持最基础的一个群体，故而家庭的状态往往能决定家庭成员个人的发展状态。易地扶贫搬迁家庭由于搬迁给家庭带来了一系列变化，整个家庭面临诸多挑战。由于搬迁家庭面对搬迁后生活而带来的压力，搬迁家庭往往会忽略家庭成员之间对于应对搬迁问题的互动交流，最终会出现家庭关系问题，以及导致家庭成员的社会适应出现问题。故而，在社会工作介入搬迁家庭社会适应问题过程中，要将搬迁家庭的互动沟通作为关注的重点。沟通是解决一切问题的一剂良药，夫妻之间、父母与孩子之间等，都需要通过沟通互动实现情感支持和解决搬迁家庭及个人面对的社会适应问题。通过沟通互动改善家庭关系，能共同面对搬迁后的挑战和问题，从而提升搬迁家庭社会适应的能力。

（五）关注家庭成员的情感支持

人的心理健康及情绪问题容易被人们忽视，由于受文化水平、认知水平、生计压力等因素影响，相较生理方面的问题，心理层面的问题较难受到搬迁家庭的关注。但由于搬迁带来的影响，面对新环境、新生活的压力，给搬迁居民个体必然会带来心理和情绪上的压力，尤其是儿童和老年人，儿童的抗压能力和承受能力有限，老年人由于受传统观念的影响，对于自身存在的困难缺乏倾诉的渠道。故而，社会工作实务介入的过程中，要注重搬迁居民个体心理及情感支持的介入，尤其需要提升搬迁家庭对家庭成员个体心理及情感问题的关注，要激发家庭情感支持功能的发挥。

二、建构中观系统支持体系

（一）建立同辈支持体系

在个体的社会生态系统中，同辈群体是重要的组成部分，也是个体重要的社会支持来源。同辈群体的发展任务、面临的问题和需求均具有较高的相似性，故而容易产生群体归属感和共情等。在对搬迁群体的社会工作介入服务中，可以充分挖掘各搬迁居民的同辈群体功能，易地扶贫搬迁居民通过与同辈群体的互动，促进积极自我形象的形成，获得更多积极的情感支持，促进该群体社会适应的进程。

如儿童同辈群体服务的开展，儿童的同辈群体在一起成长的过程中随着年龄的增长影响也越来越大。在搬迁儿童社会适应的过程中，必然需要沟通，搬迁儿童能否获得所处环境的社会支持，也必然需要有效的沟通。通过搬迁儿童群体互动交流活动的开展，可以认识新的玩伴，拓宽人际交往，增加搬迁儿童获得情感支持的来源。

通过开展同辈群体支持互助小组，在小组内营造良好的沟通互动氛围。搬迁儿童通过在小组内的良好互动，在与同辈群体的互动中提升交流沟通、合作的能力。搬迁儿童在其中可以体验互助合作、增进友谊、团队归属感等，建立起支持性联系，同时提高个体情感表达能力，促进搬迁儿童形成正向的自我认知。同辈群体活动的开展，一方面扩展了搬迁儿童的社会支持范围，促进搬迁儿童在搬迁社区获得新的归属感；另一方面体现在与同辈互动交流过程中，搬迁儿童学习表达情绪、人际交往、提升自我认知等方法和技巧,并通过同辈影响、体验合作、克服困难等,对搬迁儿童在社会适应过程中的抗逆力培养具有积极的作用。同辈群体的支持从搬迁儿童内外两方面推进社会适应的过程。

（二）完善社区支持网络

易地扶贫搬迁居民搬迁后,主要面对的外在环境就是社区。搬迁居民的社区适应是其社会适应的主要构成部分。故而要搭建搬迁居民社会支持网络,而社区是最直接的外在的支持网络。易地扶贫搬迁社区是在扶贫背景下产生的新型社区,它区别于传统农村社区和城市社区,具有许多特点和独特的治理需求。当前易地扶贫搬迁社区居民的需求及社区治理主要依靠单一的行政性力量,面对易地扶贫搬迁社区居民多样化的需求,显然,仅仅依靠社区部门的行政性力量很难完全回应居民多元化的需求,更需要从社区工作专业性的角度提升社区这一系统的支持功能。

从社区社会工作的角度来看,一方面可以以社区这一领域为服务对象,从完善社区工作方法、提升社区工作专业性的角度,提升社区网络的支持效果。社区工作的基本步骤如下：第一步是进行"社区分析",对社区的类型、基本情况、出现的社区问题及社区的需求进行分析；第二步是进行社区服务方案策划,在方案策划前需要对服务对象及其问题和服务推进的步骤进行分析,再对服务方案策划的过程进行阐述,包括明确社区的需求,在了解搬迁居民的特征的基础上订立工作目标,同时还需评估自身的能力状况,再进行工作进度安排及服务程序安排；第三步是执行社区服务的方案,执行分为筹备、服务和结束三个阶段,筹备阶段社交经费筹措、人力和场地的安排、宣传推广,服务阶段要做好预算管理、实践进度和服务品质管理,并要时刻注意服务团队的士气提升,在结束阶段要进行经费报销、服务资料归档；第四步是最后的评估阶段,可采用定量或定性的方法开展评估,主要对服务成效和过程进行评估。

另一方面,在社区工作作为一种工作方法时,社区作为社会中人际关系综合的一个基本单元,具有社会化、生产—分配—消费、社会参与、社会控制和相互支持的功能。而在易地扶贫搬迁社区,这些功能的发挥对于搬迁居民社会适应有直接关系,故而如何从社区工作的角度,功能性地发挥出社区的应有作用,是促进搬迁居民社会适应的关键一环。从社区工作的角度,在易地扶贫搬迁工作中，可综合运用社区组织、社区照顾、社区计划、社区发展、社区行动和社区教育几大实务模式，为搬迁居民搭建起完善的社区支持网络。

（三）发挥社会组织的专业功能

随着社会的进步，社会组织越来越多地承担社会产品或社会服务的提供者和补充者角色，是满足社会需求、促进社会进步的主要力量。在易地扶贫搬迁居民的社会生态系统中，社会组织是中观系统的主要组成部分，对促进搬迁居民的社会适应越发凸显出其优势和专业性。

贵州省民政厅在2020年根据国家出台的关于社区治理完善、乡镇政府服务能力提升、政府购买服务以及贵州省完善易地扶贫搬迁后续工作等文件，在贵州省由于易地扶贫搬迁而新设立的街道设置社工站（社会工作和志愿服务站），通过政府购买服务的方式引入社会工作专业团队，在易地扶贫搬迁安置点新设街道设立社工站开展社会工作服务。贵州省2020年社工站项目实施时间为2020年7月至2021年6月，一年时间里，共有省内外28家社会工作机构承接64个站点的服务。

通过向社会组织购买服务的方式，引入社会组织专业团队和专业服务与民政工作有机结合，以服务项目的形式，把社工专业力量和志愿服务送到易地扶贫搬迁社区，以社会工作和志愿服务站为基础平台，回应群众需求，开展促进搬迁居民社区适应的相关服务，增强搬迁居民的幸福感和获得感，旨在达到搬迁居民"住得下、能融入、稳得住"的目的。通过政府与社会工作机构的共同探索，社工站已逐渐成为社工在社区驻点服务的有效路径。社工站直接覆盖到街道，社工驻扎在易地扶贫搬迁社区，成为打通基层社会服务最后一公里的践行者。贵州省社会工作和志愿服务站项目将服务内容分为社会工作服务和志愿服务两个部分。社会工作服务包括留守儿童关爱领域的社会工作服务、养老领域的社会工作服务、易地搬迁困难群众社会融入领域的社会工作服务、基层社会治理领域的社会工作服务、社会救助领域的社会工作服务、社会事务领域的社会工作服务；志愿服务包括支持开展志愿者服务有关工作、构建志愿者联动平台、发展壮大志愿者队伍、突发事件服务。并明确提出从个案、小组、社区及志愿服务四个方面开展社会工作和志愿服务。目前，64个站点已完成所有项目服务内容，贵州省民政厅正在处理结项工作。无论是服务内容还是服务方式，

2020年贵州省社工站项目充分体现了社会工作介入易地扶贫搬迁居民社会适应问题的有效性和专业性，以全新的理念和专业的方法与民政工作有机结合起来，提升易地扶贫搬迁社区—街道这一层级系统的民政经办能力，延伸了基层民政工作的臂力，有效地回应了搬迁居民的需求，系统性地促进搬迁居民的社会适应。

故而，在市场放开准入，政府购买服务的背景下，要充分发挥社会组织在易地扶贫搬迁后续工作中的专业优势，畅通社会组织参与民政工作的转型升级渠道，运用构建搬迁居民完善的社会支持体系的思维和方法，开展易地扶贫搬迁居民社会适应工作。

（四）增强多元主体联动

当前易地扶贫搬迁的工作重心已变为"后续扶持和社区治理"，搬迁后的后续服务重点在于完善公共服务、社会保障等，以推进搬迁居民的社会适应。传统的行政力量有限，需搭建多方参与的社区服务平台，形成上下联动、多方联动的基层社会治理服务平台。同时，要回应社区多样性的服务需求，就必须发展和整合多元化的社区服务力量。面对传统的社区行政力量已经无法完全能将社区居民凝聚为一个共同体的事实，易地扶贫搬迁社区的特性更是加重了这一事实的残酷性。因此增强搬迁居民的认同感和获得感，帮助搬迁居民适应新环境、新生活，更需要创新工作机制和方式，找到新的途径。

如在调查中发现搬迁儿童的家庭与学校欠缺互动，导致双方对搬迁儿童社会适应问题的支持力量分散，没能使搬迁儿童较快较好地适应搬迁生活。在家长和学校未能达成共识的情况下，搬迁儿童可能会面临不同的指引或建议，这不利于为搬迁儿童构建一致和有力的外在支持系统。故而，家庭和学校的联动也成了促进搬迁儿童的社会适应的关键一环。社会工作需发挥家庭社会工作和学校社会工作专业服务的功能，分别为家庭和学校为解决搬迁儿童社会适应问题提供专业支持，分别在家庭和学校领域开展相应的搬迁儿童社会适应服务，挖掘家庭和学校解决搬迁儿童社会适应问题的优势和应有功能，从家、校两方面共同着手，促进搬迁儿童社会适应问题的解决。另一方面，从社会工作协调者的角色出发，需要疏通家长与学校的沟通渠道，为搬迁儿童搭建家校联动的社会支持体系。

另外，调查中还发现易地扶贫搬迁家庭或居民社区参与程度低。由于搬迁带来的冲击，搬迁居民面对不熟悉的环境和人群，与社区环境的互动连接也较少。这些情况显然不利于搬迁居民的社会适应。可从社区社会工作的途径推动搬迁社区居民的社会参与，以促进搬迁居民的社区适应。如通过组织各类社区活动，吸引搬迁居民参与进来，不断加深搬迁居民之间的联系，增强搬迁居民之间、搬迁居民对社区的感情，从而提升其归属感，使搬迁居民增强作为社区成员的主体意识。在此基础上，为搬迁居民参与社区事务奠定了情感和心理基础，再发挥社区工作方法中社区发展、社区行动的功能，促进搬迁居民参与社区实践的实现，提升他们参与的意识和能力。增强搬迁居民社区参与的主动性和主体性，这为搬迁居民被动适应社会逐步转变为主动应对可能的问题创造了主观条件，使搬迁居民应对社会适应问题实现质的飞跃。

从社区治理的角度来看，对于社区多元主体联动的问题还有更加广阔的实践空间。党的十八届五中全会指出，要充分发挥治理主体多元参与，推进精细化治理，构建共建共治共享的社会；十九大报告指出，要发挥社会组织作用，缓解人民日益增长的美好生活需要和不平衡不充分的发展之间的矛盾。回到社会工作介入搬迁社区居民社会适应的问题上来，社会工作是秉持助人自助理念，以专业的方法开展社会服务，以专业服务者的角色嵌入搬迁社区治理体系中，已然成为搬迁社区治理鲜活的新动力，成为社区治理、社区服务不可或缺的参与主体。但面对搬迁居民多元化的需求和问题，在社会工作成为联动体系一员的同时，仍然需要更多主体参与进来，搭建起共建、共治、共享的多元联动支持体系。在社区治理中，"三社联动"的模式已被广泛应用，在搭建社会工作介入易地扶贫搬迁居民社会适应服务体系的探索中，"三社联动"模式俨然非常符合实际需要。社区、社会工作者、社会组织"三社"联动体系中，社会工作者在介入易地扶贫搬迁居民社会适应问题时，要注重与社区工作相衔接，将社区工作的内容与社会工作服务充分融合，积极培育搬迁社区居民骨干及自组织，鼓励支持搬迁居民承担社区主人翁。培育出了搬迁居民自组织，便具备了"三社"中的"社会组织"，而社会工作者需转变为支持协调者的角色，鼓励支持搬迁居民骨干依托自组织开展易地扶贫搬迁居民社会适应活动和服务，发挥居民自组织在调动搬迁居民社区参与中的优势。搬迁居民自组织参与易地扶贫搬迁社会服务，与传统的社区方式有本质的区别，搬迁居民自组织是从自身的实际生活需求出发，开展的活动和服务更加生活化，更能贴近搬迁居民的日常生活，搬迁居民主人翁意识得以彰显。最为关键的是，搬迁居民自组织成为搬迁居民生活的一部分。搬迁居民社会适应的主动性和效能感得到极大提升。"三社"联动模式倡导多元主体互助、协作与联动，是社会工作介入易地扶贫搬迁居民社会适应问题实践理性最核心的功能体现。

三、增强宏观系统的支持力度

（一）重视对社会工作的投入

社会工作介入易地扶贫搬迁居民社会适应问题的实践必然需要在党委政府的引领下进行。一方面，需要从政策制定或工作机制的角度，从指导思想上对实践方向和目标进行把控，以保障社会工作实践方向的正确性。另一方面，社会工作的介入需要政策和资金的支持，在创新社会治理体系的过程中，综合考量社会工作嵌入社区治理的机制和路径，为社会工作功能的发挥创造优良的政策空间。在创造嵌入空间的同时，还需提供足够的资金保障，以为社会工作介入易地扶贫搬迁居民社会适应服务和社会工作的专业发展之路提供物质基础。

（二）营造良好的社会氛围

宏观系统中社会对易地扶贫搬迁、对易地扶贫搬迁居民的看法和态度必然会影响搬迁居民的社会适应，故而营造良好的搬迁居民社会融入氛围显得尤为重要。在已有微观、中观支持系统的基础上，可充分发挥微、中观支持系统的作用，积极进行社会倡导，从不同的层面为易地扶贫搬迁居民营造良好的社会氛围。从社会工作的方法路径出发，以微、中观支持体系为平台，通过各种主题活动，进行社会倡导，营造良好的搬迁居民社会适应人文环境。

（三）政策倡导

易地扶贫搬迁近几年开展的扶贫工作项目完成了"搬出来"的任务，现已到了易地扶贫搬迁的"后半篇文章"阶段，需要重点关注的"稳得住"的问题。在"稳得住"问题中，重中之重关注的仍然是搬迁居民的生存问题、不返贫问题，而对搬迁居民的社会适应问题缺乏全面整体的关注。易地扶贫搬迁居民的社会适应问题是一个系统工程，需要从"全人"的角度去看待。社会工作作为关注人的需求的专业助人职业，会从人的全面发展和可持续性发展去看待搬迁居民的社会适应问题。故而，社会工作者应从专业对人及人的需求的基本价值理念出发，综合运用社会工作专业理论，对社会工作介入易地扶贫搬迁居民的社会适应问题进行研究，不断进行实践，进而形成研究成果，为制定促进易地扶贫搬迁居民社会适应政策提供实践和理论参考。

第八章　乡村振兴战略下黔东南地区的农村养老问题

随着我国人口老龄化和高龄化的深入推进，农村养老问题成为"三农"发展问题面临的最大挑战，而作为多民族聚居且经济落后的贵州地区农村养老问题又是这些挑战中的挑战。本章通过阐述乡村振兴背景下贵州农村养老问题，介绍了研究乡村振兴背景下农村养老问题的必要性与紧迫性，探讨了乡村振兴背景下贵州农村养老现状及存在的问题，并结合现实条件深入剖析贵州农村养老问题背后的深层次原因，最后在立足于贵州经济发展水平和乡村振兴这两重现实基础上提出了贵州农村养老的展望，以期为贵州农村养老事业的发展与改革提供新的思路跟视野。

第一节　农村养老问题的概述

随着农村农业生产力水平的提高和社会生产关系的改变，城镇化和工业化的进程不断加快，家庭养老功能逐渐弱化，农村居民的社会养老意识开始觉醒，农村社会养老保险应运而生。

农村社会养老保险制度是指国家通过立法的形式，规定由国家、农村集体经济组织和农民个人共同承担养老保险费用缴纳义务，以保障农村劳动者在退休之后基本生活的制度。农村社会养老保险具有福利性、公平性和社会化的特点。我国农村社会养老保险经历了新旧制度的变迁，以 2009 年为新、旧农保分隔期，2009 年之前的农村社会养老保险被简称为"旧农保"，2009 年之后的被称为新型农村社会养老保险。新型农村社会养老保险是针对旧农保而言，被简称为"新农保"。新型农村社会养老保险制度坚持"保基本、广覆盖、有弹性、可持续"的基本原则，坚持保障水平与经济发展相适应；权利与义务相对应；

第八章　乡村振兴战略下黔东南地区的农村养老问题

政府主导和农村居民自愿参保相结合；个人缴费、集体补助、政府补贴相结合。

乡村振兴与农村养老是一个统一体，并非割裂开来的两个独立个体，二者相互依赖、共同促进。一方面，乡村振兴为农村养老问题的妥善解决提供人力支持和经济支持。在经济落后的农村地区，人力支持和经济支持是养老事业发展的基础和保障。当前农村养老最大的问题莫过于缺乏人力与财力，通过乡村振兴，发展农村经济，促进劳动力向农村回流，养老中需要的人力与财力都将迎刃而解。另一方面，农村养老为乡村振兴提供人力支持和稳定的社会环境。农村养老问题的妥善解决能促进社会的和谐稳定，这种环境也是乡村振兴所需要。在当前，老年人是农村劳动生产的主力军。相比年轻人，老年人对农村的了解与热爱程度更深，而农村养老问题的妥善解决正是带动老年人积极参与乡村振兴的最好办法。

《乡村振兴战略规划（2018—2022年）》指出，实现乡村振兴必须要解决好农业、农村、农民的发展问题，即"三农"问题。《乡村振兴战略规划（2018—2022年）》还指出，为了适应农村人口老龄化加剧形势，要加快建立以居家为基础、社区为依托、机构为补充的多层次农村养老服务体系。以乡镇为中心，建立具有综合服务功能、医养相结合的养老机构，与农村基本公共服务、农村特困供养服务、农村互助养老服务相互配合，形成农村基本养老服务网络。农业、农村、农民在贵州地区占据着举足轻重的位置。当然有的地州市这一占比更高，比如黔东南地区，2019年年末总户籍人口484.73万人，其中农村人口320.23万人，农村人口占总人口比重为66.06%，超过城镇人口20%。因此，对贵州地区农村养老问题展开研究是践行乡村振兴战略思想的现实需要。

与此同时，我们发现2019年黔东南地区户籍人口484.73万人，其中60岁及以上人口68.85万人，占总户籍人口的14.2%。按照老龄化社会划分标准，黔东南地区已步入轻度老龄化社会。然而，由于黔东南地区经济发展水平落后，黔东南地区劳务大量向外输出，大部分年轻劳动力选择外出乃至跨省就业。有关数据显示，2019年，在黔东南地区320.23万农村人口中有121.01万人外出就业，其中跨省就业的有81.3万人。排除学龄前儿童、学生及老人，青壮年几乎全部外出就业。通过深入走访调研，黔东南农村养老问题比数据上反映出来的问题严重得多。因此，对贵州地区农村养老问题展开研究是应对地区人口老龄化的迫切需求。

而且，发展农村养老也是巩固地区脱贫攻坚成果的内在需要。2020年，贵州全年全省地区生产总值17 826.56亿元，比上年增长4.5%，同期全年国内生产总值1 015 986亿元。全省农村居民人均可支配收入21 795元，同期全国居民人均可支配收入32 189元。经过长期奋战，2020年11月23日贵州省宣布包括榕江县、从江县在内的9个深度贫困县全部退出贫困县序列，这宣告十八大以来全省923万贫困人口全部脱贫，66个贫困县全部摘帽，9 000个贫困村全部出列，彻底撕掉了贵州千百年来绝对贫困的标签。但这并不代表贵州精准扶贫就此"鸣金收兵"，贵州与其他地区仍然有较大的差距，贵州的相对贫困人口仍然存在，其中以农村老年贫困人口问题为最。正如习近平同志记所言，虽然我们的脱贫攻坚战取得了全面胜利，完成了消除绝对贫困的艰巨任务，但脱贫人口生计脆弱、持续发展能力不强的情况仍然存在，脱贫地区总体发展基础仍然比较薄弱。因此，研究贵州农村养老问题就是巩固地区脱贫攻坚成果的内在需要。

第二节　乡村振兴背景下贵州农村养老现状及存在的问题

一、农村老年人口逐年增多，抚养压力大

贵州自20世纪初老龄化进程不断加快，尤其是近五年，老龄化进程不断加速。2016年，贵州65岁及以上人口366.88万，占地区总人口比重为10.3%。截至2020年年底，贵州省60周岁及以上人口为593.14万，占总人口的比重为15.38%，65周岁及以上人口为445.65万人，占总人口的比重为11.56%（见表8-1）。

表8-1　2016—2020年贵州省65岁及以上老年人口数量、比重及抚养比

项目	2016	2017	2018	2019	2020
地区总人口（万人）	3 555.00	3 580.00	3 600.00	3 622.95	3 856.21
65岁及以上（万人）	366.88	372.32	379.05	390.55	445.65
占地区总人口比重（%）	10.30	10.40	10.53	10.78	11.56

续表

项目	2016	2017	2018	2019	2020
老年抚养比（%）	15.31	15.48	15.71	16.13	—

注：1.数据根据《贵州统计年鉴（2020）》整理；
2. 2017年的统计年鉴未将60岁及以上人口单独列出来，故此表只整理65岁及以上人口数据；
3. 2020年的数据是依据国家第七次人口普查公报整理得出。

由于贵州城镇化率不高，农村人口比城镇人口多，加之大量青壮年劳动力向城镇迁移，农村实际老年人口比重远远超过数据上的比重，甚至很多村寨成为青壮年全部外出的"空心"村，农村养老问题更为尖锐与艰巨。

二、养老收入不稳定，基本生活保障不足

贵州农村地区农民的养老收入主要来源于国家发放的社会养老保险金、个人劳动收入和子女的赡养费三方面。就国家发放的社会养老保险金，其数额取决于该老人60岁以前缴纳的社会养老保险费（税）的数额。就当前黔东南农村地区60岁及以上的老年人来说，在60岁之前基本上没有缴纳社会养老保险费（税），这就意味着这部分老年人没有个人账户部分，只能领到国家补贴的部分。此项收入虽然稳定，但对于年老多病的老年人而言，每月几十块钱只是杯水车薪。就个人劳动收入而言，又分两种，一种是务工收入，另一种是务农收入。第一种收入由于国家劳动法的相关规定，60岁及以上的老年人难以找到工作，即使找到工作也是以低收入为前提；第二种收入排除气候等客观因素外，还取决于老年人的身体健康状况。随着老年人身体机能的日渐衰退，劳动能力下降终是必然，加之贵州农村地区的农业生产依然比较传统，老年人最终获得的农业收入并不高。再就子女的赡养费而论，虽然国家法律明确规定子女有赡养父母的义务，但就赡养费的多少各地差异较大，例如在黔东南农村地区，赡养费往往停留在法律"规定"上。究其原因，主要是子女的赡养费受子女的经济收入状况及孝顺程度影响。子女经济状况良好且孝顺，老年人的赡养费相对多一些。反之，赡养费则难以落到实处。在黔东南农村地区，子女遗弃老人的情况时有发生。基于上述三方面收入的不确定性，贵州农村地区农民年老后的基本生活保障不容乐观。

例1：冉大伯和吴大娘是遵义余庆县某农村一对夫妻，夫妻两人都没有上

过学，冉大伯今年68岁，吴大娘比冉大伯小2岁。两人育有2女1子，冉大伯和吴大娘的大女儿因小时候发高烧未及时送医院导致智力低下，长大后嫁给邻村一个智力相当的青年，但因月子期间睡着了把刚出生的孩子压死。冉大伯的大女儿被婆家赶走，现年40岁依然居无定所。冉大伯的二女儿初中毕业后外出打工，之后远嫁福建，由于文化水平不高，务工收入也一直不理想。冉大伯的小儿子也是初中毕业就外出务工，由于文化程度不高加之成年后的身高仅有1.5米，一直没有找到对象，现年36岁还未成家。冉大伯和吴大娘两人从小儿子初中毕业后就一直在广东务工，春节都很少回家。

2020年上半年，两人因年纪大外加疫情导致就业形势严峻，难以继续务工，便回到了农村老家重新开始以务农为生。但新时期农村务农出现了新的问题，由于大量青壮年外出务工后土地大量荒芜，导致野猪成群结队来庄稼地觅食，农业收成极低。冉大伯和吴大娘种了黄豆、红薯、玉米、水稻、荞麦等农作物，按道理不仅够一家人的口粮，还可变卖一部分经济作物以供日常开销，但现实情况是黄豆、玉米、水稻等都遭到了野猪的拱食。冉大伯和吴大娘的辛勤劳作白白浪费了。如今，冉大伯和吴大娘每个月靠着国家发放的低保维持生计。

例2：潘大伯，贵州施秉人，农民，现年71岁，现与67岁的妻子及儿子一家共6口人居住在凯里开发区某小区。搬来凯里之前，潘大伯及其妻子一直在家务农。自从2011年搬来与儿子一家同住后，潘大伯便一直在当地某学校的物业管理公司做绿化、保洁等工作，每个月可以领到1700元的工资，其妻子因要带孙女完全没有经济收入。潘大伯的儿子常年在外务工，因学历不高也无技能特长，所以工资收入一直仅够每个月的房贷和孩子上幼儿园的生活费，潘大伯的儿媳在凯里周边打零工，经济收入时有时无。

2019年，潘大伯的儿媳生了二孩，一家人的生活开销全靠潘大伯在物业公司上班的工资收入维持，生活十分拮据，拮据到了冬天不烤火、夏天不吹风扇的程度，买菜不买肉，总是挑别人剩下的折扣蔬菜。2021年7月，潘大伯所上班的物业公司服务期限已到，新中标的物业管理公司以潘大伯年龄已超70岁为由，不愿继续聘用潘大伯。潘大伯的经济收入彻底中断，一家人的生活就此陷入了更加窘迫的境地，现在一家人就靠潘大爷捡废品卖和两老每个月国家发的社保为生。

三、"空巢老人"问题突出，缺乏有效看护

由于城镇化不断向纵深推进，农村劳动力大规模流向城市，大量的空巢老人随之出现。作为经济欠发达的西部地区，贵州农村空巢老人养老问题更加严峻。据数据显示，贵州空巢老人数量已达116.83万人，其中农村空巢老人占比高达80.59%，黔东南、黔西南的占比高达90%以上。与外出就业的农村劳动力庞大队伍相伴随的是数量庞大的空巢老人。"茕茕孑立，形影相吊"的空巢老人在贵州农村极其普遍，甚至不乏"空心村"的存在。

都说"养儿防老"，但是这些空巢老人却陷入了"有儿"却无人养老的尴尬境地。加上老年人身体机能日渐衰退，患病风险不断增加，空巢老年人的问题越来越严重。

例3：朱大伯，贵州三都人，农民，72岁，育有3子1女，妻子在分娩最后一个孩子时难产去世。之后，朱大伯独自抚养4个孩子直到他们均成家立业。朱大伯唯一的闺女嫁到离家10公里外的另一个村，平常要照顾自己的小家和年幼的孩子，没有事情也很少回家看望朱大伯。3个儿子中一个在县城某单位上班，平日工作也繁忙，加之也有小家庭和孩子要照顾，一年难得回来几次。另外两个儿子，一个携妻带子一家4口在广东打工，最小的儿子在云南某县做了上门女婿，与岳父母一家生活在一起。虽然朱大伯有4个孩子，但因各种原因都很少回家，朱大伯处于空巢状态30多年。2020年冬天，朱大伯同村的人找朱大伯借东西，敲门无回应后破门进去，才发现朱大伯倒在卫生间已离世多日。

例4：李大娘，贵州福泉人，农民，71岁，育有3子2女。其中大儿子携妻带子一家5口在贵阳务工；二儿子成了上门女婿，定居贵阳；三儿子在贵阳某医院上班，与岳父母一家生活在一起；大女儿在贵阳开了一家小型理发店，已定居贵阳；小女儿原本嫁到了贵阳，但离婚后回到了老家县城做起了日化销售，并重新组建了家庭，育有一个孩子，但孩子体弱多病。2019年，老伴因病去世后李大娘到贵阳跟子女短住一段时间后，因不习惯重新回到老家过起了独居生活。这两年，李大娘身体状况一直不佳，各种病痛不断，但由于李大娘不愿意离开老家而子女又没办法随时回来，所以李大娘平时遇到病痛时基本上就靠"硬扛"或"偏方"解决。一边是不能回家尽孝的子女的无奈，一边是李大

娘病痛时无人照顾的辛酸。

四、老年人生活单调，缺乏多元化的娱乐生活

随着时代的发展和进步，我国老年人的娱乐生活呈现多样性。但是对于贵州农村地区的这一代老年人来说，他们大多生于新中国成立前后，是饥饿与贫穷的亲历者，追求物质生活的富足是他们首要的目标，加之受教育程度低，传统思想观念根深蒂固，农村老年人的精神生活大多单调乏味。根据调查走访部分县市农村发现，照顾孙辈、务农、串门、吃喝、打麻将等是农村老年人主要的晚年生活，看书、读报、下棋等有益于身心愉悦的娱乐生活在农村少有。虽然随着国家对农村养老服务软硬件设施投入的不断增加，农村地区也纷纷开设了棋牌室、建起了村民健身广场，为农村老年人提供了多样的文化生活选择，但一部分深受传统思想侵害的老年人主观上拒绝参加积极向上的娱乐活动，另一部分生活缺乏保障的老人受客观条件限制很难有时间和心思参与这样的活动，思想古板、空洞正是农村老年人缺乏丰富有益的娱乐生活的结果。

例5：贾大伯，遵义绥阳人，农民。2008年52岁的贾大伯随在毕节工作的儿子迁到毕节生活，2012年将老家的房产变卖，之后跟随儿子一家定居毕节某小区。长期以来贾大伯老两口生活极其单调，不锻炼、不下棋、不看书、不读报，只偶尔看看电视，带孙子之余喜欢四处捡废品。之后捡废品被子女阻止，孙子也长大不需要老两口照顾了，贾大伯老两口每天的生活基本上就是吃、睡、呆坐。贾大伯今年66岁，其老伴65岁，但两个人的精神状态看起来像七八十岁。

例6：杨阿姨，贵州兴义人，农民，现年68岁，育有1子1女。老伴于三年前因胃癌病逝，之后杨阿姨一直跟随儿子一家在县城生活。因杨阿姨的3个孙子都长大无须照顾，所以杨阿姨的空闲时间比较多。但由于以前长期在农村务农没有任何业余生活，搬进县城后杨阿姨一直无法适应，同时也不愿尝试培养新的业余爱好，于是就经常以各种理由和借口找儿子儿媳吵架，弄得儿子儿媳疲惫不堪，家庭氛围既紧张又压抑。

五、社会养老意识淡薄，新型养老模式推广难

家庭养老观念深植于很多老年人的认知当中，他们对社会化养老方式并不

认可，普遍认为子女是养老的唯一"责任人"，认为赡养老人是子女应尽的责任与义务。根据贵州省政府新闻办举行"贵州省老龄健康工作推进情况"新闻发布会上的介绍，贵州省95%以上的老年人采取居家方式养老。贵州农村老年人思想上缺乏社会养老意识，行动上缺乏提前谋划养老和为养老进行投资的做法。像互助养老这样的新型养老模式既难以被老年人个人接受，也难以被其他家庭成员接受。

例7：石大伯，龙里县人，农民，今年79岁，育有1子3女，其老伴75岁。石大伯的4个孩子都在龙里县县城居住，但大女儿离婚后一直是租房子居住，面积有40多平方米，很窄；二女儿离婚后只有一套50平方米的经济适用房；唯一的儿子在县城有一套80多平方米的房子，但在离婚时给了前妻，且近两年一直在印尼务工没有回来；三女儿是铁路工作人员上下班属于几班倒。石大伯和老伴只能相互照顾，近两年由于石大伯多年的高血压、糖尿病越发严重，健康状况令人担忧，三天两头住院无人照顾，于是兄妹四人为了便于照顾老人的身体健康商讨提议把二老送入康养中心，但二老以养老就应该在家由子女负责为由不仅不接受提议，还大发雷霆，要跟子女断绝关系。

例8：邱婆婆，沿河县人，农民，现年82岁，无儿无女。其老伴于10年前病逝后邱婆婆便一直一个人生活，每月依靠国家的低保维持生计。虽然我国早已在全国普及"五保户"政策，按此规定，邱婆婆可以免费住进镇里面的福利院，但由于邱婆婆个人抗拒，一直拒绝，所以即使82岁高龄邱婆婆依然住在自己的老屋，日常起居基本上都要靠自己。

第三节 乡村振兴背景下贵州农村养老问题原因剖析

一、人均寿命延长和生育率疲软共同作用

一方面，人均预期寿命延长会不可避免地产生老龄化。贵州人均预期寿命从1990年的64.29岁延长到2010年的71.10岁。当前，贵州人口预期寿命高达76岁，这就增加了老年人口数量；另一方面，低生育率也会产生老龄化。贵州人口出生率和自然增长率均不高，2016年已经进入了严重的少子化，期间即

使政府出台了从放开单独二孩到全面放开二孩一系列政策鼓励生育，但人口生育率依然走低。2021年，国家全面实施三孩政策，允许多生、奖励多生、补助多生，但从目前社会反响来看，这一系列鼓励政策依然未调动起人们生育的积极性。

事实上，当前贵州的老龄化问题是在上述两方面原因的共同作用下产生的，人口老龄化在这样的双重作用下变得更为复杂、更为严峻。

二、农村产业结构单一，农民收入微薄

农村产业结构单一是全国农村普遍存在的问题，只不过这个问题在贵州农村地区更为凸显。狭义农业的产值比高且占据第一位。其中，又以粮食生产占据首位，农产品品种结构老化，种植业结构单一，区域布局雷同，这一系列问题导致农村经济落后，农民收入微薄。这样的现实一方面加速农村青壮年劳动力向发达地区迁移，另一方面留守当地的老年人积极老龄化意识不强，难以实现经济上的"自我供养"，这也是农村养老问题难以应对的原因之一。国家统计局公布的数据显示，2020年，贵州全年全省居民人均可支配收入21 795元（同期全年全国居民人均可支配收入32 189元），其中，农村居民可支配收入为11 642元（同期全国农村居民可支配收入为17 131元）。农民微薄的收入这一现实决定了他们没有更多的钱财用作养老积蓄或投资。农村居民长期低水平的经济收入致使他们既没有可做养老投资的资金也没有具备养老投资的能力，因此，农村老年人极少购买商业养老保险和养老类理财产品，即使对国家强制要求参保的社会养老保险也存在被动缴纳现象，在缴费档次与年限上倾向于就低不就高。

三、城镇化进程加快，大量农村劳动力向城镇迁移

随着城镇化进程的不断加快，城镇化率也逐步提高，为了获得更好的就业、医疗、教育、养老服务等资源，大量农村青壮年劳动力向城镇迁移。2014年，贵州总人口3 508万，农村户籍人口2 404.47万人，其中829.71万农村劳动力在外就业，跨省就业有603.36万。2020年，贵州农村户籍人口1 806.62万，其中890万农村劳动力在外就业，跨省就业有575.6万。从2014年开始，贵州农

村总人口数逐年减少，截至 2020 年年底，七年间共减少 297.85 万，但选择外出就业的农村人口和跨省就业人口始终居高不下。

如以黔东南地区为例，2015—2019 年黔东南地区农村劳动力外出就业数据逐年增加。2015 年农村劳动力外出就业 100.12 万人，其中跨省就业 82.8 万人；2019 年外出就业增加到 121.01 万人，跨省就业增加到 81.3 万人。

四、重视物质赡养，忽视精神赡养文化氛围

一方面，正如前面所言，这一代老年人经历过食不果腹、衣不蔽体的艰难岁月，他们是饥饿与贫穷的亲历者，物质生活的富足是他们曾经梦寐以求的生活。对于这一代人，物质生活的富足才是他们生活的首要目标，完全忽视对精神生活的追求，既不愿意与子女敞开心扉沟通，也不善于表达自己的内心情感需求，常常选择隐藏自己的真实想法与内心世界。另一方面，老年人对精神生活追求的放弃形成了重物质供给轻精神慰藉的文化氛围，这导致子女主观上常常陷入了孝道误区，错误地把满足老人物质生活需求理解为孝道，错误地认为为老年人提供幸福的晚年生活就是给老年人提供吃穿住用行等所需的物质保障，认为不为衣食所困、不为物质生活所累自然精神生活也就丰盈了。客观上，外出务工的农村青壮年迫于生计压力对农村老人心理健康了解不够，偶尔回家或平时电话联系大多把注意力集中在老人的身体健康上，对老人的精神世界了解不多。另外，物质赡养比精神赡养更容易操作，尤其是农村中部分背井离乡务工的子女，物质赡养一般可通过给父母赡养费、买衣物和食品等方式现实，操作起来简便快捷，然而精神赡养则需要通过关心、关注、沟通、开导、陪伴等方式实现，这对于背井离乡的子女而言要花时间与精力关注老年人的内心世界对老人进行精神赡养则极其困难，要实现长期陪伴更不可能。

近些年农村老人的情感得不到及时宣泄跟疏导，导致心理不健康从而罹患像抑郁症、神经衰弱等精神障碍性疾病甚至发生选择自杀的现象，这正是农村重视物质赡养，忽视精神赡养造成不良后果的现实写照。

五、文化程度低，养老观念陈旧

贵州农村老年人文化程度低，养老观念陈旧体现在：一是学习能力低下，

凡事依赖子女，习惯把年老与无用等同，既不愿积极主动学习新知识，也排斥新事物，即使完全具备学习的能力主观上也不愿去学习。同时，对老年阶段的自我护理能力较差，缺乏健康养生知识的储备和日常疾病的常规护理能力，对待健康与疾病容易相信偏方或封建迷信；二是养老思想陈旧，内心深处抵触跟排斥家庭养老之外的新型养老模式，他们对社会化养老方式认同度低，积极老龄化意识不强。

贵州教育事业发展较落后，从受各类教育的人数来说，根据第七次人口普查数据可知：贵州每10万人口中，受小学教育程度人数为31 921人，仅高于四川、陕西、甘肃、宁夏和新疆5个地区，受初中教育程度人数为30 464人，仅高于甘肃、青海、宁夏、西藏、云南5个地区，在全国34个地区中前两项处于倒数第六；受高中（含中专）教育程度人数为9 951人，仅高于西藏，受大学（大专及以上）教育程度人数为10 952人，仅高于广西。

从受教育的年限来看，贵州全省常住人口中，15岁及以上人口的平均受教育年限在2010年为7.65年，当时全国平均水平是9.08年。贵州与全国平均受教育年限相差1.43年，处于倒数第二。2020年贵州人均受教育年限虽然提高到了8.75年，比10前提高了1.1年，但与全国的平均水平依然相差1年以上。

2020年，在9个市（州）中，平均受教育年限在10年以上的仅有1个，有7个在8~9年，有1个还在8年以下。综观全国，贵州的平均受教育年限依然是处于末位。在很多农村地区，未进过学校的老年人和接受教育不多的年轻人比比皆是，这样的现实在养老上的具体表现就是养老观念陈旧，不利于新型养老模式的探索与推广。

第四节　乡村振兴背景下贵州农村养老问题化解建议

一、深化农村社会保险制度改革，充分发挥制度"安全阀"的功能

本章虽然研究的主题是农村养老问题，以解决农村老年人养老问题为出发点，以提高农村老年人生活质量为落脚点，但无论是养老问题的解决还是农村老年人生活质量的提高，都与老年人患病这个问题息息相关。因此这部分改革

建议中不仅有对社会养老保险制度的改革设想,也有对医疗制度改革的设想。

(一)继续深化农村社会养老保险制度改革,提高农村养老保险待遇水平

一是提高 60 岁及以上老年人社会养老保险待遇水平,这部分费用可以通过国家财政划拨实现。二是提高增加缴费档次及缴费(税)水平,鼓励农民年轻时多缴纳社会养老保险费(税)。当前中国养老问题的难点之所以在农村源于农村老年人年老后缺乏稳定的收入来源或收入微薄,根据《贵州省人民政府关于开展新型农村社会养老保险试点的意见》(黔府发〔2009〕37 号),参加新型农村社会养老保险的参保人缴纳养老保险费的缴费标准设为每年 100 元、200 元、300 元、400 元、500 元、600 元、700 元、800 元 8 个档次。参保人可自主选择缴费档次,虽然后来做了一些调整,最高一年可缴 1600 元。对于参保人每年按时缴费的,地方政府按照每人每年 30 元标准给予补贴,其中,省、市、州、地和县级财政各负担 10 元。2020 年,贵州省人民政府对该意见进行了修订并于 2021 年 1 月 1 日起施行,修改后的意见将居民养老保险缴费档次调整为 13 档,最高缴费达 2000 元。

从上述相关政策可知,对于现年 70 岁及以上的中高龄老年人来说,他们在 60 岁以前我国的农村社会养老保险处于初期探索阶段,当时我国的农村社会养老保险覆盖范围窄、覆盖面小,这部分人中的绝大部分没有缴纳社会养老保险费(税),因此,现在领取的社保待遇仅有国家补贴部分,即每个月为 93 元(基础养老金)。对于现年 60～69 岁这一部分低龄老年人,在他们 60 岁以前,农村社会养老保险处于探索阶段,农村社会养老保险存在档次低、覆盖范围窄、缴费水平不高等问题,这部分人中的大多数人倾向于选择每年交 100 元的最低档。综合上述分析,无论是农村中的低龄老年人还是中高龄老年人,他们现在能领取的养老保险待遇极其有限,难以与当前的物价水平及消费水平相匹配。因此,可以通过增加参保人的缴费档次和缴费标准增加部分人的个人账户收入,以提高其 60 岁后的待遇水平。

(二)继续深化医疗保险改革,减少老年人因疾病产生的相关支出

减少老年人疾病支出看似与养老问题无关,但实际上,随着年龄的增长而增多的疾病是老年人不可避免会遭遇到的现实问题。根据相关研究显示,老年人患病的概率比其他年龄段的群体要高,尤其是在一些重大疾病上,因此,老年人患病是很常见的事情，而这样很常见的事情所产生的直接医疗费用和间接护理费用等费用则必然加重老年人及其家庭的经济负担，从这个角度而言，减少老年人疾病相关支出直接影响着老年人个人及其家庭在养老问题上的支出。鉴于此，必须继续深化医疗保险改革，减少老年人因疾病产生的相关支出，以实现农村养老问题的妥善解决，具体建议如下。

一是指导建立随子女就医的医疗保险绿色通道。子女就业地与老年人生活地分隔开来的现实，对子女与老人最大的压力莫过于老人生病后的护理及费用负担。按照当前的医疗报销制度，病人患病后看病或住院报销必须在个人医疗保险所在地，异地医疗只有突发疾病及一些符合转诊条件的疾病才能正常报销，其他情况的疾病异地诊疗则在报销中比例要降低。然而对于符合办理转诊条件的情况也只是针对在当地医院不能医治的疾病，且一般是在同一省、州（市）、县内部从下级医院向上级医院转诊，比如乡镇卫生所向县医院、州（市）、省医院转诊，跨地区同级转诊不予受理。假设患者跨地区同级治疗，那么住院既不能异地结算（异地结算试点医院除外），也不能享受原有报销比例，而当前没有转诊手续的跨地区治疗报销比例一般不足正常报销比例的一半。这对于子女在外地的老人又生病需要住院的情况，患者及其家庭的选择无非两种。一种是选择在患者医保所在地医治，治疗期间的护理，子女要么请护工，要么自己请假甚至辞掉工作，这样的选择医疗费用的报销较高，但是以请人护理支付额外的护理费或者子女请假甚至是辞职为代价的。这样的结果从医疗报销费用上来看是高，但从整个患者家庭经济负担而言不仅没有减轻反而更重。另一种是选择到子女就业（务工或居住）所在地医治，子女兼顾工作与照顾患者两件事，就只能接受较低的报销比例，这对于病患家庭来说造成了一定的经济损失。总而言之，两种选择中无论哪一种，在经济上都是以增加患者家庭负担为前提，在精神上都是以双方的煎熬忍耐为代价。假设开通农村老年人随子女就业地就医的诊治通道，那么患者子女在老年人患病住院期间则能兼顾工作与护理这两件事，其家庭经济和精神压力相对都能得以减轻，可谓两全其美。

二是提高慢性病的报销比例。现在生活在农村的这一代老年人年轻时所处生活环境极其艰苦，且他们长期从事重体力劳动，年老后普遍存在风湿、类风湿、腰椎间盘突出等诸多慢性疾病。这些疾病需要长期服药治疗或理疗，这势必会产生医疗费用。虽然当前的慢性病报销比例对于普通家庭而言是在可以承受范围内，但对于既没有稳定养老经济来源，也没有强健体魄的患病农村老年人而言，长期的一笔笔小开支累计起来也是巨大的开支。最近几年，在农村老年人中时常出现的因慢性病致贫、返贫现象往往与此有关。

三是实施定期免费体检，将病后治疗转为病前预防。增强老年人健康预防意识，提倡老年人定期健康体检和科学健身尤为必要。农村地区老年人根深蒂固的对健康意识的漠视并不是在短时期内能得到有效纠正。鉴于此，与其坐等老年人因病致贫或因病返贫后政府来兜底，还不如将这部分兜底的支出提前划拨给农村老年人作为定期免费健康体检支出，从而提前发现老年人健康方面存在的问题并予以及时的健康指导，将病后治疗转变为病前预防，降低农村老年人患病的几率，提高农村老年人晚年生活质量。从长远减少对国家医疗资源的浪费，实现一举多得。

二、加快推进乡村振兴战略与农村养老的融合发展

乡村振兴战略与农村养老并非独立的两个领域，二者相互依赖、共同促进。正如上述所言，一方面，乡村振兴战略的实施为农村养老问题的妥善解决提供经济支持和人力支持。经济支持和人力支持是养老事业发展的基础和保障，而在贵州农村地区，养老问题的妥善解决最大的痛点与难点莫过于缺乏财力与人力。鉴于此，养老问题的妥善解决必须借助乡村振兴这一东风。具体体现在：一是乡村振兴战略注重农村各产业的均衡发展和产业结构的优化。毋庸置疑，这将促进农村经济的发展，而农村经济发展了原本外出的劳动力将部分返流回农村，甚至还能吸引部分城镇劳动力到农村创业或就业，这就为农村养老事业的发展提供可供选择的人力储备。二是，乡村振兴促进劳动力向农村合理回流还可以减少农村空巢老年人数量，养老中需要的财力与人力都将迎刃而解。

另一方面，农村养老问题的妥善解决为乡村振兴提供劳动力支持和稳定的社会环境。首先，无论是通过乡村振兴推进农村产业发展，还是乡村振兴战略能坚持农业农村优先发展，这些都离不开人力资源的支持。在当前农村，老年人才是劳动生产的主力军。相比于年轻人，老年人对农村的了解与热爱程度更

深，他们更乐于在农村生活、劳作。尤其是低龄老年人，他们既有能力也有意愿在农村从事劳动生产，从这个层面而言，农村养老问题的妥善解决正是带动老年人积极参与乡村振兴的最好办法，农村养老问题的妥善解决能为乡村振兴提供劳动力支持。其次，任何事业的发展都离不开社会的和谐稳定，乡村振兴战略的实施也不例外。换言之，农村养老问题的妥善解决能促进农村地区乃至整个社会的和谐稳定，这种环境也是乡村振兴所需要。

三、探索多元化的农村养老模式，对农村社会养老保险进行有益补充

在乡村振兴背景下农村养老要形成以社会养老保险为支撑，多种养老模式并行发展的多元养老新格局，尤其需要积极探索并实行新型养老模式以弥补农村养老资源供应不足这一短板，缓解家庭和社会的养老负担，以平衡农村养老资源供需失衡严重问题，深入挖掘养老内生力量，应对农村人口老龄化形势严峻，应对农村人口老龄化危机等问题。

（一）引入智慧养老理念，完善现代社区看护模式

在城市，智慧养老已经进入老年人的生活，智慧养老设备已经成为部分城市老年人日常生活的必需品。智慧养老设备给老年人的生活带来的便捷性与高效率已获得城市老年人的认可，城市里的社区看护越来越多地引进现代智慧设备。但在农村，智慧养老设备和智慧养老模式还未推广开来，这需要政府加快推进，承担起主体责任，主导引入倡导构建智慧养老模式的理念，通过运用互联网技术实现远程技术智慧养老模式、智能家居智慧养老模式和多方参与智慧养老模式。主导研发并配备方便老人佩戴的仪器，随着老人的运动出行，监测老人的各项生理信息，实时监控老人的动向、身体指标，包括血压、血糖、运动时间、睡眠、心率等，方便老年人适时掌握自己的身体状况和健康状况，并且可根据监测出的数据干预老年人的饮食营养搭配、运动选择及强度和行为习惯等。此外，还可将监测到的数据反馈给子女、监护人或养老机构，让"智能养老"设备走进农村老年人的生活，成为忙碌子女背后的"眼睛"，从而更好地知晓老人的健康状况。

(二)重塑"自我养老"养老模式

无论社会养老、家庭养老还是机构养老,本质上都是外部依赖型养老模式,只是依赖的对象不同罢了。从根本上而言,外部力量只能起到辅助或解燃眉之急的作用,培育农村"内生性"力量才是解决农村养老问题的可持续之策。而自我养老模式是依靠自身力量来完成养老过程的独立性养老模式,体现养老资源的自我积累。在贵州农村"未富先老"比城市更为凸显的现实背景下,农村拥有的养老资源数量与质量都十分有限,单靠农民自身的力量实现"老有所养""老有所安"这样的目标难度极大。政府必须发挥主导作用不断挖掘农村自身在养老方面的内生力量,从政府层面进行创新与优化,明确政府在"自我养老"养老模式上的主导权属问题;从照顾者个人层面进行创新与优化,根据"自我养老"养老模式的不同需求提出多元化的激励措施,为"自我养老"养老模式争取更多的支持者;被照顾者个人层面进行创新与优化,制定个性化的养老服务,提高"自我养老"养老模式的质量与效益,充分调动老年人人力资源,激发他们的潜能,为其发挥余热提供渠道跟平台,重塑农村"自我养老"模式。

四、加大资金投入,不断完善农村地区的养老服务设施建设

加大对农村地区养老服务硬件设施的投入,当地政府部门应结合其发展现状,通过划拨专项资金、加大对农村地区的养老服务设施建设。一是加大对养老院的资金建设投入,为农村地区修建敬老院并配置一定数量的床位、老年人专用健身器材、老年活动室、棋牌室。二是加大对农村地区老年人生活服务设施建设方面的资金投入,积极为老年人配备适合老年人使用的超市、银行、食堂、快递服务站等基础服务设施,尽量保证老年人群体不用出远门就能享受到便捷的服务。三是加大对农村地区老年人健康卫生服务设施建设方面的资金投入,修建卫生院或卫生所来为老年人的健康保驾护航,并定期对老年人提供健康咨询服务,针对行动不便的老年人,提供免费上门服务。四是加大对农村地区老年人安全保障设施建设方面的资金投入,在可供老年人活动的场地及时添置拐杖、轮椅等安全保障工具,同时在超市、银行、食堂等人多的活动场所出口及时增加安全通道等,以此保障老年人在紧急状态下的安全疏散。

五、加强农村地区养老信息管理平台建设,积极推进农村智慧养老产业的发展

政府应当主导构建利用一系列的信息技术手段完成的智慧养老体系,构建起全面的面向家庭、社区及养老机构等的信息服务平台,从而为农村地区的老年人提供便利化的养老基础服务。一是构建信息管理平台加强对老年人个人基本信息的管理,包括记录老年人姓名、性别、年龄、居住地、家庭成员及监护人等基本情况,为管理机构全面了解老年人群体的基本信息提供依据。二是构建信息管理平台,加强对老年人身体健康状况的监测,包括记录血糖、血压、心率、既往病史等健康状况,随时掌握老年人的身体健康情况,在老年人身体状况不断下降的同时,将智慧养老服务与健康产业相结合,为老年人提供定期的身体健康检测、健康咨询服务和养生服务,推进"线上+线下"的综合信息服务平台和养老服务设施建设。三是构建信息管理平台,加强对老年人生活质量进行监测,包括记录老年人生活质量监测指标体系、老年人贫困预警线,建立档案进行网络化管理,对老年人的晚年生活质量进行监测,尽量避免老年群体陷入贫困。

贵州农村养老问题不是单个人或家庭的问题,它是现实问题也是历史问题;它既有社会结构转型的原因,也有国家政策调整的原因。贵州农村养老问题事关该地区农村劳动力的生产与再生产,也事关该地区农村文化的发扬与传承,还事关贵州地区城市与农村的融合发展。关注贵州农村地区农民养老保险就是解决贵州农村地区"三农"问题的突破口,也是促进该地区乡村振兴战略顺利实施的必然选择。在乡村振兴背景下,贵州农村养老问题的妥善解决有利于应对贵州农村地区人口老龄化问题,也有利于巩固贵州地区乃至全国脱贫攻坚成果,还有利于推动地区乡村振兴战略的顺利实施。此外,贵州养老保险的妥善解决还需要城镇的大力支持,大众的充分信任与积极参与。唯有多方协作、共同努力,贵州农村养老问题才会得以快速解决,人口老龄化、乡村振兴等一系列问题才能迎刃而解。

第九章　乡村振兴战略下的民族乡村现代治理

推动民族地区乡村治理创新、实现民族乡村振兴，关键是构建现代民族乡村治理体系、提升民族乡村治理能力。

本章在梳理黔东南州乡村治理政策图景的基础上，总结分析黔东南州乡村治理的建设成效、经验做法和存在的困境，重点提出了乡村振兴战略背景下黔东南州乡村治理创新的政策框架及实现路径，即政治、法治、德治、自治、智治"五治融合"的黔东南州现代乡村治理体系，及党组织力、法治能力、德治能力、自治能力、服务能力"五力同发"的提升黔东南州现代乡村治理能力的行动方略，试图深化对民族地区乡村治理问题的认识，为促进民族地区乡村治理现代化提供政策建议和决策参考。

第一节　民族地区乡村治理的时代背景和战略意义

我国不仅是农业大国、农村大国，更是农民大国，2020年第七次全国人口普查主要数据显示，居住在乡村的人口为5.10亿人，占全国总人口的36.11%。这些庞大人口构成的中国乡村社会，既是农民利益和社会矛盾的交织聚合地，也是乡村秩序和社会价值的基础衍生所。因而，农业农村现代化关系着国家现代化的成败，乡村治理体系和治理能力的现代化程度直接影响国家治理体系和治理能力现代化的速度和质量。

民族地区乡村治理具有乡村治理一般特征的同时，又因其地域性和民族性等特征，呈现出特殊性。这种"两性特征"主要体现在三个方面：一是从地域特征看，我国的民族地区主要集中于边疆民族地区或地理位置较为偏远的地区，自然条件比较恶劣，长期以来经济社会发展比较落后，对外交流交往和开放水平不高，因而，实现民族地区与全国同步发展是乡村治理的重要目标和任务；

二是从民族特征看，因少数民族聚居的特点，民族地区乡村治理的主体、对象、规则、内容、方式等都具有一定的民族特殊性；三是从国家的关注看，民族地区在国家的大政方针中一般都会得到特殊的政策倾斜或支持，以巩固民族团结的大局。因此，民族地区乡村治理既关系到民族地区的和谐稳定，也关系到国家治理体系的完善与治理能力的提升。

党的十九大报告中首次提出"健全自治、法治、德治相结合的乡村治理体系"。2019年6月，中共中央办公厅国务院办公厅印发《关于加强和改进乡村治理的指导意见》，为健全"三治相结合"的乡村社会治理体系提供了纲领性政策指引。

建立健全党组织领导的"三治相结合"的乡村社会治理体系，在民族地区同样具有重要的战略意义：一是巩固提升脱贫攻坚成效的内在要求。当前，民族地区持续巩固拓展脱贫攻坚成果依然存在许多的短板和难题，越来越需要积极高效的乡村治理体系来服务和支撑。二是探索实施乡村振兴战略的重要内容。"治理有效"作为实施乡村振兴战略的总要求之一，既是乡村振兴的基础板块，也是核心内容。三是确保实现国家长治久安的应有之义。面对乡村社会利益关系日趋复杂、社会矛盾和问题交织叠加的新情况、新变化、新问题、新矛盾，必须要通过良好的乡村社会治理来实现。四是巩固夯实党的执政基础的必然要求。乡村社会治理关系着农民的幸福感和安全感，关系着农村社会稳定，也关系着党在农村的执政基础。

第二节　乡村治理体系建设的政策图景与实施现状 ——以黔东南州为例

2017年，党的十九大报告中提出"健全自治、法治、德治相结合的乡村治理体系"以来，黔东南州在各级党委和政府相关文件中也开始增加提及乡村治理体系建设的频率，显示出对该问题的重视。从总体看，黔东南州乡村治理体系建设现状既包括宏观政策图景，也包括黔东南州乡村治理的建设成效、经验做法和存在的困境。

一、黔东南州乡村治理体系建设的政策图景

（一）黔东南州乡村治理体系建设整体政策规划

2020年，黔东南州人民政府办公室印发了《黔东南州加强和完善城乡社区治理实施方案》，在总体目标中明确："到2030年，党组织领导的自治、法治、德治相结合的城乡社区治理体系得到健全，社区管理和服务机制全面形成，城乡社区治理体制更加完善，城乡社区治理能力显著提升"。可以看出黔东南州在宏观政策安排上已有相应"三治相结合"的体系化意识，虽然其主要实施主体是城市和乡村社区，但其对"三治融合"乡村治理体系的建设仍有突破性、制度性意义。

（二）黔东南州乡村治理"自治单元"政策规划

由于黔东南州"三治相结合"的乡村治理体系建设还处于初期探索阶段，因此其现阶段的乡村治理模式还是处于相对分立的自治、德治、法治深化阶段，但从治理目的与路径而言，都属于对"三治相结合"乡村治理体系的重要内容。

黔东南州乡村自治具有较为丰富的内生资源，也进行了较为详细的制度安排。在黔东南州"十三五"规划中明确提出，要"健全党组织领导的村民自治机制""探索新型乡村治理体制机制"。在2017年出台的《黔东南州人民政府关于深化新形势下新一轮农村改革试验试点工作的实施意见》中提到要"以村民自治创新为突破，'三支队伍'为基础，创新农村社会治理机制"。在黔东南州"十四五"规划中明确，"健全党组织领导、村（居）委会主导、人民群众为主体的新型基层治理框架……实现政府治理同社会调节、居民自治良性互动"等，目的是着力加强农村基层组织建设，健全和完善农村基层民主自治机制。

（三）黔东南州乡村治理"德治单元"政策规划

德治作为黔东南州传统主要治理模式之一，具有深厚的历史土壤与治理范式。在黔东南州"十三五"规划中规定，要广泛开展社会主义核心价值观宣传教育，发扬"长征精神""三线精神"以及"开放创新、团结奋进"的贵州时代精神，积极加快民族、山地、红色、"三线"等特色文化融合发展等活动制度化，加强农村文化建设等。黔东南州"十四五"规划中规定，持续加强农村文化建设，实施农耕文化传承保护工程，开展民族团结进步示范等一系列的文化振兴

工程，深入推动农村移风易俗等。在黔东南州委2021年发布的关于"三农"现代化的第1号文件中也明确提出相关内容等。

（四）黔东南州乡村治理"法治单元"政策规划

黔东南州"十三五"规划中规定，"加强民生领域法律援助，构建城乡均等的法律服务体系"。黔东南州"十四五"规划中规定，"开展'法律进乡村'宣传教育活动，促进民主法治示范村创建""发展……村（居）法律顾问队伍"，"推动仲裁委员会积极参与基层社会纠纷解决，支持仲裁融入基层社会治理"等。此外，2016年黔东南州委办、州政府办印发《黔东南州公共法律服务体系建设试点实施意见》明确，到2020年要建立覆盖州、县、乡、村四级的公共法律服务体系。为贯彻落实该意见，黔东南州司法局制定了《关于加快推进公共法律服务体系建设的方案》《关于推进"一村（居）一法律顾问"工作的实施方案》，推进法治乡村建设。

综上，从整体政策制定来看，黔东南州对于自治与法治具有更多的重视，但关于如何结合自治和法治的制度安排仍然薄弱；而对于德治的重视往往主要呈现于文化建设这一块，注重德的"形"，而往往忽视其"治"的内涵，相关具体的政策规定也十分稀少；在整体规划中，我们可以经常看到经济建设、政府建设与"三治"的关联，但是其政策关联程度还不足，即往往缺乏相应的配套政策措施，"三治"互促效能受到明显限制。

二、黔东南州乡村治理体系建设取得的成效

"十三五"是黔东南州"农业产业发展最快、农村面貌变化最大、农民群众得实惠最多的时期，为全面推进乡村振兴奠定了坚实基础"。近年来，黔东南州聚焦按时高质量打赢脱贫攻坚战的目标任务，探索运用多种机制办法，推进乡村治理体系和治理能力不断创新，取得了一些阶段性成效。

（一）党建引领作用得到有效增强

课题组深入黔东南州凯里市和剑河县、岑巩县、天柱县、黎平县等县的乡村基层一线调研发现，近年来各县基层党组织主动担当作为，不断完善工作机制，创新工作载体，强化组织保障，有力有效推进基层党组织组织力提升，党建引领作用得到有效增强。主要体现在以下几个方面。

（1）强基固本，政治领导力得到提升。近年来，黔东南州各农村党组织以党支部规范化建设为抓手，积极推进基层党组织规范化标准化建设，多措并举着力提升基层党组织组织力，政治领导力得到明显提升。

（2）守正创新，思想引领力得到加强。近年来，黔东南州通过多种形式搭建起干部和群众之间的"连心桥"，精准地收集民意，推动驻村帮扶工作做实做细，在真帮实促中提升了群众的参与感、获得感和满意度。

（3）担当示范，社会号召力不断巩固。如岑巩县岑峰村是"全国人民调解工作先进集体""全国民主法治示范村"，但该村曾是贫困人口多、矛盾纠纷多、光棍小伙多的"三多村"，如今蜕变成远近闻名的富裕村，主要原因是该村"两委"近年来念好用好"学""想""争""干""赶"五字经，形成一种"岑峰现象"和"岑峰精神"，产生了广泛的社会号召力，不断地鼓舞着岑峰干部群众感恩奋进，超越创新。

（4）党社共建，发展推动力明显增强。黔东南州在不断深化推进"党社联建"模式，在突出党支部政治引领作用的同时，也加强党支部的发展推动能力建设，助推村集体经济和农户"双增收"。

（5）从严治党，自我革新力充分彰显。如2018年以来，岑巩县通过县委领导、乡镇党委领导和科级组工干部"三级"联包方式，整顿后进村党组织11个，对那些思想政治素质不好，不服从安排、不支持党委政府工作、不担当不作为、优亲厚友、律己不严的村干部，旗帜鲜明地处理和撤换。

（二）村级规划管理实现全部覆盖

制定科学合理的发展规划，推动产业形成和提质升级。比如，天柱县渡马镇共和村依托自身特色优势，村"两委"班子拟定了五年发展规划，明确了发展目标和工作思路，成功打造了"一凤一菊一游"品牌，成功打造了一个集产业发展、文化旅游、休闲、娱乐为一体的度假村"功夫侗寨"。由此，共和村先后获得了"省级民主法治示范村""全省脱贫攻坚先进党组织"等荣誉称号。

村组织有清晰的工作思路和切实可行的解决困难的办法。比如，岑巩县羊桥乡龙统村党支部牢牢把握农业产业革命"八要素"，结合本村实际拟定了"1234"产业发展思路。在日常工作中，龙统村级一线作战队不断总结经验，又探索出"七步工作法"（即一摸、二看、三听、四访、五分类、六施策、七收官）并融合"为民七个好"做好群众工作，乡村治理成效明显。总体看，黔东南州比较重视农村规划管理在乡村治理中的作用。截至2018年年底，除县城及乡镇规划区包含的行政村外，黔东南州对剩余的2 896个行政村全部编制村庄规划，9 485个30户以上农村居民点已编制完成并批复实施，实现了村庄规划管理覆盖率100%。

（三）乡村便民服务体系不断完善

黔东南州通过上级支持、地方财政预算安排、社会投入等方式多方筹集资金，建成了一大批规模适度、功能完善的社区综合服务设施，通过整合优化公共服务和行政审批职责，打造"一门式办理""一站式服务"的综合服务平台，乡村便民服务体系不断完善。据州民政局发布数据显示，截至2019年年底，全州建有综合服务站的村占比为100%。全州30户以上自然寨全部通硬化路，农村危房、透风漏雨住房、人畜混居住房问题全面整治，饮水安全有效解决，农村生产生活条件得到了历史性改善。

（四）充分发挥村规民约治理功能

黔东南州为更好发挥村规民约在乡村治理中的积极作用，开展了村规民约示范创建活动，不断完善村规民约内容，规范村规民约组织实施，形成了务实管用的村规民约。在2018年命名106个村规民约示范村的基础上，2019年127个村完成"村规民约示范村"创建申报。2020年3月，州民政局等6部门联合出台了《关于进一步做好村规民约和居民公约修订完善工作的实施方案》，对规范、加强村规民约和居民公约工作作出了全面部署。截至2020年年底，全州2129个村民委员会、294个居民委员会全部制定村规民约或居民公约并进行了修订和完善工作，其中，榕江县还邀请到法律顾问帮助"把脉"村规民约，聘请专业的律师事务所对各村修订的村规民约和居民公约进行合法性和规范性审核，体现了严谨性和高质量要求。综上所述，全州村规民约的制定、规范和完善，充分发挥了村规民约对村民的自我约束能力，有助于激发村民内生动力，为助推农村乡风文明、新时代乡村振兴提供坚实保障。

（五）乡村平安法治建设成效显著

一是做好人防、物防、技防，控制发案；二是抓实矛盾纠纷多元排查化解。黔东南州积极推进人民调解、行政调解、司法调解三调联动，实现村居法律顾问全覆盖和困难群众法律援助应援尽援，村支两委干部、人民调解员、网格员等积极排查化解基层矛盾纠纷；三是加快推进村居公共法律服务平台建设，提升公共法律服务能力。充分发挥"一村居一法律顾问"职责职能，为群众提供义务法律咨询。促进公共法律基本服务在农村（社区）实现全覆盖，推动"五个体系"的建设。按照普法责任制，指导督促各单位开展法治宣传；四是以赶集日、民族节日为契机，继续通过法治文艺进乡村、送法进村入户等方式深入开展"法律八进"活动。

三、黔东南州乡村治理体系建设的经验做法

根据黔东南州"十三五"规划，要积极推广锦屏华寨"合约管理"、丹寨"五户联保"、三穗颇洞"党社联建"等经验，探索农村乡贤参与乡村治理新模式。根据黔东南州"十四五"规划，要坚持和发展新时代"枫桥经验"，推广"天柱合约食堂""黔东南州社区三社联动"，着力打通联系群众、服务群众的最后一公里。

根据2021年黔东南州委关于"三农"现代化1号文件要求，持续推进农村移风易俗，加大滥办酒席等不良风气治理，推广积分制管理、道德评议会、合约食堂、红白理事会等做法，推进文明村镇创建，推动形成文明乡风、良好家风、淳朴民风。其部分典型经验和模式见表9-1。

表9-1 黔东南州乡村治理示范村治理经验（部分）

模式	代表乡村	主要经验做法
"合约治村"模式	锦屏县华寨村	将德治与习惯法的有机结合，制定一部"村规法典"，称之为"合约"，成立"劝和组"，负责执行"法典"中的相关条款。由老党员、老村干、退休老干部、寨老、老军人组成"五老工作组"，充当政策宣传员、矛盾纠纷调解员、村两委工作监督员
"党社联建"模式	三穗县颇洞村	推行"党支部+合作社+基地+农户"的"党社联建"发展模式，通过党支部引领、合作社推动、党员带头、群众广泛参与，成立联合党总支，联建合作社，实现融合发展、抱团脱贫
"合约食堂"模式	天柱县共和村	由村党支部牵头，村民代表大会决议，利用闲置资源，整合多渠道资金，在人口相对集中的自然寨建设"合约食堂"。建章立制，规范"合约食堂"运行。成立"寨管委"，负责对"合约食堂"进行日常管保，有效遏制农村乱办酒席现象，营造勤俭节约之风

续表

模式	代表乡村	主要经验做法
黔东南社区"三社联动"机制	凯里市岑巩县辖区城乡	以社区为平台、社会组织为载体，坚持党建引领、多方联动、居民自治、目标导向、科技支撑，建立"社区+社会组织+社工"的互联、互补、互促联动机制，目前已探索出基层群众自治组织"1+2+N"基层治理模式和以社区党组织为核心"一领四建"新型基层治理模式

资料来源：根据调研收集资料和网络文献整理

四、黔东南州乡村治理体系建设面临的困境

"破解农村治理困境是实施乡村振兴战略成败的关键"。通过对黔东南州宏观政策规划以及不同特征村落的调研考察，发现黔东南州乡村治理体系建设虽然取得了较为丰硕的成果，但也存在乡村治理滞后于乡村发展的诸多不足和困境，其中既有自治、德治和法治单方面发展的薄弱困境，也有"三治"相互结合、实现融合过程中的困境，这些困境在现代化和城镇化的背景下呈现出更为复杂的特征。

（一）党建引领乡村治理的作用不够强

1. 党组织规范化建设有差距

活动场所建设进度参差不齐。调研发现，部分县中心村活动场所规范化建设项目基本完工，但仍有一部分未竣工，个别村的工程进度低于10%。同时，部分乡镇在推进村级活动场所建设中，未考虑资金紧缺等实际，盲目安排，没有充分利用辖区内的校舍等国有资产，造成闲置浪费。

重视硬件建设，忽略内涵提升。把党支部标准化规范化建设简单片面认为是活动场所标准化规范化建设，只注重硬件建设和外在形式，忽略了组织设置、队伍建设、制度运行、任务落实、保障配套等方面的标准化规范化，党员服务群众的能力素质、党支部的凝聚力战斗力没有得到实质性提升。

党员管理和发展工作存在薄弱环节。调研发现有的党支部没有超前谋划，入党积极分子培养不足，出现年底突击的情况；有的镇村两级党务工作者嫌发展党员工作麻烦，认为多一事不如少一事，不主动发展党员；有的村支部书记还存在"关门主义"和"保位"思想，担心有能力的新党员威胁到自己的"位

置",长时间不发展年轻党员;有的村级党组织不按程序转接党员组织关系等。

村级党组织党内组织生活不够规范。调研发现,个别基层党组织党内组织生活没能正常开展,有些及时开展了仍然停留在材料上,没有严格落实"三会一课"制度;有的村级党组织会议记录材料漏洞百出,甚至出现逻辑错误;有的村级党组织组织的生活会和民主评议党员等活动走过场;有的村级党组织党务、村务公开不及时等。

2. 乡村治理人才队伍建设滞后

农村干部难选难配问题依然突出。调研发现,有的乡镇仍然存在想换却不敢换、想换却无人可换、确定调整但至今仍未找到合适人选等情况。

驻村干部选派和管理仍需加强。调研发现,有的县直单位刚选派下去的干部两三个月就要求换人,有的乡镇选派的大学毕业生和农村知识青年到岗不久就辞职,有的乡镇对县级以上层面选派的干部存在不愿管、不敢管的情况。

(二)村级组织和村民自治能力比较弱

1. 村级自治组织的发展能力有限

调研发现,部分县各村组建的合作社和村级集体经济公司,部分没有正常运行。少部分运行的,也不同程度存在管理制度、利益分配机制不完善以及产业选择不精准等问题,经营范围大多局限于种植业、养殖业,发展思路不宽、办法不多。真正懂技术、会管理、有市场开拓能力的合作社和集体公司带头人严重缺乏,加上有的乡镇主要领导和分管领导对运用扶贫资金发展产业顾虑较多,担心资金使用不安全,导致村级集体经济没有实现真正意义上的"破壳"。

2. 农村人口外流与村民自治主体缺失

调研发现,多数村庄的在村人口主要是老弱病残和留守儿童,大多数年轻人都外出在就近县城或沿海地区务工,乡村自治的精英也不可避免地流失,这与近年来城镇化加速推进有莫大关系,也客观上导致乡村治理年轻人参与度严重偏低,自治的主体年龄结构出现中间小、两头大的失衡状况,乡村治理面临自治主体流失、缺位的困境。

3. 自治能力无法支撑繁重的乡村建设任务

黔东南州属于相对落后的民族自治地区,是实施脱贫攻坚、同步小康和乡村振兴战略的主战场,在这样的大背景下,农村的建设发展任务十分繁重,也包含了许多之前农村建设中很少涉及的公共议题，如基础设施建设（村村通、组组通公路，农业水利等）、生态环境保护（清洁风暴、垃圾处理等）、发展集体经济所涉及的集体土地利用和合作社运营、民族村寨保护等，这些在考核中标注有时限性的建设任务，需要投入极大的财力、物力、人力和精力，是当前农村基层自治组织和农民自身能力难以支撑和完成的，主要依赖乡镇党委和政府。这种繁重的乡村建设任务打破了原来乡村治理的基本格局，但是承接能力又尚未全面建立起来，形成了一种被动调适的成长状态。

（三）乡村治理的法治化水平依然较低

1. 乡村治理法律体系不完善，民族习惯法适用不足

我国目前已形成了以《中华人民共和国宪法》为核心、《民族区域自治法》为基础、《民族乡行政工作条例》为主干，各级、各部门法规、规章为辅的具有中国特色社会主义的民族乡村法律法规体系，但也存在相应的问题：民族法规法律地位不高，比如《民族乡行政工作条例》，其性质属于部门行政性法规，效力上低于法规；法治体系不完善，没有相应的涉及散居少数民族权益的保障法；法条规定不具体；法律的监督和执行机制不完善等。黔东南州乡村治理的有关法律体系情况也与以上描述相类似，尚未有关于乡村治理的具体立法，部分已有的自治州法规中相关条款所占比例普遍较低，"点到为止"，内容规定比较笼统，针对性不够强。

此外，黔东南州是以苗族、侗族为主的少数民族自治州，各少数民族基本上都有较为丰富的习惯法规范，在少数民族社会中发挥着独特"法理"作用。以苗族为例，在其漫长的苦难迁移历程中，苗族人急切期望安定的生活环境，因而在择居条件的甄选上，偏向于居住在地势较高、利于应敌、保障安全的山地上，形成了传统上的苗族村寨，渐渐构筑起了相对封闭的熟人小社会，也形成了一套独具权威的解决村寨内部纠纷和矛盾的习惯或规约（久而久之，称之为"习惯法"），约束苗族人的伦理观念和世俗行为，并发挥规范、调控村寨基本秩序的功能，支撑着苗族社会的变迁和转型发展。因此，历史上如苗族的"廊规"和侗族"款约"等，它们曾产生过和国家法一般的权威效应，在少数民族的生产生活中发挥过非常重要的社会调节功能，但在新中国成立以后，随着国家权力结构的下移，深入乡村一级，从而不可避免地对传统的村寨习惯法秩序

形成了挤出效应，习惯法的文化活力一定程度上被压抑了。另一方面，部分习惯法与国家法之间也存在着事实上的冲突。除此之外，也存在着司法等有关机构对于习惯法的重视不足的问题，少数民族地区的"基层法官对少数民族习惯法的适用非常谨慎"。

2. 基层干部群众法治意识不强，乡村社会法治生态脆弱

调研中发现，当前的农村"空心化"现象比较严重，留守乡村的"老弱"人群，文化水平普遍较低，固有的传统观念和"熟人社会"思维已经根深蒂固，对法律知识普遍比较陌生，法治意识相当淡薄，不到万不得已，不会寻求法律援助或通过法律途径解决问题。同时，法律程序的严肃性、烦琐性以及缴纳诉讼费等固有成本，也是这些少数民族对法律望而却步，宁愿通过非法律或非正式的途径去化解矛盾和纠纷的缘由之一。此外，村两委及组成人员、驻村干部乃至乡镇干部等乡村治理中的主体骨干，对法治的重视也不够，业务知识比较欠缺，学法用法能力不足。调研还发现，家族势力的影响、恶势力、"村霸"、村干部腐败等不良现象一段时间来得不到应有的惩治，导致一些涉黑、涉恶、涉贪腐事件时有发生，老百姓敢怒不敢言，产生了一些对党和国家权威、法律权威"缺位"而失望的心态，间接恶化了原本就比较脆弱的乡村治理法治生态。

3. 法治宣传形式比较单一，法治教育落后

首先，宣传方式零散，未成系统性，相应的联动机制和考核机制也未建立，从而导致法治资源分散，整体法治宣传效果不理想。其次，由于民族性和地理性差异，法治宣传本应呈现出地区差异，利用当地村民喜闻乐见的方式进行宣传。但在黔东南州具体的宣传过程中，这种差异性宣传并不明显。如因地制宜地利用苗族古歌、侗族大歌等进行现代的法治宣传还十分稀少，呈现出法治与德治结合得不紧密的状况，影响了整体治理效果。最后，系统化法治教育及培训缺乏也是当前法治面临的主要困境。

4. 乡村公共法律服务体系建设仍需加强

2016年，州委办、州政府办印发《黔东南州公共法律服务体系建设试点实施意见》后，黔东南州公共法律服务体现建设步伐加快，到2020年全州实现了州、县、乡、村四级公共法律服务体系的全覆盖，在16个县（市）建立的公共法律服务中心，均配备有独立办公场所，设置人民调解、法律援助、法律咨询、

公证服务等服务窗口。同时，全力推进"一村居一法律顾问"工作，建立了律师联系重点乡镇、重点村寨担任法律顾问制度和"一人多村"担任法律顾问制度，要求每月到村镇开展法律服务，取得了较好的社会效果。但是，也存在乡村法律服务体系建设不健全、法治服务供给效能较差的现状。一是政府对公共法律服务提供整项工作缺乏全面统一规划，对有效的法治工作机制缺乏研究，仍处于比较零散的状况；二是缺乏足够的财政保障和人才支撑，客观限制了乡村公共法律服务的供给能力和质量。

（四）文化断层和道德伦理约束力式微

1. 乡村传统文化受到市场经济浪潮的冲击

黔东南州是以苗族、侗族为主的世居少数民族聚集地，在漫长的历史长河中形成了以歌舞、饮食、服饰、建筑、风俗等为载体的丰富多彩的少数民族文化，而这些文化传承的核心区域正是广大的民族乡村，因而也形成了特色鲜明的民族村寨。在村寨的民族文化活动中，最鲜明的主题包含了尊老爱幼、淳朴善良、勤劳勇敢等道德品质，也蕴含着尊重祖先、敬畏大自然以及神灵的生态观念，久而久之，建立、形成并在传承中巩固了民族村寨的乡村传统秩序。但是，改革开放以来，受市场经济价值观念的冲击，乡土秩序传承日渐中断，传统道德和伦理观念的约束力渐失，村级组织自主解决纠纷的能力弱化。

2. 主流价值观的宣传教化作用不够明显

在黔东南州的主流道德观念宣传中，主旋律是推行社会主义核心价值观，并结合上级要求和民族民间文化传统与习俗，开展与核心价值观紧密相关的宣传活动，如"五好文明家庭""道德标兵"等，这些德治文化宣传活动看起来形式多样，但是很多宣传还浮于形式，真正发挥引导、教化功能并取得治理效果的十分有限，德治的激励机制探索性不足，宣传长效机制也未建立起来，制约了主流价值观在乡村治理中的影响力。

3. 传统德治精英的权威在变迁中走向边缘化

在黔东南州民族乡村，因长期以来宗族观念、村寨意识的存在，并以德高望重为标准，逐步形成和巩固了寨老、族长等主体在乡村治理中的权威，他们对于维系乡村秩序起到了重要的作用。但由于乡村社会经济的发展，特别是乡村的开放开发，现代政治权威的下移与强化，外部思潮与传统价值的碰撞，推动着乡村社会快速变迁，也加速传统德治精英权威的分解与弱化。同时，由于寨老、族长等主体都趋向高龄化，加上基层党组织和自治组织主导权在村务中不断提升，客观上使得传统德治精英的权威在变迁中逐步走向边缘化。

（五）"三治"相互结合融合还有差距

黔东南州乡村治理体系建设因历史、区位、民族构成和现实发展状况等多方面的原因，自治、法治、德治建设还处于相对分治的状态，各单元有越来越重视和强化的趋势，但是相互结合并走向融合的整体性体制机制尚未建立健全，推动融合发展的新格局还任重道远。主要体现在以下三个方面。

1. 民族成分、空间差异导致结合融合难度大

黔东南州境内居住有33个民族，其中世居少数民族10个左右，分布在16个县市上的广大城乡地区，这种民族多样性和事实上的空间分割，使得村与村、乡与乡、城与乡乃至县域之间，在治理生态上差异化明显，民族间的交流、联动和融合难度较大。

2. 乡村治理主体的分化和失衡

村级组织承担着越来越多的上级指派的任务，逐步成为国家党政系统的"末端"，行政化倾向愈加明显和强化，而大部分村民往往处于被动受教化管理的状态，自主性的参与并发挥治理作用空间不足。同时，随着乡村集体经济的发展，间接形成了乡村"致富能手"或经济精英，改变了原来传统乡土社会关系结构，乡村话语体系的主导权逐步转向新的经济精英群体手中，使市场规则挤压传统乡村的德治规则，自治、法治、德治的规则机制在碰撞磨合中发生冲突，甚至有可能产生一些社会危机。

3. 乡村集体经济依然薄弱，对乡村治理的支撑力不足

虽然，黔东南州历史性地解决了绝对贫困的问题，但是农民收入相对较低的状况仍会在一定时期内存在，村集体经济可持续发展的动力依然不足，一定程度上限制了乡村有效开展自治、法治、德治的经济基础和物质来源，也会倒逼农村劳动力外出流动，加速了"农村空心化"趋势，被迫使更多的人口与农村、土地相分离，间接促使乡村治理的主体常年游走在外，进而固化外部规则与乡村内部规则的分化，如此"恶性循环"，会促使流动人口对本村的自治、法治、德治事务越来越不关心甚至趋于淡漠，而留守的村民和骨干认为未来的乡

村治理越来越难以作为的多重困境。

第三节　创新黔东南州现代乡村治理体系的政策框架与行动方略

2017年12月28日，习近平同志在中央农村工作会议上指出，要"健全自治、法治、德治相结合的乡村治理体系，是实现乡村善治的有效途径"，并分别提出了非常具体而有针对性的指导意见，为构建现代乡村治理体系提供了根本和全局性政策框架。具体到黔东南州，本书认为，除了健全和发挥自治、法治、德治的作用外，还需在黔东南州民族地区强化政治引领作用，以及加强"智治"（现代信息技术）的支撑作用，构建形成政治、自治、法治、德治、智治"五架马车"合力驱动的宏观政策框架，推动黔东南州乡村治理体系建设不断完善和乡村治理能力不断提升，增强乡村治理综合效能，助推黔东南州乡村振兴。

一、发挥政治引领作用，实施党的基层组织能力巩固行动

我们党历来重视政治建设，近来更是强调要把政治建设作为统领，把政治建设贯穿于党的其他建设之中。历史经验和事实证明，在民族地区，政治建设只能强化，不能弱化，这是党构筑统一多民族国家、强化中华民族共同体意识的需要，也是夯实党的在民族地区政权基础、维护党在民族地区的领导核心作用的需要。因此，在民族地区基层，要旗帜鲜明地坚持党的领导，以政治建设为指引，深化治理体系改革，实现党建与社会治理互相促进。当前，在构建黔东南州现代乡村治理体系中，加强党的政治建设、强化党的政治引领，要重点实施党的基层组织能力巩固行动。

（一）选优配强乡、村干部队伍建设

贯彻落实党的基层组织选举工作条例，认真落实选优配强乡镇党委书记，选拔优秀年轻干部、本乡本土干部、"五方面人员"进班子，党委委员按乡镇领导职务配备等政策要求，持续优化乡镇党委班子结构，增强整体功能。认真落实村党组织书记县级党委备案管理和村"两委"成员资格县级联审制度，全覆盖开展村党组织书记履职情况走访研判，坚持"双好双强"标准，选优配强村

"两委"班子特别是带头人,进一步优化村干部的年龄结构、学历结构、性别结构。抓好《黔东南州村级后备力量管理办法(试行)》的贯彻落实,深化"选、育、管、带、用"培育机制,建立健全致富能手、外出务工经商人员、大学毕业生、退役军人四类人员工作台账,加强村级后备力量锻炼培养。因地制宜、稳妥推进村党组织书记、村(居)委会主任"一肩挑"。

(二)全面加强农村基层党组织建设

紧紧围绕巩固拓展脱贫攻坚成果同乡村振兴有效衔接,制定抓党建促乡村振兴的政策措施。贯彻落实农村基层党组织工作条例和我省实施办法,与时俱进完善和落实村级组织建设"一任务、两要点、三清单",结合常态化开展扫黑除恶斗争,持续整顿软弱涣散基层党组织,切实加强党组织对乡村治理的领导,逐步健全以财政投入为主的稳定村级组织运转经费保障制度,探索建立村级集体经济补贴奖励村干部工作机制,逐步建立村干部基本报酬正常增长机制,落实村干部城镇企业职工养老保险。坚持和完善持续选派驻村第一书记和工作队的长效机制,有序开展驻村第一书记和工作队轮换,健全完善长期关注、培养、关心机制和工作台账,定期跟踪调度管理,进一步加大优秀驻村第一书记和驻村干部的优先选拔任用力度。以提升履职能力为重点,加强村干部培训,着力提高培训的针对性和实效性。制定村级事务准入制度和村级"小微权力"清单,切实减轻村级组织负担。大力推广"村社合一""党社联建""十户一体"等发展模式,大力推动在合作社产业链上建党组织,推动村级集体经济和农户"双增收",抓好中央和省财政扶持壮大村级集体经济扶持村工作,建立健全发展壮大村级集体经济定期调度、研判、会商机制,用好用活扶持资金发展壮大村级集体经济,深化"双超村"创建。持续推进党的组织覆盖和工作覆盖,提高党建领导和服务产业发展的能力水平。

二、发挥法治保障作用,实施法治乡村建设能力加强行动

乡村治理效能是多单元治理施策的结果,其中法治化治理方式是蕴含现代民主价值观念的重要治理途径,它以事实为依据,以法理为准绳,体现了法制的权威和合法性基础,彰显了社会公平与正义,因而得到各族群众的广泛认同,它的保障作用十分明显。具体看,推进乡村治理的法治化,有助于稳定民族关

系和乡村社会秩序，在具体案件中村民能有效维护自身的合法权益，更有助于涵养乡村群众的法治精神和思维意识，因而成为构建乡村治理体系中不可或缺的重要内容，也是全面推进依法治国的重要基础。当前，在构建黔东南州现代乡村治理体系中，发挥法治保障作用，要重点实施法治乡村建设能力加强行动。

（一）推进乡村公共法律服务体系建设

深入实施《中华人民共和国乡村振兴促进法》等国家法律法规和地方自治法规，持续推进平安乡村、法治乡村建设。一是以公共法律服务实体平台建设为重点，推动乡镇公共法律服务中心与综治中心、群众工作中心"三位一体"的基层社会治理模式。着力解决当前乡镇"三个中心"工作各自为政、单打独斗、效率不高的问题；二是以宪法宣传教育为引领，创建全民健身与法治文化相融合的法治宣传新模式，打造"全民健身法治文化广场"和建立"宪法宣传教育基地"，推进法治文化和体育文化传播，全面推进"七五"普法宣传教育；三是建立与公安、法院、信访等部门的调解联动机制，全力化解、预防和减少农村"民转治安""民转刑"、"民转命案"等案件的发生，降低农村案件诉讼率，依法化解信访案件；四是以开放的姿态壮大基层法律服务队，为基层法律服务提供资源保障。审核批准一批法学本科毕业生为基层法律服务工作者，以中心所管理、执业限制的方式，分别到全州各乡镇提供公共法律服务，解决乡镇、村（居）法律服务资源不足的问题。

（二）完善"一村居一法律顾问"制度

1.建立律师联系重点乡镇、重点村寨担任法律顾问制度

通过政府购买法律服务的形式组织社会律师联系城关乡（镇），担任矛盾纠纷频发或社会治安较为复杂的村（居）法律顾问，提供法律服务；组织公职律师担任其所在单位的帮扶村的法律顾问，精准提供法律服务；组织司法机关的公职律师、法律援助律师联系中心乡镇，担任重点村寨（矛盾纠纷频发或社会治安较为复杂的村居）的法律顾问。

2.法律顾问每月到联系的乡镇、村寨"值班坐诊"，为村民面对面提供法律服务

村内醒目位置设置"律师明白卡"，将法律顾问即律师的联系电话、专业领域等基本信息向村民公布，方便人民群众及时与律师联系，及时为人民群众提

供法律服务；实行"一人多村"担任法律顾问制度。各县（市）司法所、法律服务所取得基层法律工作者执业资格的人员是本乡（镇）各村的，具体负责本乡（镇）所有村寨的法律服务工作，签订长期法律顾问合同，负责顾问村寨的日常法律服务工作，努力实现乡村法律服务全覆盖。

（三）推进平安法治乡村建设

目前，黔东南州农村一些地方组织涣散，宗教、邪教非法渗透蔓延的现象时有发生。要坚持和发展新时代"枫桥经验"，加强乡村人民调解组织队伍建设，畅通和规范群众诉求表达、利益协调、权益保障渠道，努力打造就地化解矛盾纠纷的工作体系和能力；加强"一中心、一张网、十联户"基层社会治理创新工作，防止矛盾纠纷激化，做到小事不出网格，大事不出镇，难事不出县，矛盾不上交，服务不缺位，平安不出事，着力防范化解各种重大风险；建立健全农村地区扫黑除恶常态化机制，持续巩固前期斗争成果；要严肃查处农民身边的"微腐败"，严厉打击操纵破坏基层换届选举、侵吞集体资产等违法犯罪活动，对非法宗教活动和邪教活动坚持高压态势，"露头就打，坚决不留生存空间"。

三、发挥德治教化作用，实施乡村德治培元能力提升行动

德治是乡村治理方式现代化中体现传统文化精髓的重要标志。近几十年来，乡村社会虽然经历着剧烈变迁和转型，但是以血缘、家族等因素构成的"熟人社会"或"半熟人社会"依然是社会关系的主流状态，具体到黔东南州，存在少数民族大聚居、开放不足等特点，使得这种社会关系更加根深蒂固。在这样的乡村社会中，法治和自治都被认为是外部价值观的植入，而只有从民族历史和传统中形成的道德规范或习俗习惯，已经内生为族群间的道德约束力。因而，道德教化作用在民族地区的乡村治理中显得有特殊的重要性。虽然它有弱化甚至边缘化的趋势，但是不可丢失，只能在与时俱进地传承创新中予以利用。在黔东南州的政策框架中，要更加重视德治建设中的社会主义核心价值观的培育和本地区道德规范、诚信体系建设。当前，在构建黔东南州现代乡村治理体系中，发挥德治教化作用，要重点实施乡村德治培育能力提升行动。

(一)大力整治农村中的陈规陋习

针对调研中发现的乡村社会中滥办酒席之风,要积极倡导推行"婚事新办、丧事简办、民俗俭办、习俗不办"的新风尚,扎实开展移风易俗各项活动,破除、根治旧俗陋习,推进新时代文明新风建设,逐步实现婚丧事宜规范化、民间习俗文明化、移风易俗制度化常态化。引导和鼓励村民委员会依据村规民约制定约束性措施,如天柱县共和村在推行"合约食堂"模式中,推行村规民约"积分制",既有加分奖励措施,也有拉入"黑名单"等惩戒措施,取得了较好的治理效果。制定约束性措施可以参照村规民约制定程序进行,重点梳理禁止事项和内容,制定彩礼标准和婚丧嫁娶操办标准,全面治理滥办酒席、高价彩礼、薄养厚葬、攀比炫富、铺张浪费等行为。规范红白理事会、道德评议会等群众组织运行,强化评议结果运用。在乡村开展模范村民评选、身边好人评议、文明家庭创建、星级文明户创评等评先创优活动,引导群众培养健康文明绿色生活方式,进一步树立文明乡风。

(二)多措并举助推乡村文化振兴

一是践行社会主义核心价值观。采取符合本地特点的方式方法,大力加强爱国主义、集体主义和社会主义教育,培育和践行社会主义核心价值观,大力弘扬"团结奋进、拼搏创新、苦干实干、后发赶超"新时代贵州精神和黔东南州"三敢"精神,教育引导广大农民群众牢记嘱托、感恩奋进,听党话、感党恩、跟党走;二是加强农村思想道德建设。针对农村思政教育比较散漫的状态,要增强教育针对性和实效性,创造条件开展情景式、融入式乡村思政模式,多种形式加强公德、家德(家风)、私德体系化的学习教育和宣传普及,加大"新时代农民讲习所""乡村公众号"等新型农村线上线下思想文化阵地建设力度。广泛开展民主法治教育,积极宣传法律法规,运用法治手段维护社会公共价值,推动公正文明执法司法。重视民族传统文化教育功能,鼓励移风易俗,加强农村社会诚信建设,发挥村规民约的积极作用,用社会公共道德规范村民行为,不断提升乡村道德水准;三是加强乡村文化建设。充分发挥全州优秀传统文化和多彩民族文化优势,创造性转化、创新性发展黔东南州地区的乡村传统民族文化。贯彻乡村振兴规划内容,"增加优秀乡村文化产品和服务供给,活跃繁荣农村文化市场,为广大农民提供高质量的精神营养,丰富农民精神文化生活,提高农民科学文化素质和乡村社会文明程度"等。

四、发挥自治强基作用，实施村民自治组织能力增强行动

自治是乡村治理方式现代化中体现人民当家做主的重要标志。黔东南州是国家实施基层群众自治制度和民族区域自治制度的重合区域，有着更为广泛、直接、深刻的民主实践。要在健全基层群众自治机制的基础上，更好地促进农村群众自我管理、服务、教育和监督。要建立完善基层党组织、村民自治组织、村务监督组织和其他社会组织各负其责的村级组织体系，构建乡村治理新格局。当前，在构建黔东南州现代乡村治理体系中，发挥自治强基作用，要重点实施村民自治组织能力增强行动。

（一）加强村民委员会规范化建设

广泛动员组织群众依法有序参与村民委员会换届选举，拓宽选人用人视野，真正把"讲政治、守规矩、重品行、有本事、敢担当"的人选进村民委员会。依据政策框架中明确的方向，认真梳理村级乡村治理权限和边界，划分村级事项和事务的轻重程度，全面实行村级事务流程化管理，重要事项严格落实"四议两公开"制度，提倡运用"村民微信群""乡村公众号"等信息化载体，增强公开效果。健全村民委员会下属委员会及其他村级组织，加强村务监督委员会实体化建设，依法推选产生村民代表和村民小组长。建立教育培训机制，县级每年对村委会成员轮训一遍。驻村第一书记和驻村干部要及时指导村"两委"落实好"四议两公开"制度，帮助制定村级"小微权力清单"，加强村级事务民主监督，让村级权力事项更加公开透明。

（二）推进民主协商多元共建共治

建立健全基层民主协商制度体系，加强自治组织建设。对一般性村级事项，建立党组织领导的村级协商议事机制。明确协商事项，以县（市）为单位制定《村级议事协商目录》。规范协商程序，按照"提出议题、通报内容、组织协商、形成意见、组织实施、反馈落实"等步骤开展协商。创新形式和载体，依托村民议事会、村民理事会、民主评议会等，鼓励开展村民说事、微信议事等各类协商活动。利用互联网、QQ、乡村公众号、微信群等传播平台和手段，进一步拓宽和畅通社情民意有效交流渠道。推动多元参与，探索城市社区"六位一体"

（党组织领导、居委会主导、业主委员会、物业企业、驻地单位、居民代表共同参与协商），农村"3+X"（村党组织、村民委员会、村务监督委员会与其他利益相关方共同参与协商）等做法，构建多元主体参与乡村治理的平台。驻村干部队伍要协同村"两委"建立完善群众共商共建机制，畅通群众问题诉求反映渠道，重大决策部署充分听取群众意见、多让群众参与，引导村民自治自理，积极培育成熟的乡村治理主体。

（三）大力培育激活乡村社会组织

挖掘和保护少数民族传统社会组织的功能。比如黔东南州侗族的寨佬会等就是典型的传统少数民族组织，在其本族治理中具有重要作用。但受乡村急剧变迁的影响，其功能走向式微。因此，亟须对其进行挖掘、保护和创造性转化，充分发挥其在维护乡村秩序、保护与传承民族文化等方面的作用；要引导和规范民族地区新型社会组织，支持和培育民族地区乡村社会组织。重点鼓励、支持和培育公益慈善类、乡村志愿服务类和文化教育类社会组织在乡村治理、养老服务、文化传承、环境保护、慈善事业等领域的作用。同时，完善对民族乡村社会组织的资金支持、税收优惠、优先参与购买服务、教育培训等支持培育制度，促进乡村社会组织健康蓬勃发展，推动黔东南州乡村治理主体的壮大与均衡。

五、发挥智治支撑作用，实施高效服务农民能力保障行动

"智治"是乡村治理方式现代化中体现新科技革命的重要标志，要善于运用智能化手段推动农村社会治理创新，将互联网这个"最大变量"变为促进农村社会治理现代化的"最大增量"。针对黔东南州将现代科技引入乡村治理的实践起步较晚，相应的软硬件基础设施建设相对落后，因而在未来的乡村治理体系建设中，要把"智治"上升为乡村治理体系的一个重点内容加以结合推进。当前，在构建黔东南州现代乡村治理体系中，发挥智治支撑作用，重点实施高效服务农民能力保障行动。

（一）加快打造乡村社会治理智能化平台

要善于利用网格化服务管理平台，将以网管为特征的智能元素融入农村社会治理各个方面，利用QQ工作群、微信群发布服务信息，推动相关信息基础设施共建共享、互联互通、开放兼容，实现技术融合、业务融合、数据融合。

（二）加快智能化社会治安防控体系建设

重点建设以信息化、智能化为特征的社会矛盾排查预警体系、公共安全风险监测预警体系，在村（社区）深入推进"雪亮工程"建设，加强全州范围内城乡公共安全视频监控建设与联网，全面达到"四全"要求，切实推动信息技术与乡村治理的深度融合，切实提高各类风险隐患预测预警预防能力，真正做到防患于未然。

（三）加快网上便民服务平台体系建设

整合农村服务资源，构建全流程一体化电商在线服务平台和便民服务网络。便民服务中心公开民生政策、公开经办人员联系电话，大力推行"最多跑一次""马上办、一次办、网上办"等改革和"数据多跑路，群众少跑腿"等便民举措，综治中心要在医保、农保、环保、民政、卫计、交通、安全、国土、食药、乡建等部门率先实现网格服务政策咨询，切实提高服务农民群众的知晓率和办事效率，让当地群众足不出户就能知事、办事、办成事，提升人民群众的获得感、幸福感、安全感。

第十章　乡村振兴战略下"三治结合"的乡村治理体系

我们对贵州省 A、B 两村"三治结合"的乡村治理体系建设情况进行了调查。了解两村"三治结合"乡村治理体系的开展情况，并对两村在乡村自治、法治、德治的发展现状等进行了调研，找出了"三治结合"的乡村治理体系结合过程中存在的问题，结合贵州省 A、B 两村"三治结合"乡村治理体系建设的实际情况，有针对性地提出了优化路径。

第一节　贵州省 A、B 两村在"三治结合"的乡村治理体系建设中存在的问题

乡村自治是乡村振兴中的重要一环，然而我们走访中却发现，贵州一些乡村地区，虽然经过一段时期的宣传、教育后村民已经开始有了自治意识，也了解了相关内容，村民也表示想加入到村民自治中来，但在实施过程却经常出现各种问题，如部分村民对村民自治认识不足，村民自治在宣传、实施等环节还存在一些问题。

一、乡村自治参与度不够

我们以贵州省 A、B 两村为调查对象，从调查结果看，A、B 两村村民自治意识不强，部分村民并不清楚自身权利，参与村务管理的意愿不强，对村务的关注度不高，也无心参与村民会议。

在走访中，我们发现两村"三务"公开做得比较规范，公告栏里的信息也能及时更新，但很少有群众关心，部分村民表示公告的信息对他们的意义不大，不看也没什么影响。访谈中发现，村民受传统观念影响比较深，认为管理是村

干部的事，自己的意见提了也不会被采纳，跟自己有关的村务就是村里的换届选举，也愿意参与其中，但并不知道自身也有被选举的权利。部分村民认为自己没有能力和时间去参与村务管理，也不愿意参与村务管理，这些都在一定程度上阻碍了村民自治的发展。

村民是乡村治理和乡村振兴的主体。随着城镇化进程的不断推进，大量农村劳动力向城市流动，优秀的青年群体选择在外务工，乡村人才流失严重。调查中发现两村"空心化"现象严重，村内大多是老人、儿童，劳动力的流失也造成了大量农田闲置。村民大多只关心如何维持正常生活，不热衷与外界接触，只关心跟自己切身利益有关的事，这部分人对村务缺乏关注。外出务工的年轻人因为工作忙，每年只有几天时间回乡，也无暇关心村内事务，这两种情况都在一定程度上加重了村民自治的难度。

二、村干部治理水平有待提高

我们在调查中发现部分村干部整体素质及政治素养不够，农村基础党组织没有起到应有的作用。这主要跟村内年轻劳动力外流有关，村内"空心化"现象严重。选举时符合条件的选民太少，有时甚至出现无人主动竞选村干部的情况，村级党组织很难发挥应有的作用。"空心化"、流动性大也使得党组织的活动很难开展。对流动党员的管理难，这些都给农村党建带来了巨大冲击。这些原因都影响了村级党组织的党建引领，难以发挥带头作用，党员干部跟村民的联系不够紧密，影响村民对村级党组织的信任，部分群众并不能分清两委的职责和区别。

这些问题的成因主要是以下几点：第一是具备管理能力的人不愿意担任。村里部分有文化、懂一些管理的年轻人并不愿意担任村干部，认为在村里当干部没有什么政治前途，没有去发达地区打工或者自主创业赚钱多。第二是目前担任村干部的部分人能力不足，但不想退。村干部选拔没有学历要求，以个人能力为主，村干部大部分由村里有威望的年长者担任，他们知识能力稍弱，不能很好地管理村级事务。但因为担任村干部可以获得一些收入来贴补家用，这部分人也没有什么政治追求，只要在这个岗位工作就好，所以即使村民不满意、工作开展得不好，依然不愿意让给有能力的人担任。第三是有能力、想干事的人干不上。在选举的时候出现过家族势力或人情关系影响、干扰选举的情况,有能力、想干事的候选人没选上。

三、乡村法治建设存在的问题

根据调查和访谈结果得知,虽然两村有开展一些普法活动,也进行了法治宣传,但村民一直以来法律素养欠缺,法律意识、知识比较缺乏,对乡村法治的了解程度不高,要想乡村治理法治化深入人心还需要持续努力。

(一)依法行政水平较低

乡村法治的关键点在于依法行政,这也是依法治国的基本要求。但在调查中发现,A、B两村部分村干部在处理问题过程中法治意识不强,主要靠长期积累的经验或者老的思维方式办事,对于法律、法规的学习不到位,政策解读不清晰。办事程序不规范,办事过程中存在主观性和随意性、决策不民主、管理不到位等问题。两村大部分的村干部都是本地人,这些人在处理问题的时候容易受人情因素影响。

(二)村民法律意识淡漠,普法形式较为单一

问卷调查中发现被调查者中只有7%的村民会通过法律手段处理矛盾。在面对矛盾冲突时往往先考虑私下解决,解决不了再找朋友或村干部调解,不会选择法律手段处理矛盾纠纷。在与个别村民访谈中发现,有的农村妇女受到家庭暴力也不愿意让别人知道,选择独自忍受。有的村民权益受到损害时,也不清楚法律能不能保护自己,如何寻求法律保护。

通过走访发现,A、B两村虽然也开展了普法工作,但普法形式较为单一、传统,村民接受起来有一定困难。部分村民文化水平较高还能理解相关内容,而文化水平较低的村民很难理解相关内容。在进行法律宣讲时没有考虑到这部分村民的接受程度,内容过于专业化,也不够全面,导致村民可能对村规民约更为熟悉,对法律了解得较少。

四、乡村德治中存在的问题

(一)传统价值观受到严重冲击

随着乡村振新的不断发展,农村在社会、经济、文化等方面得到了长足发

展，乡村治理后村容村貌发生了巨大变化。在村民的物质生活水平得到明显提高的同时，村民在思想、价值观、生活方式等方面也发生了改变。传统文化、习俗在逐步弱化，部分地区传统伦理，道德产生了动摇，"享乐主义""拜金主义""极端个人主义""攀比之风"这些错误的人生观、价值观也开始影响到部分村民。村内是非不分、黑白不明、荣辱不辨等歪风邪气的状况时有发生。部分村民做事以自身利益为上，待人冷漠。同村村民之间也时常会因为一些小事或者是一点利益产生冲突，甚至大打出手。走访中发现村内长住村民大多是老年人及留守儿童，大部分子女外出打工，家中老年人无人照顾，部分还把子女留给老年人照顾。访谈中有老人提到村里个别家庭有多个子女，但不愿意照顾老人，因为照顾老人的问题还造成了家庭不和睦，还去村委会调解。走访中发现村里赌博现象常见，参与人数众多。酗酒和参与迷信活动的村民不在少数。也有村民保持着以前的生活习惯，如乱扔垃圾、随地吐痰、缺乏环保意识等不文明现象较为突出，这些行为影响乡村德治的发挥，败坏了社会风气，不符合当今社会的道德观和价值观，需要制定管理制度来制约不文明行为，并对其加以教育、引导和监督。

（二）乡村文化建设缺乏保障

调查中发现两村相关的文化、体育活动较少，存在活动内容不够丰富、形式较单一等问题，不能满足村民精神文化需求。村内虽然有一些活动设施，但是设施老旧，大部分闲置，未能发挥应有的作用。除了在国家规定的节日以及当地自己的民族节日村民会自发组织一些丰富多彩的民间活动外，两村基本没有其他文化活动，现有活动种类质量也较低，村民参与度不高。大多数村民在农闲时候无事可做，在走访过程中大部分村民表示以前多是有空闲时间就喝酒、打麻将或者聚在一起闲聊来打发时间，现在除了这些还可以通过手机微信、QQ跟外出的家人聊天，通过抖音等视频软件观看视频，也可以通过手机进行娱乐。而在上网过程当中，村民往往不会识别有害、虚假信息，使自媒体传播中的一些不良行为、风气影响了乡村淳朴的民风。

（三）村规民约有待规范

调查中发现两村都制定了自己的村规民约，但形式较单一、内容不够全面。具体内容也未能结合当地实际情况和时代发展需要来制定，有的已经不适用的内容也未能及时修改、完善。村规民约的制定是由少数几个人想出来的,再走过场确定,制定过程中村民参与度不够,村民未能理解村规民约的具体内容,适用性不高,不能很好地起引导作用。

在制定过程中没能很好地将道德约束与物质奖励奖惩等手段相统一,制定出来的村规民约未能得到全体村民认可,所以很难保障落实情况,也不能用村规民约助推本村乡村治理。在走访中发现,村民理解的村规民约还是以前多年形成的习惯,以口头形式为主,制定好后也没有正式文件,内容上还存在与现代社会发展无法适应的条款,也没有没进行补充和修订。在约束力上,目前村规民约的约束力较差,基本靠村民自觉遵守,遵守了也没有奖励或表扬机制,违反了村规民约的村民也不会受到惩罚,这使得村规民约很难得到村民的认同和遵守。

五、乡村治理体系构建存在的问题

综合分析贵州省 A、B 两村在"三治结合"乡村治理体系构建中存在的一些问题,通过探讨两村乡村自治、乡村法治、乡村德治相互融合的效果,找出产生问题的根源,主要集中在以下几个方面。

(一)治理主体认识不足

"三治结合"乡村治理体系构建是新时期的重要工作,关乎乡村振兴战略的实施效果,根据乡村治理体系要求,两村也开展了一系列工作,取得了显著成效。但离真正实现"三治结合"乡村治理体系还有一定的差距。想要实现"三治结合"乡村治理体系就要把村两委、村级服务组织、村民、各种社会力量充分调动起来,共同参与到乡村治理当中来,每个组织和个人都有具体分工和责任,相互配合,共同参与。调查发现贵州省 A、B 两村的"三治结合"乡村治理体系构建还处于初级阶段。作为深度贫困村两村前几年的精力几乎全放在脱贫攻坚战上,也实现了目标,现转化为继续推进乡村振兴战略相关工作,所以在工作重点上,并没有花太多的精力去思考如何构建"三治结合"的乡村治理体系,很难有效发挥三者之间的融合、协同作用。相应的制度体系也还不够完善,在工作安排中可以找到乡村治安治理、乡村卫生治理等相关内容,但是没有成立领导小组,也没人专门负责此项工作,实施效果欠佳。虽然也有村级自治组织参与乡村治理，但由于缺少指导意见和方案，缺少行动目标、具体措施等内容，村干部对"三治结合"相关工作认识不到位，对具体要求和实施方法不了解，也没有制定发展思路，没有起到引领作用，而村民作为"三治结合"的主体对相关内容并不十分了解，也没能把各方力量调动起来参与乡村治理。虽然两村实施过程中对乡村自治、德治、法治部分内容都有体现，但基本没有结合，所以导致两村"三治结合"效果欠佳。

（二）乡村治理模式较为单一

乡村自治、乡村法治、乡村德治作为乡村治理的主要内容，对于保障农村正常秩序和持续发展起到了决定性作用，也是乡村振兴的重要保障。如何促进乡村自治、乡村法治、乡村德治的协调发展，达到"三治结合"效果，这是构建社会主义新农村及乡村治理体系的关键所在。通过走访发现两村在乡村治理过程中还存在许多困难，乡村自治、法治、德治有待加强，"三治结合"协同发展还面临巨大的困难和挑战。形成这一局面的主要原因在于乡村治理模式较为单一，乡村自治制度还存在一定欠缺，乡村自治参与度不够，村干部治理水平有待提高。乡村法治建设较为滞后，依法行政水平较低，村民法律意识淡漠，普法形式较为单一。乡村德治建设较为薄弱，传统价值观受到严重冲击，而乡村文化建设缺乏保障，村规民约也有待规范。这些问题都使得三者之间还难以实现结合，更难发展。"三治结合"难在如何把三者相"结合"。两村在乡村治理过程当中，由于缺乏工作指导和经验，致使"三治结合"不密切，实施效果不佳。部分基层干部在工作中未能理解"三治结合"的内涵，认为"三治结合"就是简单地把三者相加，不能准确划分三者的功能和实现方式，也不清楚怎样才能发挥三者的作用，也在一定程度上阻碍了"三治结合"的乡村治理体系的形成和完善。

（三）乡村治理缺乏多元化

乡村治理要求中明确提出，乡村治理主体应该要由村党委牵头、村委会负责、社会组织协同、民间组织参与的乡村治理工作体系，而村民是乡村治理的主体。但通过调查得知，当前两村的乡村治理都是由村两委负责，主体、牵头、实施基本都由村两委完成，这样的模式已经很难适应新时代乡村治理的要求，虽然也有公益组织、农村合作社、社会组织，但这些组织很少参与到乡村治理当中来，乡村治理工作还是以两委为主。各主体之间缺少配合，没有形成文件中要求的政府、社会、村民联动的新型乡村治理关系。农村合作社也没有起到应有的作用，对农民的具体指导较少，也未能正常运作，无法发挥带动农民脱贫致富、发展经济的作用。

（四）村民参与度较低

乡村治理指导意见中明确提出，村民在乡村治理当中是主体，应该发挥核心作用，村民的参与程度会直接影响乡村治理效果和乡村治理体系的构建及完善。但在调查中发现，村民受传统思影响较为严重，两村地处偏僻地区，交通不便，当地教育水平低，村民综合素质和文化水平较低，留在村里的村民忙于生计不愿花时间参与到乡村治理中，主动参与乡村治理的村民不多。在与村民交谈中调研人员发现村民的思想观念还比较传统，认为乡村治理就是管理，而管理不是村民应该做的事，自己只要能够管好家庭生活就足够了。管理是村干部的事，自己也没有什么意见，所以对村内的事务并不关心，只有在关乎切身利益的事情才会参与其中。两村"空心化"现象严重，大量劳动力流向城市，而两村周围的部分村庄因为生态环境恶劣也实行了易地扶贫搬迁，部分村里的居民也去城里安了家，两村"空心化""空巢化""老龄化"现象较为严重，走访组发现在村内长期居住的大多为中老年人，还有部分留守儿童和妇女，这部分人受文化水平、身体情况、能力等方面制约，很难参与到乡村治理当中来，无法发挥主体作用，也造成了乡村治理主体的流失，给治理工作带来了挑战。而有能力参与的村民对于乡村治理并不积极，不会主动参与，就算参与了也流于形式，没有起到应有的作用。村干部的引领作用也没能充分发挥，参与村级实务决策与监督的并不多。经过多年的宣传，村民对乡村自治、法治、德治有了一定的知晓度，但是对于"三治结合"的乡村治理体系建设村民表示比较陌生，也不清楚具体内容、方式，这也反映出了两村在对"三治结合"的乡村治理体系建设的宣传不到位，方式方法较为简单，没能让村民明白政策的真正含义，使得作为乡村治理主体的村民对此项工作的了解不充分、不具体，也使得当地村民在参与"三治结合"的乡村治理体系建设的过程中缺乏积极性、主动性。

第二节 贵州省A、B两村"三治结合"的乡村治理体系建设

一、充分发挥乡村自治的基础作用

(一) 引导村民参与乡村自治

调研中发现两村村民缺乏自治意识，对乡村自治的参与度不高，所以改变这一现象的当务之急是加强村民自治意识。部分村民对村民自治认识不足，要加大宣传，强化引导，提高两村干部和村民的自治认识程度，不仅要对现有政策进行宣传，还可根据当地情况进行个性化的设计，比如可以针对本地脱贫攻坚、乡村振兴成果进行宣传，用村民身边的案例宣传，更具吸引力。宣传时要先让村民明白"三治"成果，并了解如何参与其中。更要使用一些群众喜闻乐见的宣传方式，让村民看到乡村治理后农村的新变化、新发展，成果展示可以让村民体会到参与感、获得感，改变传统观念处于被管理的地位，让他们了解到村民是乡村的主人，要引导他们主动参与到乡村治理中去。在村务中涉及村民切身利益的事项要提前告知，引导村民参与其中，决策时要到各家各户了解情况，收集村民的真实意愿。由村干部带头，引导村民参与才能更好地调动村民自治的主动性、积极性。

(二) 推进村干部队伍建设

乡村治理需要政府支持，村干部带头，全体村民参与其中。农村基层党组织作为领导核心应该在乡村治理过程中起到带头作用。只有村党支部的领导能力、引领能力越强，乡村治理能力才能越强，越能取得成果。村党支部应该多与党员群众接触，影响村里党员发挥模范带头作用，为发展本村经济作出自己的贡献。除此之外，还需加强党组织建设，发挥基础党组织的政治核心作用，加强村内党员政治学习教育，打造一支作风优良、结构合理、高素质的党员队伍，更好地为乡村振兴和乡村治理提供强有力的组织保障。

农村"空心化"现象严重也在一定程度上弱化了农村基层党组织，因外出务工人数较多，党员流动性大，这也给基层党组织的正常运转带来了困难和挑战。虽然上级党组织也选派了优秀干部定点支援，但人员变动过于频繁也使得

帮扶和指导效果欠佳。为了更好地发挥基层党组织的引领作用，应该鼓励党员积极参与到村级干部竞选中去，更好为乡村治理作贡献，与此同时要吸纳发展更多的年轻党员。

在换届选举时以干部的综合素质和管理能力着手，选出能带领广大村民致富的村干部。在任村干部要抓好"素质提升"工程，打造一支为村民办实事的干部队伍。积极鼓励党员参与村级选举，充分发挥党员的模范带头作用。避免出现村支书、村主任"一人兼任"的现象，避免干部重叠任职现象发生，同时干部要接受上级部门和村民的监督与评议。

村党支部作为村民自治的领导核心，在为村民服务的同时，更应该关注党的方针政策是否得到落实。村党支部作为村级组织思想和实践的引领者，要敢于对不称职的干部提出批评意见，并对其进行教育、引导，更好地让村干部为村民服务。同时加强对村委会的领导监督，发现处理不好的事项要积极提出意见，与各部门相互监督、相互配合。

在选举过程中要规范选举行为，解决以往存在的问题。主要可通过以下手段解决：首先，界定村委会的权利、义务、责任，并且加强日常监督，建立责任追查机制。其次，要防止村里有钱有权的大家族对村委会、村里重大事项的掌控。制定相关制度，保护选举不受任何个人非法干涉，选举过程要做到公平、公正、公开，杜绝以权谋私、拉票贿选、走后门等现象发生。

农村基层组织要想组建一支政治素养高、懂业务的干部队伍，首先要引导村民积极参与村级干部换届选举，选出能力强的干部带领本村发展。其次，村委会要定期举办培训，强化提高干部队伍素质、业务水平，提升依法行政能力，形成一支系统化、专业化的干部队伍，做到干部队伍人人懂理论知识、方针政策、法律法规等内容。最后，要想留住人才稳定干部队伍，还要提高村干部的待遇，从而调动更多的青年返乡为家乡建设发展作贡献。

（三）加强乡村治理体系建设

引导两村逐步形成以党组织为核心、居委会为主导、村民为主体，各类管理服务机构、群团组织、社会组织和志愿者等共同参与到乡村治理当中来。进一步推动村党支部标准化、规范化建设，在竞选的同时，可以采用招考、选派、聘用一些专业人员，专职并长期从事农村基层党组织工作。

（1）应该转变乡村治理理念，充分发挥党组织和党员的先锋带头作用，引导村民积极参与到乡村治理管理中来。乡村治理过程中应更加注重满足村民需求。之前工作人员在发布重要通知时主要采取在公告栏张贴的形式，大多数村民对此关注度不高，不会主动查看，部分不识字村民看不懂信息，从而错过重要通知。因此，可以采取定期召开宣传会议的形式，让更多村民接收到相关通知。

（2）应当通过多种渠道来宣传村内重要事务，可充分运用现代信息技术，建立微信群、公众号推送，发送微信语音信息、视频等多种形式，让更多的社区村民能够及时了解相关信息，从而引导村民积极参与到乡村治理的日常管理中来。乡村治理过程中要做到公平、公正、公开，可以成立监督小组，小组成员由社区村民推选组成，对本村管理工作起到监督作用。涉及村内重大事务时，可召开大会，由村民商议决定，让村民积极参与到本村治理当中来。

（3）乡村治理还可以采用自愿报名或轮班制的形式，让更多的群众参与到村内的日常治理当中来。比如可以设置文明岗、卫生岗、安全岗，既能制止村内的不文明行为，又能使村民可以参与到村内日常管理当中来，增加村民的归属感、认同感。

二、强化乡村法治的规范作用

（一）加强基层干部行政水平，培养法治意识

调查中发现基层干部行政过程中出现法治意识不强，对法律法规的理解不到位的情况。基层干部迫切需要具有法治意识，这有利于依法行政的实施。就具体落实而言要定期对基础干部进行业务、法律、法规等方面的培训，提高干部政治素养，提升法律、行政意识。村干部自己一定要先读懂、理解相关法律，做到遵纪守法。具体来说，可以组织一些活动，通过案例讲解、讲座、培训等形式进行讨论，给基层干部进行警示教育。同时，建立健全规章制度，发挥民主监督的作用，做到财务公开，切实做好党务、村务、财务制度。加强信息公开，提升法治水平。可以运用网络平台，建立全体村民微信群、QQ群，加入在外务工人员，村民可以在群里表达意见和自由发言，村内重大事件可在网络通知发布，这样的方式可以让更多的年轻人参与村务管理，也可以让在外务工人员及时了解家乡的重大事务。还可以在群内进行普法宣传，这样可以提高工作

效率。对于村民的意见要有专人记录、总结，并就处理情况进行反馈。

（二）强化村民法治教育，创新普法形式

调查发现两村村民法律意识淡薄，不会运用法律手段来保护自己的合法权益不受损害。农村是法治较为薄弱的地方，更应该开展多种多样的法治宣传，让村民了解法律法规，并参与到普法活动中来。还要学会运用法律手段来维护自己的合法权益。可在村内定期开展法治宣传、普法讲座等活动，吸引一部分村民参与，对于没有时间参与的村民也可以运用网络平台进行宣传，可以建立自己的公众号、微信群、QQ群进行普法宣传。有条件的还可以找村民自行拍摄一些跟村民生活密切相关的普法小短片，把当地风土人情与普法教育内容相结合进行宣传，也可采用更多丰富多彩的形式开展普法教育，逐步提高基础干部和村民的法治意识。

在进行普法宣传的同时，可以创新教育方式、方法，根据当地环境、风俗、民族习惯等针对性地进行引导，培养村民对于法律意识和法律认同，让村民在了解法律的同时产生敬畏、认同，自觉遵守国家法律法规，也学会运用法律的知识来解决矛盾、冲突。普法的过程中可以重点讲述村民日常生产生活当中出现的一些法律纠纷及解决方法，逐步提升村民的法律意识。

三、深化乡村德治的支撑作用

（一）培育和弘扬社会主义核心价值观

乡村文化在发展过程中受我国优秀传统文化影响较深，但近些年乡村也受到了一些不良风气的侵蚀。在乡村治理过程中，宣传传统文化的同时，也需要学习现代文明和先进文化，特别是培育、弘扬社会主义核心价值观，将社会主义核心价值观和乡村文化相结合。要根据乡村振兴实践经验，培育社会主义核心价值观，用村民喜闻乐见的形式将概念讲解清楚，深入人心。可以在乡村街道以绘画、标语等形式传播，也可以定期举办知识竞赛、学习分享会，并运用现代化媒体技术，结合微信、QQ、学习强国等软件进行在线学习、在线交流，还可以定期公布排名，并给予一定的物质或者精神奖励。

（二）推进乡村文化建设

为了促使乡村公共文化服务体系建设，更应重视文化教育和精神文明建设。

大力推进综合性文化服务中心及场所建设，切实发挥文化引领带动作用，进一步满足村民的精神文化需求。用好各类宣传文化阵地，积极开展四德教育，引导村民自觉继承和发扬中华民族优良传统美德，不断推动农村精神文明建设。村干部可以在村内设置文化宣传栏，将村内的民族特色文化、身边的好人好事及新事新风等展现在文化宣传栏上，并定期更新文化宣传栏内容，塑造良好文化形象。并组织人员定期开展丰富多彩的文化教育活动，为群众讲解各项惠民政策、开展礼仪讲座等，引导村民树立讲卫生、讲文明、讲礼貌的新观念。还可通过开展诗歌朗诵、三下乡、读书日、道德讲堂等文化活动提高村民的道德水平，运用村里的活动场所，组织村民开展娱乐文体活动，比如跳广场舞、唱歌、棋牌等，并鼓励村民自办文艺团体、体育团体、读书社等各类群众文化团体。还可以定期开展比赛或演出，加强村民的凝聚力和向心力，满足村民的精神文化需求。

（三）发挥村规民约的积极作用

完善村规民约内容，发挥村规民约的作用是乡村治理的基础条件。村规民约的制定必须坚持合法原则，但也不能看成国家法律法规的另一个文本，内容制定要体现出本村特色，不能简单照搬国家相关法律法规、政策，更不能照抄其他村的村规民约，脱离本村实际，村民也不会认同，要引导村民参与到村规民约制定过程中来。把中国优良传统文化和民风、民俗、习惯相结合来制定村规民约，内容要有提倡优良文化和禁止不良行为的规定，形成改变不良村民行为、不良生活习惯等方面的合力，在维护农村稳定的基础上，还能帮助村民更快更好地发展。

村规民约的具体内容制定要体现奖励和惩罚相结合的方法。可以根据本村集体经济状况制定具体奖励条例，一般采用物质奖励和精神奖励相结合，但物质奖励不能过多，往往以精神奖励为主。比如，可以设置"文明个人""和谐家庭"等项目评选，并在村公告栏公示或在村民家门口挂牌，这种榜样的评选有利于良好风气的形成，也有利于构建和谐的氛围。除了奖励，还要对违规行为进行严厉惩罚，惩罚也要合理合法，不要涉及人身伤害、财产剥夺等内容。可以在法律范围允许内进行惩罚，以批评教育为主，对于违反的行为可以采取点名批评、写保证书、公告栏曝光、参与社会治理等方法，但也要考虑到村民的接受程度，尽量做到既不让村民丢了面子，还能起到震慑作用，让村民自觉遵守村规民约，逐渐形成良好的行事规则。

四、构建"三治结合"乡村治理体系的可行性路径

乡村振兴背景下构建"三治结合"的乡村治理体系是我国加快乡村治理和实现乡村振兴战略的重要保障。新时代的乡村治理工作是动态的、发展的、系统的过程，想要更好地开展此项工作，就需要进一步构建及完善"三治结合"的乡村治理体系，必须结合新时代特点，吸取各地实践经验，不断探索及完善符合当地的乡村治理体系及方式，实现"三治结合"，从而实现乡村治理。

（一）突出自治核心地位，保障自治、法治相结合

乡村振兴背景下构建"三治结合"的乡村治理体系必须坚持党的领导，充分发挥基础党组织在乡村治理中的政治保障和引领作用。村党委在"三治结合"的乡村治理过程中应该起到统筹管理作用，协调解决"三治结合"乡村治理体系建设中遇到的具体问题和困难，并根据党员数量、分布情况开展党支部工作，不断优化基层党组织工作，配齐党组织队伍，实现基层组织搭建体系化建设。强化基层党组织功能，激发党员的先锋模范带头作用，提升基层党组织带动能力，充分发挥基层党组织领导核心作用，以党建工作为驱动，强力推进群内各项工作顺利开展。

在此基础上，按照党组织换届选举的规章制度开展选举工作，并定期对基层党务工作进行考核，也可选派工作责任心强、沟通协调能力强、肯担当、干实事的任村支书。加大对后备人才的培养力度，从能吃苦、能致富、政治觉悟高、综合素养高的人中选拔人才。对愿意留在农村未就业的大学毕业生、返乡大学毕业生的进行重点培养，选拔出一批能干事、干实事的好干部。调动现有党员的积极性，定期对村支书、全体党员、后备干部开展培训，内容包括思想理论教育、党性修养教育、党的路线方针政策、法律法规教育、相关业务知识培训。通过开展全体党员大会、党支部委员会、党小组会、党课，让广大党员过好组织生活。开展党史学习教育，结合当地实际通过"主题党日"、农业技术集中培训等方式对党员进行教育。除了运用传统方式，为了改变传统基层党建工作"自上而下"的管理模式，更好地解决流动党员、在本村外务工党员难以

管理、无法参加组织生活的问题，可以在线上针对性开展党组织活动，通过微信公众号、微博、博客、手机客户端等网络平台做好党建宣传，定期发布党务知识、基层党组织动态、党员学习材料、先进党员事迹，相关内容不仅对党员开放，也可对全体村民进行传播，扩大党建工作的受众。通过党员远程教育平台、智慧云服务平台、学习强国App等方式促进农村党员的持续学习。

（二）强化自治和德治实施效果，推进及完善乡村法治建设

继续推进村民自治建设，完善村民自治的规章制度和运行程序。对村干部开展年度考核、民主监督，对于不称职、不作为的村干部进行罢免，确保村级行政机构能发挥自己的职能，为乡村自治、乡村法治提供有力保障。继续加大"三务"工作公开力度，丰富"三务"公开内容，利用微信群、QQ群、微信公众号、微博号等平台进行宣传，让村民第一时间了解到村里的一些重大事项及跟自己切身利益有关的村务、政策，让"三务"公开真正起作用，在了解村务的同时也能对村里的工作起到监督作用。

乡村法治是乡村建设为根本保障，但在调查中发现基层法律工作者严重不足，少数在农村开展法律服务的工作者并不是职业律师，其法律知识对比职业律师有所不足，在参与解决矛盾纠纷时不能满足村民对法律的需求。而村干部的法律知识更为欠缺，要持续加大村干部的法治教育强度，特别是学习与农村工作相关法律法规。定期开展法治教育宣传活动，由法治宣传员、调解员、志愿者提供咨询服务，对政策进行解读的同时发放相关宣传资料。

（三）协同创新，构建"多元治理"新格局

要想实现协同创新发展，两委必须发挥引领带头作用，在建立健全相关制度的同时根据当地情况制定符合乡村治理制度体系要求的方案，成立领导小组，配齐相关人员，对领导干部进行责任划分，并建立完善的考评、监督机制。要从意识上把"三治结合"乡村治理体系建设当成重点工作来抓,制定"三治结合"工作指标完成、评价体系，实行工作成效定期检查制度，查核落实情况。与此同时，加大对村民的宣传力度，制作一些结合当地实际情况贴近村民生活的宣传片、图片、录音、录像，可以通过大屏幕、当地电视台、村内广播站、微信群、QQ群、微信公众号、微博等方式进行宣传，做到全覆盖，扩大村民的知晓度。还可以去其他地方进行实地调查，在学习先进经验的基础上结合本村实际情况

开展工作。

（四）德治为先推进乡村法治、乡村自治有效执行

为更好地实现"三治结合"乡村治理体系建设，应该重视村里现阶段面临的影响村民德治的重要事项。可结合各村情况和当地物质文化水平设置婚丧嫁娶金额、宴席规格、结婚彩礼等，设置彩礼、礼金最高限额，提倡简办红白喜事，反对攀比、浪费之风。在促进农村环境卫生方面，要对村民进行长期教育，培养良好生活习惯，树立农村讲文明、讲卫生、懂礼貌的好风气，并把关于村内卫生、文明习惯、环境保护等内容写进村规民约当中，让全体村民参与并相互监督，带领全体村民参与到乡村治理当中来。

"三治结合"乡村治理体系要想取得成效，就必须要重视村民的主体作用。这就要求我们在工作中尊重村民的思想，保障村民的根本利益。在村内重大实务决议前或者制定村内长期发展规划的过程中，要先征求村民意见，找出存在的问题，集思广益把村内实务管理好。

乡村治理推进的同时大力加快推进基础设施建设，对道路、人行道进行整修，对街道绿化进行改造，增设公共厕所。随着2020年脱贫攻坚战取得了全面胜利，乡村振兴战略逐步成为农村工作的重中之重，这就要求加大开展乡村建设力度，修建及完善农村基础设施，通过多种渠道发展集体经济，带动当地村民持续稳定增收。要开展丰富多彩的文化活动，提高村民的生活水平的同时，满足村民日益增长的物质文化需求和对美好生活的需要。

农村环境治理工作是关乎乡村自治与乡村德治结合的重要工作，必须开展专项行动和专项治理工作，制定方案对生活垃圾、村容村貌提升、厕所革命等进行专项整治。可根据本村实际修订和完善环境管理体系，包括村内卫生维护、垃圾清理搬运、环境治理等问题，责任落实到人。还可为当地村民提供就业岗位，聘请村民参与有偿清洁、搬运垃圾等。通过宣传让村民知道自己门前屋后的卫生需要自行清扫，维护乡村卫生是全体村民的责任，使他们了解自己的权利、义务和责任，并把相关规定写入村规民约中，落实奖惩制度，评比乡先进个人，调动广大村民参与环境治理的积极性和主动性，在潜移默化中改善农村人居环境。

结语：将乡村自治、乡村法治、乡村德治采用"三治"结合的乡村治理方式是较为新颖的研究视角，同时贵州省比较有地方特色的 A、B 两村作为课题中新的研究对象。

由于课题组成员时间、精力有限，本课题在研究过程中搜集到的、资料、数据、调查数据的统计可能有遗漏或者存在不足之处，例如，调查样本数量还不够，访谈对象选择不够科学，数据不够全面，在调查问卷中的问题设计及访谈问题设计中可能出现未涉及的方面，这些问题都有待于以后的调研过程中加以补充，也希望本次研究能对其他地方的"三治结合"的乡村治理体系或者乡村治理工作提供借鉴。

参考文献

[1] 贵州省民政厅.贵州省易地扶贫搬迁安置点新设街道社会工作和志愿服务站项目正式启动[EB/OL].（2020-03-23）http://mzt.guizhou.gov.cn/xwzx/jrtt/202003/t20200323_55589754.html.

[2] 黔东南州人民政府网.州人民政府办公室关于印发黔东南州加强和完善城乡社区治理实施方案的通知[EB/OL].（2020-01-13）[2021-9-28]http://www.qdn.gov.cn/ztzl/gzhgfxwjsjk/gfxwjsjk/zrmzfbgs/202012/t20201231_65895047.html.

[3] 黔东南州司法局.黔东南州"六个一"推进乡村治理体系和治理能力提升[EB/OL].（2021-03-25）[2021-10-07]http://sfj.qdn.gov.cn/sfdt_5118155/gzdt_5825877/202102/t20210201_66630269.html.

[4] 林毅夫.如何看待农业、农民与发展农业[J].中国乡村发现，2017（04）.

[5] 温铁军，杨洲，张俊娜.乡村振兴战略中产业兴旺的实现方式[J].行政管理改革，2018（08）.

[6] 盖伊·彼得斯.政府未来的治理模式：中译本[M].吴爱明，等译.北京：中国人民大学出版社，2001.

[7] 乡村振兴战略规划[M].北京：人民出版社，2018.

[8] 中共中央国务院关于坚持农业农村优先发展做好"三农"工作的若干意见[M].北京：人民出版社，2019.

[9] 李孝忠.乡村振兴：历史逻辑与现实抉择[J].中国发展观察，2018（01）.

[10] 郭晓鸣，张耀文.贫困地区实施乡村振兴战略的路径与对策[J].农业经济与管理，2018（4）.

[11] 房亚明.关于少数民族特色村寨保护与发展的思考[J].农村财政与财务，2011（3）.

[12] 付泳，刘春健，张慧雯，等.基于利益相关者理论的旅游地利益相关者协调机制研究[J].当代经济，2019（09）：152-154.

[13] 官长春，江金荣，黄海棠.乡村振兴背景下乡村民宿精准扶贫研究[J].山东农业工程学院学报，2018，35（09）：90-97.

[14] 宋慧娟，陈明.乡村振兴战略背景下乡村旅游提质增效路径探析[J].经济体制改革，2018（06）：76-81.

[15] 汪姣.乡村振兴战略下的民族地区旅游可持续扶贫研究[J].农业经济，2018（08）：30-32.

[16] 许丹.乡村振兴视角下贵州民族村寨乡村旅游发展研究[J].中国集体经济，2019（24）：17-18.

[17] 李廷宪.社会适应论[M].合肥：安徽人民出版社，1998.

[18] 王志章，李梦竹，王河欢.少数民族地区易地扶贫搬迁的路径构建[J].广西师范学院学报（哲学社会科学版），2017，38（04）.

[19] 王寓凡，江立华.空间再造与易地搬迁贫困户的社会适应——基于江西省X县的调查[J].社会科学研究，2020（01）.

[20] 傅玲.新型农村社会养老保险制度可持续性研究[D].长沙：中南林业科技大学，2017.

[21] 曲顺兰，王雪薇.乡村振兴战略背景下农村养老服务研究新趋势[J].经济与管理评论，2020（02）：26-33.

[22] 卫微微.农村智慧养老服务模式研究——基于晋南两村的调查[D].太原：山西大学，2019.

[23] 王猛.乡村振兴下民族地区乡村治理创新的目标模式及实现路径[J].广西民族研究，2019（06）.

[24] 华见.黔东南州苗族侗族自治州"三治融合"乡村治理体系建设研究[D].贵阳：贵州师范大学，2021.

[25] 姜仕贵.民族地区乡村社会治理体系战略路径的思考[J].内蒙古统战理论研究，2021（1）：53-54.

[26] 李增元.民族地区乡村治理体系创新探索及新时代重点内容[J].湖北民族大学学报（哲学社会科学版），2020，38（6）：1-10.

[27] 陈一新. 加强和创新社会治理 [N]. 人民日报，2021-01-22（009）.

[28] 陈松友，卢亮亮. 自治、法治与德治：中国乡村治理体系的内在逻辑与实践指向 [J]. 行政论坛，2020，27（01）：17-23.

[29] 丁文，冯义强. 论"三治结合"乡村治理体系的构建——基于鄂西南H县的个案研究 [J]. 社会主义研究，2019（06）：109-115.

[30] 姜晓萍. 推进自治法治德治融合建设，创新基层社会治理 [J]. 治理研究，2018，34（06）：5-16.

[31] 唐皇凤，汪燕. 新时代自治、法治、德治相结合的乡村治理模式：生成逻辑与优化路径 [J]. 河南社会科学，2020，28（06）：63-71.

[32] 辛丽平. 贵州民族地区扶贫移民中的社会适应研究 [J]. 贵州民族研究，2019，（40）.

[33] 马雪莲. 基层政府"三支一扶"政策执行研究 [D]. 北京：中央民族大学，2016.

[34] 王应宽，蒲应燕. 如何推进人才振兴为乡村振兴提供支撑 [J]. 科技导报，2021，39（23）：36-47.

[35] 徐姗姗. 乡村振兴战略视角下的乡村人才振兴研究 [J]. 农业经济，2021（06）：109-110.

[36] 董伟，张佐. 共建农村实践基地 引导大学生到农村就业创业 [J]. 中国大学生就业，2009，（02）：52-54

[37] 陈锡文. 从农村改革40年看乡村振兴战略的提出 [J]. 中国党政干部论坛，2018（04）.

鸣 谢

《贵州振兴之路》创作历时数年,在创作和出版本书的过程中,我们得到了凯里学院胡远飞、钞晓咪、雷小朋、李嗣婷、李艳琼、彭丰民、任婷瑛、石兴安、唐不不、吴雪、周珍等老师、同仁的大力支持和帮助,在此一并致以感谢。

曾梦宇　陈烦

2023 年 6 月